新时代高校辅导员
思想政治教育理论与实践探析

赵艳芳 著

光明日报出版社

图书在版编目（CIP）数据

新时代高校辅导员思想政治教育理论与实践探析 /
赵艳芳著 . -- 北京：光明日报出版社，2022.11
ISBN 978 - 7 - 5194 - 6868 - 2

Ⅰ. ①新… Ⅱ. ①赵… Ⅲ. ①高等学校—辅导员—思
想政治教育—工作—研究 Ⅳ. ①G645.1

中国版本图书馆 CIP 数据核字（2022）第 195489 号

新时代高校辅导员思想政治教育理论与实践探析
**XINSHIDAI GAOXIAO FUDAOYUAN SIXIANG ZHENGZHI
JIAOYU LILUN YU SHIJIAN TANXI**

著　　者：赵艳芳

责任编辑：李　倩　　　　　　　　责任校对：唐玉兵
封面设计：中联华文　　　　　　　责任印制：曹　净

出版发行：光明日报出版社
地　　址：北京市西城区永安路 106 号，100050
电　　话：010 - 63169890（咨询），010 - 63131930（邮购）
传　　真：010 - 63131930
网　　址：http：// book. gmw. cn
E - mail：gmrbcbs@ gmw. cn
法律顾问：北京市兰台律师事务所龚柳方律师

印　　刷：三河市华东印刷有限公司
装　　订：三河市华东印刷有限公司
本书如有破损、缺页、装订错误，请与本社联系调换，电话：010-63131930

开　　本：170mm×240mm
字　　数：220 千字　　　　　　　印　　张：15.5
版　　次：2023 年 1 月第 1 版　　　印　　次：2023 年 1 月第 1 次印刷
书　　号：ISBN 978 - 7 - 5194 - 6868 - 2
定　　价：78.00 元

目 录
CONTENTS

理论研究篇

实践探索篇

理论研究篇

第一章

绪　论

高校辅导员思想政治教育是思想政治教育的重要组成部分。思想政治教育是我党长期坚持的一个优良传统，也是我党的一大政治优势，在新民主主义革命时期、社会主义革命和建设时期、改革开放和社会主义现代化建设时期都发挥着"生命线"的重要作用。党的十八大以来，以习近平同志为核心的党中央高度重视思想政治教育，把思想政治教育提高到治国理政的战略地位，在全面推进中国特色社会主义伟大事业中，在实现中华民族伟大复兴第二个百年奋斗目标的征程中，充分运用思想政治教育这个法宝，进一步彰显思想政治教育的作用，思想政治教育工作进入了新的发展阶段。思想政治教育承担着"为党育人、为国育才"的历史使命，具有鲜明的政治性、明确的规定性、显著的广泛性、强烈的时代性、明显的发展性、持久的长期性的特征，与思想政治工作、与意识形态工作同向同行、相互支撑，共同为实现中华民族伟大复兴统一思想、达成共识、砥砺斗志、团结奋进。

一、思想政治教育的内涵及特征

思想政治教育包括思想教育、政治教育、道德教育，担负着党的思想建设与群众性思想教育的职责。[①] 思想政治教育的内涵丰富，外延广泛，在我国已经形成了覆盖全社会的教育体系。研究思想政治教育，要

[①] 郑永廷. 思想政治教育学原理（第二版）[M]. 北京：高等教育出版社，2018：3.

搞清楚思想政治教育的界定及特征，要弄明白思想政治教育与思想政治工作的关系、思想政治教育与意识形态的关系，在实际工作中让思想政治教育、思想政治工作、意识形态同向同行、相互支撑、形成合力，为实现中国特色社会主义新时代的历史使命举旗帜、聚民心、鼓斗志、促发展。

（一）思想政治教育的内涵

思想政治教育由思想、政治、教育三个词组成。"思想"是指客观存在反映在人的意识中经过思维活动而产生的结果，可以表现为概念、对现象本质的认识，也可以表现为观点的理论体系；"政治"是各阶级为维护和发展本阶级的利益，处理本阶级内部以及与其他阶级、国家的关系所采取的直接的策略、手段和组织形式；"教育"是指按照一定要求培养人的工作，也指用道理说服人。思想、政治、教育三个词的意思很明确，但组成思想政治教育一词后，形成一个新的概念，其含义不是三个词意思的简单相加，而是有着特定的内涵。

1. 思想政治教育的界定

关于思想政治教育的界定，是学术界长期讨论的一个热点问题，有多种不同的观点。

有学者认为，思想政治教育这一社会活动，就是一定的阶级或政治集团，为实现一定的政治目标，有目的地对人们施加意识形态的影响，以期转变人们的思想，进而指导人们行动的社会行为。马克思主义的思想政治教育，则是工人阶级政党及其领导下的各革命组织，以共产主义思想体系教育人民，启发人们的共产主义觉悟，提高人们认识世界和改造世界的能力，动员人们为实现当前和长远的革命目标而奋斗的实践活动。[①]

---

① 陆庆壬. 思想政治教育学原理［M］. 上海：复旦大学出版社，1986：4.

还有学者认为，思想政治教育是在阶级产生以来的一切社会中，一定阶级、政党、组织用自己的思想意识和思想理论影响和教育人的实践活动。①

有的学者提出，思想政治教育是指一定的阶级、政党、社会群体遵循人们的思想品德形成发展规律，用一定的思想观念、政治观点、道德规范，对其成员施加有目的、有计划、有组织的影响，使他们形成符合一定社会、一定阶级所需要的思想品德的社会实践活动。②

还有的学者提出，思想政治教育的特定内涵是指无产阶级的思想政治教育，是积极实现无产阶级科学理论掌握群众，树立科学的世界观、人生观和价值观，促使人的自由全面发展，为建设社会主义和实现共产主义而奋斗。③

在众多的思想政治教育界定中，主要思想基本相同或比较接近，但认识的角度不同，分析的出发点不同，表述也各有不同的特点。

2. 从一般和特殊的视角理解思想政治教育

一般与特殊是事物存在的共性与特性的关系，事物之间因有共性而相互联系，因有特性而相互区别，共性寓于特性之中，并通过特性表现出来。我们可以应用一般与特殊的研究方法对思想政治教育进行界定，一般视角反映的是思想政治教育的共性，在阶级社会中都适用，特殊视角反映的是思想政治教育的特性，不同社会有不同的界定。

从一般或共性的角度来界定，思想政治教育是一定阶级或政治集团为了达到特定的教育目标，用一定的思想观念、政治观点、道德规范对社会成员进行教育和影响，引导社会成员形成符合本阶级、本集团要求

---

① 李春华，上官苗苗. 论科学把握思想政治教育内涵的基本原则——以界定思想政治教育内涵为视角 [J]. 中国社会科学院研究生院学报，2017（6）：37-38.
② 张耀灿等. 现代思想政治教育学 [M]. 北京：人民出版社，2006：50.
③ 邢鹏飞. 思想政治教育概念界定的马克思恩格斯文本求证 [J]. 思想教育研究，2014（6）：107.

的思想观念、政治观点、道德规范的教育实践活动。

从特殊或特性的角度来界定，在中国特色社会主义新时代，思想政治教育是中国共产党为实现中华民族伟大复兴的目标，用习近平新时代中国特色社会主义思想铸魂育人，对社会成员进行马克思主义信仰、共产主义理想、中国特色社会主义信念的教育和影响，引导社会成员树立正确的人生观、世界观、价值观，践行社会主义核心价值观，忠诚拥护"两个确立"，坚决做到"两个维护"，坚定"四个自信"，同心同德，为实现中国共产党第二个百年奋斗目标发愤图强、共同奋斗。

思想政治教育的内容因社会制度、时代背景、教育目的的不同而迥然不同。中国特色社会主义现代化建设已进入新时代，我们要结合党的十八大以来新的目标、新的任务、新的形势、新的实践以及马克思主义中国化的最新理论成果，不断深化对思想政治教育概念的认识。思想政治教育的主体是中国共产党，具体包括党的政治工作者、教育工作者、宣传思想工作者及其他从事意识形态和思想文化建设的人员；思想政治教育的过程是一个双向互动的过程，既是教育主体所推进的思想武装活动，同时也是人民群众思想认识和精神升华的过程；思想政治教育活动的实质是处理党的先进思想同人民群众思想实际的矛盾，是人民群众在党的引导下统一思想认识和实现精神升华的过程；思想政治教育的领域广泛，不仅包括教育引导活动，也包括意识形态建设、精神文明创建、社会风尚引领、社会主义先进文化建设、思想文化建设等；思想政治教育的方式多种多样，不仅有理论宣传、舆论引导、学校思想政治教育，还包括人民群众参与的社会实践活动等。①

（二）思想政治教育的特征

思想政治教育的本质属性及基本内涵，决定了思想政治教育具有鲜

---

① 佘双好. 论新时代思想政治教育发展的新使命 [J]. 思想理论教育，2018（5）：51.

明的政治性、明确的规定性、显著的广泛性、强烈的时代性、明显的发展性、持久的长期性等主要特征。

1. 鲜明的政治性

在不同的社会制度中，思想政治教育有着强烈的阶级性、政治性和意识形态性，每个国家都是按照自己的需要进行思想政治教育，都是用自己的思想意识形态去占领思想政治教育的阵地，用自己的思想意识影响和熏陶社会成员的道德规范、思想观念、政治观点。我国是中国共产党领导的社会主义国家，决定了思想政治教育的根本目的是用马克思主义及马克思主义中国化的最新成果统一人民的思想意识，用习近平新时代中国特色社会主义思想铸魂育人，筑牢人民的理想信念，为实现中华民族伟大复兴的中国梦提供思想保障和价值观支撑，思想政治教育具有鲜明的政治性。

在中华民族伟大复兴的征程中，我国的思想政治教育就是要培育和践行社会主义核心价值观，用习近平新时代中国特色社会主义思想武装每个人的头脑，让每个中国人热爱祖国、热爱中国共产党、热爱人民、热爱劳动，坚定社会主义道路自信、理论自信、制度自信、文化自信，做到"两个维护"，投身于社会主义现代化建设伟大事业。正如党的十九大报告所指出的那样，"牢牢掌握意识形态工作领导权"，"必须推进马克思主义中国化时代化大众化，建设具有强大凝聚力和引领力的社会主义意识形态，使全体人民在理想信念、价值理念、道德观念上紧紧团结在一起。要加强理论武装，推动新时代中国特色社会主义思想深入人心"①。

2. 明确的规定性

思想政治教育的政治性决定了思想政治教育的内容具有明确的规定

---

① 习近平. 决胜全面建成小康社会 夺取新时代中国特色社会主义伟大胜利——在中国共产党第十九次全国代表大会上的报告［M］. 北京：人民出版社，2017：41.

性。思想政治教育的基本内容不是随意确定的，而是要反映一定国家或阶级占主导地位的意识形态，是一个国家主流意识形态的集中表现。

在中国特色社会主义新时代，思想政治教育主要包括用马克思主义武装人们的头脑，用习近平新时代中国特色社会主义思想铸魂育人；开展理想信念教育，坚定对马克思主义的信仰、对中国特色社会主义的信念、对实现中华民族伟大复兴中国梦的信心，树立正确的人生观、世界观、价值观；深入开展党的基本理论、基本路线、基本纲领和基本经验教育，弘扬爱国主义精神，爱党爱国爱人民；开展中国共产党史、中华人民共和国史、中国改革开放史、社会主义发展史的教育，坚定"四个自信"；培育和践行社会主义核心价值观，弘扬中华优秀传统文化；进行宪法法治教育；开展基本国情和形势政策教育等。

3. 显著的广泛性

思想政治教育的广泛性体现在：一是思想政治教育的内容比较多，涉及道德规范、思想观念、理想信念、政治观点、政治立场、价值观等，而不是单一的内容，具有广泛性。正由于思想政治教育突出的广泛性，在新时代进行思想政治教育，包括理想信念教育、培育和践行社会主义核心价值观、弘扬爱国主义精神、弘扬中华优秀传统文化、学习马克思主义及马克思主义中国化的最新理论成果、践行习近平新时代中国特色社会主义思想等众多内容，既有理论教育又有实践教育，还涉及思想政治教育学、教育学、政治学等不同学科。二是思想政治教育面对的主体具有广泛性，包括所有社会成员，人多面广，从中央政府到基层组织、从城市到农村、从企业到学校，全部包括在内，不是面对一些人或特定的一个或两个群体开展，具有突出的广泛性。思想政治教育面对的主体中，学校学生是一个特殊群体，他们正处于人生的"拔节孕穗期"，需要正确的价值引导，只有通过有效的思想政治教育，才能帮助学生扣好"人生第一粒扣子"，形成坚定的政治信仰、正确的价值观、崇高的理想信念、高尚的精神追求。

4. 强烈的时代性

时代是思想之母、理论之源。思想政治教育要从历史和现实的视域把准思想政治教育的时代脉搏，紧跟时代发展步伐，随时代的发展而发展，不断增强思想政治教育的生命力、感染力和说服力，具有强烈的时代性特征。

每个时代都有每个时代的使命。中国特色社会主义现代化建设已进入新时代，行进在历史的交汇点，面对百年未有的大变局，思想政治教育的时代性要求思想政治教育必须立足于两个百年奋斗目标开展思想政治教育，把思想政治教育与新时代的历史使命紧密结合在一起，与培养担当民族复兴大任的时代新人紧密结合在一起；要求进行马克思主义宣传和教育，不仅要原原本本地学习马克思主义，努力把马克思主义作为自己的看家本领，而且要不断开辟当代中国马克思主义、21世纪马克思主义新境界，用马克思主义观察新时代、解读新时代、引领新时代，用鲜活丰富的当代中国实践来推动马克思主义发展；要求把理想信念与中华民族伟大复兴的中国梦结合起来，强调实现中国梦离不开理想信念的支撑；要求善于把弘扬优秀传统文化和发展现实文化有机统一起来，在继承中发展，在发展中继承，把中国人民的理想和奋斗、中国人民的价值观和精神世界深深植根于中国优秀传统文化沃土之中，随着时代前进而不断与日俱新、与时俱进。

随着互联网的快速发展和普及，现在已形成无处不网、无人不网、无时不网的格局，网上宣传越来越重要，网络阵地越来越重要。习近平总书记指出："要运用新媒体新技术使工作活起来，推动思想政治工作传统优势同信息技术高度融合，增强时代感和吸引力。"[1] 我们要推进

---

① 习近平谈治国理政（第二卷）[M]. 北京：外文出版社，2017：378.

网上宣传理念、内容、形式、方法、手段等创新，加强网上正面宣传，旗帜鲜明地坚持正确的政治方向、舆论导向、价值取向，用习近平新时代中国特色社会主义思想团结、凝聚亿万网民。

5. 明显的发展性

思想政治教育的内容是一个开放的体系，随着时代的发展和思想政治教育实践的推进，不断丰富和完善，不断探索和创新，具有明显的发展性。中国特色社会主义现代化建设进入新时代，中华民族伟大复兴的实践不断推进新时代思想政治教育的发展。

比如，2012年党的十八大报告提出要把立德树人作为学校思想政治教育的根本任务，学校教育开始重视立德树人问题，这是对思想政治教育内容的一个突破性的发展，但如何落实还没有得到应有的重视。2017年党的十九大报告提出要落实立德树人根本任务，更向前迈进了一步。2018年9月全国教育大会上，习近平总书记提出要"健全立德树人落实机制"①，又是一个新的发展。关于立德树人这一主题，由"提出"到"落实"再到"健全机制"，是一个循序渐进逐步完善和不断发展提升的过程。

又如，如何提高思想政治教育的实效性，2016年全国高校思想政治工作会议提出教育要培养德智体美全面发展的社会主义建设者和接班人，没有"劳"的内容；要做好思想政治工作，提出了要因事而化、因时而进、因时而新；要加强师德师风建设，提出了"四个统一"。在2019年学校思想政治理论课教师座谈会上，教育培养目标增加了"劳"的内容，成为培养德智体美劳全面发展的社会主义建设者和接班人，加强师德师风建设提出了"六点要求"，在思想政治理论课方法创新方面提出了"八个统一"，内容不断丰富完善，不断发展创新。

---

① 习近平. 坚持中国特色社会主义教育发展道路 培养德智体美劳全面发展的社会主义建设者和接班人 [N]. 人民日报，2018-09-11 (01).

再如，近几年我们一般讲"培养什么人、怎样培养人、为谁培养人"是教育的根本问题。2022 年 4 月 25 日，习近平总书记到中国人民大学考察调研时指出："'为谁培养人、培养什么人、怎样培养人'始终是教育的根本问题。"① 教育要坚持党的领导，坚持马克思主义指导地位，坚持为党和人民事业服务，落实立德树人根本任务，传承红色基因，扎根中国大地办大学，走出一条建设中国特色、世界一流大学的新路。基本思想没有变，但"为谁培养人、培养什么人、怎样培养人"的表述与以前"培养什么人、怎样培养人、为谁培养人"略有不同，把"为谁培养人"放在第一位，更加突出了社会主义教育目标的重要性，更加强调了我国教育的根本目标就是"为党育人、为国育才"，更加凸显了社会主义教育为党和人民事业服务的目标属性和政治属性。

6. 持久的长期性

"人的成长、成熟、成才不是一蹴而就的，而是一个渐进的过程，就跟人的生理发育一样，所以要把这几个阶段都铺陈好。"② 思想政治教育并非三言两语、一朝一夕能完成的，而是一个精心组织、系统安排、耐心细致、长期持续的过程，是一个思想上逐步消化、理解、接受、从认知认同到自觉行动的过程，具有长期性。只有经过长期不懈的思想政治教育，经过长期持久的影响和渗透，才能使人们接受并形成一定的价值观、思想意识、理想信念、政治观点等，思想政治教育的效果才能显现出来，思想政治教育不是一蹴而就的，具有长期性的特点。思想政治教育的长期性或持续性决定了我国现阶段进行思想政治教育，必须坚持不懈，持之以恒，必须年年讲，天天讲，有机会就讲，既要形成惊涛拍岸的声势，又要产生润物无声的效果。

---

① 习近平. 坚持党的领导传承红色基因扎根中国大地 走出一条建设中国特色世界一流大学新路 [N]. 人民日报，2022-04-26 (01).
② 习近平. 思政课是落实立德树人根本任务的关键课程 [J]. 求是，2020 (17)：7.

习近平总书记指出："我们党历来高度重视思政课建设。在革命、建设、改革各个历史时期，我们党对思政课建设都作出过重要部署。""在大中小学循序渐进、螺旋上升地开设思政课非常必要，是培养一代又一代社会主义建设者和接班人的重要保障。"① 我国学校开设思想政治理论课，从基础教育阶段一直开设到大学研究生教育阶段，就是一个长期的过程，每个阶段不是简单的重复，而是螺旋式的上升，不断升华提高，小学阶段重在开展启蒙性学习，初中阶段重在开展体验性学习，高中阶段重在开展常识性学习，本专科阶段重在开展理论性学习，研究生阶段重在开展探究性学习，最终把学生培养成为德智体美劳全面发展的社会主义建设者和接班人。

党的十八大以来，每逢五一劳动节、五四青年节、六一儿童节、教师节等，习近平总书记都不忘思想政治教育这桩事，对学生进行思想政治教育，对教师提出言传身教的要求。每逢重大活动如国庆节庆典、党的生日庆典、红军长征胜利纪念日等，每逢马克思、毛泽东、周恩来、邓小平等伟人的诞辰纪念日，习近平总书记都不忘传播中国精神，讲述中国故事，宣传马列主义，传递中华优秀传统文化，为我们树立了学习的典范。

就拿五四青年节来说，2013 年 5 月 4 日，习近平总书记同各界优秀青年代表座谈，重点论述了实现中华民族伟大复兴的中国梦，指出"青年最富有朝气、最富有梦想。""中国梦是国家的、民族的，也是每一个中国人的。国家好、民族好，大家才会好。只有每个人都为美好梦想而奋斗，才能汇聚起实现中国梦的磅礴力量。"② 2014 年 5 月 4 日，习近平总书记与北京大学师生座谈，重点讲了青年要自觉践行社会主义核心价值观，指出"爱国、进步、民主、科学，都是我们今天依然应

---

① 习近平. 思政课是落实立德树人根本任务的关键课程 [J]. 求是，2020 (17)：4-7.
② 习近平. 在同各界优秀青年代表座谈时的讲话 [N]. 人民日报，2013-05-05 (02).

该坚守和践行的核心价值,不仅广大青年要坚守和践行,全社会都要坚守和践行"。"核心价值观,其实就是一种德,既是个人的德,也是一种大德,就是国家的德、社会的德。国无德不兴,人无德不立。"①2018年5月4日,正值马克思诞辰200周年,习近平总书记在纪念马克思诞辰200周年大会上发表重要讲话,不仅介绍了马克思胸怀崇高理想、为人类解放不懈奋斗的一生,还宣讲了马克思主义,指出:"马克思主义的命运早已同中国共产党的命运、中国人民的命运、中华民族的命运紧紧连在一起,它的科学性和真理性在中国得到了充分检验,它的人民性和实践性在中国得到了充分贯彻,它的开放性和时代性在中国得到了充分彰显!"②2019年4月30日,习近平总书记在纪念五四运动100周年大会上发表重要讲话,重点论述了爱国主义精神,指出"只要高举爱国主义的伟大旗帜,中国人民和中华民族就能在改造中国、改造世界的拼搏中迸发出排山倒海的历史伟力!"③在2020年五四青年节到来之际,习近平总书记代表党中央向全国各族青年致以节日的祝贺和诚挚的问候,强调"新时代中国青年要继承和发扬五四精神,坚定理想信念,站稳人民立场,练就过硬本领,投身强国伟业,始终保持艰苦奋斗的前进姿态,同亿万人民一道,在实现中华民族伟大复兴中国梦的新长征路上奋勇搏击"④。2021年4月19日,习近平总书记来到清华大学进行考察,指出广大青年"要锤炼品德,自觉树立和践行社会主义核心价值观,自觉用中华优秀传统文化、革命文化、社会主义先进文化培

---

① 习近平. 青年要自觉践行社会主义核心价值观——在北京大学师生座谈会上的讲话 [N]. 人民日报, 2014-05-05 (02).

② 习近平. 在纪念马克思诞辰200周年大会上的讲话 [N]. 人民日报, 2018-05-05 (02).

③ 习近平. 在纪念五四运动100周年大会上的讲话 [N]. 人民日报, 2019-05-01 (02).

④ 习近平. 坚定理想信念站稳人民立场 练就过硬本领投身强国伟业 [N]. 人民日报, 2020-05-04 (01).

根铸魂、启智润心，加强道德修养，明辨是非曲直，增强自我定力，矢志追求更有高度、更有境界、更有品位的人生"①。2022 年 4 月 25 日，习近平总书记来到中国人民大学进行考察调研，观摩思想政治理论课智慧教室现场教学并参与讨论，再次强调："广大青年要做社会主义核心价值观的坚定信仰者、积极传播者、模范践行者，向英雄学习、向前辈学习、向榜样学习，争做堪当民族复兴重任的时代新人，在实现中华民族伟大复兴的时代洪流中踔厉奋发、勇毅前进。"②

（三）思想政治教育的相关概念

在思想政治教育的实际工作中，与思想政治教育相关的概念非常多，主要有政治工作、思想工作、思想政治教育专业、思想政治教育学、思想政治教育工作、宣传思想工作等，需要一一厘清。

1. 政治工作

政治工作是指一定的阶级、政党和组织为实现自己的纲领和根本任务而进行的活动，如阶级斗争、政权建设、党的思想和组织建设等。③思想工作、组织工作、干部工作、纪检工作、思想政治教育工作、意识形态工作、宣传思想工作等，都属于政治工作的范畴，政治工作是这组概念中最高层次的综合性概念。

2. 思想工作

思想工作是指一定的阶级、政党和组织帮助人们树立与社会发展要求相一致的思想，改变偏离社会发展要求的思想所进行的活动。④ 其目的是使人们的主观符合客观，以正确指导实践活动。思想工作包括政治

① 习近平. 坚持中国特色世界一流大学建设目标方向 为服务国家富强民族复兴人民幸福贡献力量 [N]. 人民日报，2021-04-20 (01).
② 习近平. 坚持党的领导传承红色基因扎根中国大地 走出一条建设中国特色世界一流大学新路 [N]. 人民日报，2022-04-26 (01).
③ 张耀灿等. 现代思想政治教育学 [M]. 北京：人民出版社，2006：49.
④ 张耀灿等. 现代思想政治教育学 [M]. 北京：人民出版社，2006：50.

性的思想工作和非政治性的思想工作。

3. 思想政治教育专业

思想政治教育专业是高校开设的一个人才培养专业。专业是高校依据社会分工需要而划分的学业门类，高校专业的设置以社会分工为出发点、以学科建设为依托、以社会人才需求为依据、以人才培养为目标。1983 年 7 月中共中央批转的《国营企业职工思想政治工作纲要（试行）》指出："中央和地方要筹办以培养思想政治工作的领导干部为目标的政治院校。现有的全国综合性大学、文科院校，各部、委、总局所属的大专院校，有条件的都要增设政治工作专业或政治工作干部进修班。"① 为了落实这一精神，教育部专门召开政治工作专业论证会，会上最终确定专业名称为"思想政治教育"，学科名称为"思想政治教育学"。1984 年 4 月 13 日教育部下发了《关于在十二所院校设置思想政治教育专业的意见》②，批准南开大学、复旦大学、武汉大学、东北师范大学、陕西师范大学、华东师范大学、华中师范大学、西南师范学院、清华大学、北京钢铁学院、上海交通大学、大连工学院 12 所院校首批增设思想政治教育专业，培养思想政治工作专门人才。现在师范院校及许多综合型高校均设置了思想政治教育专业，是"法学"门类中"马克思主义理论类"的一个专业，完成学业的本科毕业生可以授予教育学或法学学士学位。③ 在研究生培养设置中，"思想政治教育"是一级学科"马克思主义理论"中的一个二级学科。

---

① 国营企业职工思想政治工作纲要（试行）[J]. 思想政治工作研究，1983（01）：16-17.

② 教育部思想政治工作司. 加强和改进大学生思想政治教育重要文献选编（1978—2014）[M]. 北京：知识产权出版社，2015：023.

③ 教育部思想政治工作司. 加强和改进大学生思想政治教育重要文献选编（1978—2014）[M]. 北京：知识产权出版社，2015：133.

4. 思想政治教育学

思想政治教育学是高校设置的一个学科，是从学科视角来界定的思想政治教育。学科是按知识内在逻辑而形成的知识体系，是知识体系的科目和分支，以专业建设为基础、以科学研究为导向、以知识体系的研究成果服务社会，有稳定的研究对象和严谨的知识体系，一级学科是学科大类，二级学科是其下的学科小类，与专业建设相互交叉、相互支持，但又有所不同。思想政治教育学是指导人们形成正确思想行为的一门科学，以人的思想行为形成变化的规律、思想政治教育的规律为研究对象，研究目的是揭示人的思想、行为的发展规律，探索教育对象的人生观、世界观的形成和发展的关系，研究如何调节社会环境对教育对象的作用以及教育对象在受环境影响时的能动作用等。

5. 思想政治教育工作

思想政治教育工作是进行思想政治教育所开展的各项工作。其主要内容是进行思想政治教育，还包括为进行思想政治教育所进行的组织工作、领导工作、培训工作、保障工作等，所包括的内容多于或大于思想政治教育。思想政治教育工作的目的是更好地进行思想政治教育，是为思想政治教育服务的。这个概念使用的频率相对比较低，只在特定语境中使用。

6. 宣传思想工作

宣传思想工作属于意识形态领域，是一定阶级或政党基于本阶级或所代表阶级的利益而进行的宣传、动员、教育等工作。宣传思想工作具有鲜明的阶级性和政治性，是一定阶级或政党的思想武器，必须有坚定的政治立场，宣传本阶级或政党的思想主张，把其占据统治地位作为一个根本任务。

在中国共产党思想政治工作史上，宣传工作、政治教育、政治工作等概念各有不同，但其基本性质都是一样的，都是中国共产党对人民群众进行革命动员、政治教育和思想工作。在中国共产党历史上，宣传思想工作是党联系群众的桥梁纽带，是党实现思想领导的重要手段，为取得社会主义革命胜利、为推进社会主义建设、为发展中国特色社会主义，发挥过不可替代的巨大作用。

在中国特色社会主义现代化建设新时代，要围绕党的第二个百年奋斗目标，高举中国特色社会主义伟大旗帜，以习近平新时代中国特色社会主义思想为指导，牢牢把握"两个巩固"① 根本任务，"必须把统一思想、凝聚力量作为宣传思想工作的中心环节"②。"必须自觉承担起举旗帜、聚民心、育新人、兴文化、展形象的使命任务"③，宣传贯彻党的基本理论、基本路线和基本方略，做到"两个维护"，坚定"四个自信"，高度重视宣传思想工作，坚持党对宣传思想工作的绝对领导，筑牢宣传思想工作阵地，加强宣传思想工作队伍建设，推进传统媒体与新兴媒体融合发展，牢牢掌握舆论宣传主动权，提高宣传思想工作的针对性和实效性，发挥宣传思想工作"指南针""减压阀"和"助推器"的作用，实现好宣传思想工作"春风化雨、润物无声"的思想政治教育效果。

（四）思想政治教育与思想政治工作的关系

思想政治工作与思想政治教育是两个不同的概念。两者之间既有区别，又有联系，相互融合、相互支撑、缺一不可。在实际工作中，两者同向同行，共同形成合力，为实现中华民族伟大复兴保驾护航。

----

① "两个巩固"，指巩固马克思主义在意识形态领域的指导地位，巩固全党全国人民团结奋斗的共同思想基础。[资料来源：习近平谈治国理政（第三卷）［M］．北京：外文出版社，2020：315.]
② 习近平谈治国理政（第三卷）［M］．北京：外文出版社，2020：311.
③ 习近平谈治国理政（第三卷）［M］．北京：外文出版社，2020：312.

1. 思想政治工作的含义

重视思想政治工作是我党的一个优良传统，也是我党的一个政治优势。近几年以思想政治工作为主题出台的文件有中共中央、国务院《关于新时代加强和改进思想政治工作的意见》，中共中央、国务院《关于加强和改进新形势下高校思想政治工作的意见》，教育部、中共中央组织部、中共中央宣传部等八部门《关于加快构建高校思想政治工作体系的意见》，中共教育部党组《高校思想政治工作质量提升工程实施纲要》等。思想政治工作一词使用的频次比较多，关于思想政治工作的理解有不同的观点，概念界定也比较多。

思想政治工作是我党在实践工作中形成的一个概念，是准确把握政治工作中的思想性部分和思想工作中的政治性部分及其相互关系，以缩小个人及其所属政治性团体的思想认识水平与我党所要求的水平差距，从而为党的路线、方针和政策顺畅执行和有序运行提供一种外柔内刚的社会实践活动。① 具有政治性、目标性、群众性、实践性等特点。

2. 思想政治教育与思想政治工作同向同行

首先，两者之间的区别。思想政治工作的含义要比思想政治教育宽泛一些，除了思想政治教育外，还包括党建工作、宣传工作、组织工作、实践活动等，思想政治教育是作为思想政治工作的一个主要内容和一种主要方法来运用的；思想政治工作与党的各项实际工作紧密联系，思想政治教育更侧重和突出学科体系和科学理论的建设；思想政治教育主要运用在教育领域，是指学校思想政治教育，而思想政治工作主要运用于群众性政治工作领域，使用范围更为广泛，包括企业、社区、军队等众多方面；思想政治教育更加注重人才培养，目标是培养社会主义合格建设者和接班人，思想政治工作则更多地指向实务工作，更加注重解

---

① 孙梦云等. 关于思想政治教育与思想政治工作概念的比较研究 [J]. 思想政治教育研究，2007（2）：21.

决国家、社会发展中出现的实际问题。

其次，两者之间的联系。基本属性相同，都属于意识形态工作，都是为了党的路线方针政策的顺利贯彻执行而进行的具有社会影响力的社会活动；基本特点相同，都具有明显的政治性、群众性、实践性等；内容上相互融合，有重叠之处，思想政治工作的主要内容是思想政治教育，思想政治工作包含思想政治教育，个别情况下可以通用。

（五）思想政治教育与意识形态的关系

1. 意识形态的含义及基本特征

意识形态是反映一定社会经济形态、政治制度的思想体系，是与一定社会经济和政治直接相联系的观念、观点、思想、价值观的总和。意识形态代表社会某一阶级或集团的利益，反过来指导这一阶级或集团的行动，按其所反映的社会经济形态有资本主义意识形态、社会主义意识形态等。

意识形态的基本特征有：第一，群体性。意识形态不是个别人的思想观念，而是已经被某个群体、阶级或社会集团所接受的思想观念，代表群体的利益并指导其行动。第二，系统性。意识形态不是支离破碎的想法和观念，而是形成了体系，是完整的思想体系。第三，阶级性。意识形态具有鲜明的阶级性，不同的社会集团和阶级由于其利益的差异而有不同的意识形态，而不同的意识形态在社会中所处的地位，是由其所代表的阶级的地位决定的。第四，现实性。意识形态是一种抽象的理论，但并不是纯粹空洞的东西，有指向性，总是指向现实。无论是占统治地位的政治思想，还是居非统治地位的思想、学说，都是为了维护或批判现存的政治制度。第五，依赖性。意识形态不是人脑中固有的，也不是从天上掉下来的，归根结底来源于社会存在。第六，历史性。意识形态是在一定的社会经济基础上形成的，随着社会经济基础的变化而变化。

2. 做好新时代社会主义意识形态工作

首先，高度重视意识形态工作的重要性。从意识形态领域的斗争规律来看，意识形态历来是敌对势力同我们激烈争夺的重要阵地，敌对势力要搞乱一个社会、颠覆一个政权，往往是先从意识形态打开突破口，先从搞乱人们的思想下手。当前的国际形势复杂严峻，意识形态领域的斗争暗流涌动，我们必须清醒认识意识形态工作的极端重要性。习近平总书记指出，"意识形态工作是党的一项极端重要的工作"①，关乎举什么旗帜走什么道路，关乎党和国家的前途命运，关乎国家的长治久安，关乎民族的凝聚力和向心力，是为国家立心、为民族立魂的工作，在党和国家事业发展中具有根本性、战略性、全局性的意义。只有加强意识形态工作，才能确保全党和全国人民坚定高举中国特色社会主义伟大旗帜、走中国特色社会主义道路的信念。

其次，加强新时代社会主义意识形态工作。习近平总书记在党的十九大报告中指出，要"牢牢掌握意识形态工作领导权"，"建设具有强大凝聚力和引领力的社会主义意识形态"②。社会主义意识形态工作包括坚持马克思主义的指导地位，推进马克思主义中国化时代化大众化，推动习近平新时代中国特色社会主义思想深入人心，大力弘扬社会主义核心价值观，加快构建中国特色哲学社会科学，繁荣和发展社会主义先进文化，提高新闻舆论传播力、引导力、影响力、公信力，加强互联网内容建设，坚持团结稳定鼓劲、正面宣传为主，加强思想政治引领，不断推动意识形态工作创新，落实意识形态工作责任制，加强阵地建设和管理，不断增强社会主义意识形态的凝聚力和引领力，落实好 2015 年

---

① 习近平. 胸怀大局把握大势着眼大事 努力把宣传思想工作做得更好 [N]. 人民日报，2013-08-21（01）.

② 习近平. 决胜全面建成小康社会 夺取新时代中国特色社会主义伟大胜利——在中国共产党第十九次全国代表大会上的报告 [M]. 北京：人民出版社，2017：41.

10 月中共中央办公厅颁布的《党委（党组）意识形态工作责任制实施办法》，不忘初心、牢记使命，永远把人民对美好生活的向往作为奋斗目标，确保党和国家事业始终沿着正确方向胜利前进，为实现中华民族伟大复兴提供思想保障。

3. 思想政治教育与意识形态的关系

思想政治教育与意识形态是辩证统一的关系，既有联系，又有区别。在中国特色社会主义新时代，两者相互促进，相互支撑，但两者的重点不同，作用不同，范围大小不同。

首先，思想政治教育与意识形态具有统一性。在中国特色社会主义新时代，思想政治教育与意识形态都具有十分重要的地位，思想政治教育关系到培养时代新人的重大使命，意识形态关系到高举马克思主义旗帜和中国特色社会主义旗帜、坚持中国特色社会主义道路的问题；两者都以习近平新时代中国特色社会主义思想为指导，都要做到"两个维护"，坚定"四个自信"；两者都以实现中华民族伟大复兴为目标，凝心聚力，相互支撑；两者都具有鲜明的政治属性，具有相同的基本特征；两者的责任都非常重大，都要做到守土有责、守土负责、守土尽责。

其次，思想政治教育与意识形态具有不同点。两者的界定不同，思想政治教育与意识形态是两个不同的概念；两者的重点不同，思想政治教育关系到培养什么人的问题，意识形态关系到举什么旗、走什么路的问题；两者的内容有所不同，思想政治教育主要包括马克思主义教育、习近平新时代中国特色社会主义思想教育、理想信念教育、弘扬社会主义核心价值观等，意识形态主要涉及宣传思想工作和舆论导向，包括新闻媒体和网络媒体、各类出版物和文艺作品、各类社科研究机构和思想文化类学会协会、高等学校等；相互作用不同，主流意识形态决定思想政治教育的内容，思想政治教育以主流意识形态为依据，反过来又对主流意识形态发生影响作用。

二、我党历来重视高校思想政治教育工作

党的十八大以来，以习近平同志为核心的党中央高度重视学校思想政治教育工作，采取了一系列重大举措切实推进学校思想政治教育工作，立德树人的理念深入人心，思政课（思想政治理论课的简称）建设得到空前的加强，课程思政（课程思想政治教育的简称）的实践广泛展开，全员全过程全覆盖的思想政治教育工作格局正在形成，思想政治教育工作有效发挥了统一思想、凝聚共识、鼓舞斗志、团结奋斗的重要作用，高校思想政治教育工作发生了全局性、根本性的转变，进入了新的历史方位。

（一）不同时期高校思想政治教育工作的有关文件

1. "思想政治工作"一词的提出和使用

中国共产党诞生后，在革命战争年代，中国共产党认识到影响战争成败的因素中，人的因素比武器的因素更为重要，在不同时期提出了"政治工作"等相关概念，长期使用"政治工作"这个概念。① 1937 年 10 月，毛泽东在《和英国记者贝特兰的谈话》中强调政治工作是共产党领导的军队的显著特征，指出："八路军更有一种极其重要和极其显著的东西，这就是它的政治工作。"② 1940 年 3 月，陈云在延安抗日军政大学第五期学生毕业大会上的讲话中提出"思想政治工作"一词，指出："维护党的统一，不靠刀枪，要靠纪律；同时，加强思想政治工作，端正路线和方针、政策。"③ 1945 年 4 月毛泽东在《论联合政府》

---

① 冯刚，曾永平．"思想政治工作"与"思想政治教育"概念辨析［J］．思想理论教育，2018（1）：42-43.
② 毛泽东选集（第二卷）［M］．北京：人民出版社，1991：379.
③ 陈云文选（第一卷）［M］．北京：人民出版社，1995：196.

中提出"思想教育"的概念，指出党员中"存在着各种不纯正的思想"，要"更大地展开党内的思想教育"，"掌握思想教育，是团结全党进行伟大政治斗争的中心环节。如果这个任务不解决，党的一切政治任务是不能完成的"①。

中华人民共和国成立后，1951年5月中国共产党第一次全国宣传工作会议上，刘少奇在《党在宣传战线上的任务》一文中再次使用了"思想政治工作"这一概念，指出"今天，思想政治工作的必要性更加提高了，更加需要加强党的思想领导，因为目前的情况与过去不同了，中国人民的革命胜利了，各种工作更繁杂，实际工作任务更加重了"②。1957年毛泽东在《关于正确处理人民内部矛盾的问题》一文中，对"思想政治工作"作了阐述，指出"最近一个时期，思想政治工作减弱了"，"现在需要加强思想政治工作"，"思想政治工作，各个部门都要负责任。共产党应该管，青年团应该管，政府主管部门应该管，学校的校长教师更应该管"③。此后一直沿用"思想政治工作"这个概念。

2. 改革开放和社会主义现代化建设时期的有关文件

党的十一届三中全会结束了"以阶级斗争为纲"，实现了党和国家工作中心的战略转移，开启了改革开放和社会主义现代化建设新时期。这一时期，思想政治工作受到重视，有关文件密集出台，思想政治工作开始步入正轨，为我国的改革开放和社会主义现代化建设提供了有力保障。

1978年10月4日，《教育部关于讨论和试行全国重点高等学校暂行工作条例（试行草案）的通知》中的第八章内容是"思想政治工作"，提出了思想政治工作的任务，指出"在思想政治工作中，必须正

① 毛泽东选集（第三卷）[M]. 北京：人民出版社，1991：1094.
② 刘少奇选集（下）[M]. 北京：人民出版社，1985：90.
③ 毛泽东文集（第七卷）[M]. 北京：人民出版社，1999：226.

确处理红与专的关系"。"红首先是指政治立场。对于高等学校的师生，红的初步要求，就是热爱共产党，热爱社会主义，自觉自愿为社会主义事业、为人民服务。""红与专应该是统一的，只专不红，只红不专，都是不对的。"①

1980年4月29日，教育部和共青团中央印发《关于加强高等学校学生思想政治工作的意见》，指出"培养出来的学生具有社会主义觉悟，拥护共产党的领导，热爱社会主义祖国，努力为人民服务，刻苦钻研业务，立志为建设社会主义现代化强国而奋斗"；强调要"正确处理政治与业务、红与专的关系，把学生的思想政治工作放在重要的地位"②。

1984年9月4日，中共中央宣传部、教育部《关于加强和改进高等院校马列主义理论教育的若干规定》提出，新时期必须加强对高等院校学生的马列主义理论教育；坚持理论联系实际的方针，改革课程设置和教材内容；加强教学的各个环节，改进教学方法；加强马列主义理论和教学法的研究；加强教师队伍的建设，改善他们的政治待遇和工作条件；加强对高等院校马列主义理论教育工作的领导。

1985年8月1日，《中共中央关于改革学校思想品德和政治理论课程教学的通知》指出，改革学校思想品德和政治理论课程教学是培养一代有理想、有道德、有文化、有纪律的建设人才的迫切需要，明确了小学、中学、大学等各学段马克思主义思想品德和政治理论课的主要内容和要求。

1986年5月29日，中共中央、国务院批转的《国家教委关于加强高等学校思想政治工作的决定》指出："学校的思想政治工作，是学校

---

① 教育部思想政治工作司.加强和改进大学生思想政治教育重要文献选编（1978—2014）［M］.北京：知识产权出版社，2015：002-003.

② 教育部思想政治工作司.加强和改进大学生思想政治教育重要文献选编（1978—2014）［M］.北京：知识产权出版社，2015：004.

教育的一个重要组成部分。""近几年，高等学校的思想政治工作有了一定的进步，但还不适应新形势和新任务的要求。""对高等学校学生进行思想政治教育的内容和方法，必须进行改革。""学校党委要把领导思想政治工作和加强党的建设工作，保证监督党的方针政策在学校的贯彻执行，当作自己的主要任务。"①

1987 年 5 月 29 日，《中共中央关于改进和加强高等学校思想政治工作的决定》指出，"进一步明确办学指导思想，坚持高等教育的社会主义办学方向"；"努力改进学校思想政治工作的内容、形式和方法"；"加强教职工队伍的思想建设，大力提倡教书育人、服务育人"；"建设一支坚强的马克思主义理论队伍和思想政治工作队伍"；"提高高等学校领导班子的思想政治水平，加强和改善对思想政治工作的领导"；"全党全社会都应关心青年学生的健康成长"②。

1993 年 8 月 13 日，中共中央组织部、中共中央宣传部、国家教育委员会印发《关于新形势下加强和改进高等学校党的建设和思想政治工作的若干意见》，强调要大力加强和改进新形势下高等学校党的建设和思想政治工作，坚持用建设有中国特色社会主义的理论武装全体党员和教育师生员工，进一步加强党对高等教育改革和发展的领导，加强和改进马克思主义理论课和思想政治教育课建设等内容。

1999 年 9 月 29 日，《中共中央关于加强和改进思想政治工作的若干意见》指出，要充分认识加强和改进思想政治工作的重要性，明确思想政治工作要坚持正确的方针原则，要扎实进行思想政治教育，积极探索新形势下思想政治工作的规律和方法，把思想政治工作任务落实到

---

① 教育部思想政治工作司．加强和改进大学生思想政治教育重要文献选编（1978—2014）［M］．北京：知识产权出版社，2015：048-051.

② 教育部思想政治工作司．加强和改进大学生思想政治教育重要文献选编（1978—2014）［M］．北京：知识产权出版社，2015：070-074.

基层，切实加强党对思想政治工作的领导。

2000 年 9 月 22 日，《教育部关于加强高等学校学生思想政治教育进网络工作的若干意见》强调，"互联网作为信息传播新的媒体，越来越成为高校师生获取知识和各种信息的重要渠道，并对大学师生的学习、生活乃至思想观念发生着广泛和深刻的影响"。要"充分运用网络手段拓展思想政治教育的视野，用正确、积极、健康的思想文化占领网络阵地"①。

2004 年 8 月 26 日，《中共中央、国务院关于进一步加强和改进大学生思想政治教育的意见》强调，加强和改进大学生思想政治教育是一项重大而紧迫的战略任务；明确加强和改进大学生思想政治教育的指导思想和基本原则、主要任务，大学生思想政治教育要以理想信念教育为核心，以爱国主义教育为重点，以思想道德建设为基础，以大学生全面发展为目标；充分发挥课堂教学在大学生思想政治教育中的主导作用；拓展新形势下大学生思想政治教育的有效途径；营造大学生思想政治教育工作的良好社会氛围。

2005 年 2 月 7 日，《中共中央宣传部、教育部关于进一步加强和改进高等学校思想政治理论课的意见》指出，要充分认识新形势下加强和改进高等学校思想政治理论课的重要性，全面把握加强和改进高等学校思想政治理论课的指导思想和总体要求，大力推进高等学校思想政治理论课的学科建设，不断完善高等学校思想政治理论课的课程体系，抓紧组织编写高等学校思想政治理论课教材，切实改进高等学校思想政治理论课教育教学的方式和方法，努力造就一支高素质的高等学校思想政治理论课教师队伍，切实加强和改进党对高等学校思想政治理论课的领导。

① 教育部思想政治工作司. 加强和改进大学生思想政治教育重要文献选编（1978—2014）[M]. 北京：知识产权出版社，2015：213-214.

3. 进入中国特色社会主义新时代以来的有关文件

党的十八大以来，中国特色社会主义进入新时代，党面临的主要任务是实现两个百年奋斗目标，开启中华民族伟大复兴的新征程。思想政治工作以习近平新时代中国特色社会主义思想为指导，以实现中华民族伟大复兴为目标，全党全社会思想上的团结统一更加巩固，我国意识形态领域发生了全局性、根本性的转变，思想政治工作进入了新的发展阶段。

2013年2月22日，《中共教育部党组关于在全国各级各类学校深入开展"我的中国梦"主题教育活动的通知》要求，全面贯彻党的教育方针，围绕立德树人根本任务，深入开展中国特色社会主义宣传教育，引导广大学生为实现国家富强、民族复兴、人民幸福的伟大中国梦而发奋学习、不懈奋斗。

2013年12月，中共中央办公厅印发《关于培育和践行社会主义核心价值观的意见》，要求把培育和践行社会主义核心价值观融入国民教育全过程，把培育和践行社会主义核心价值观落实到经济发展实践和社会治理中，加强社会主义核心价值观宣传教育，开展涵养社会主义核心价值观的实践活动，加强对培育和践行社会主义核心价值观的组织领导。

2015年1月，中共中央办公厅、国务院办公厅印发《关于进一步加强和改进新形势下高校宣传思想工作的意见》，强调指出意识形态工作是党和国家一项极端重要的工作，明确了加强和改进新形势下高校宣传思想工作的主要任务，要不断壮大高校主流思想舆论，要着力加强高校宣传思想阵地管理。

2017年2月，中共中央、国务院印发《关于加强和改进新形势下高校思想政治工作的意见》，强调加强和改进高校思想政治工作是一项重大的政治任务和战略工程，明确加强和改进高校思想政治工作的重要意义、总体要求、指导思想、基本原则，要求强化思想理论教育和价值引领，加强对课堂教学和各类思想文化阵地的建设管理。

2017年12月4日，中共教育部党组制定《高校思想政治工作质量提升工程实施纲要》，指出高校思想政治工作总体目标是着力培养担当民族复兴大任的时代新人，要求大力提升高校思想政治工作质量，统筹推进课程育人，明确"十大"育人体系的主要内容，构建"十大"育人质量提升体系。

2019年8月，中共中央办公厅、国务院办公厅印发《关于深化新时代学校思想政治理论课改革创新的若干意见》，要求完善思政课课程教材体系，调整创新思政课课程体系，统筹推进思政课课程内容建设，建设一支政治强、情怀深、思维新、视野广、自律严、人格正的思政课教师队伍，不断增强思政课的思想性、理论性和亲和力、针对性。

2019年10月27日，中共中央、国务院印发《新时代公民道德建设实施纲要》，要求牢固树立中国特色社会主义共同理想，大力弘扬社会主义核心价值观，积极倡导富强民主文明和谐、自由平等公正法治、爱国敬业诚信友善，深化道德教育引导，推动道德实践养成，抓好网络空间道德建设。

2019年11月12日，中共中央、国务院印发《新时代爱国主义教育实施纲要》，要求坚持把实现中华民族伟大复兴的中国梦作为鲜明主题，坚持爱党爱国爱社会主义相统一，着力培养爱国之情、砥砺强国之志、实践报国之行，使爱国主义成为全体中国人民的坚定信念、精神力量和自觉行动。

2020年4月22日，教育部、中共中央组织部、中共中央宣传部等八部门印发《关于加快构建高校思想政治工作体系的意见》，明确高校思想政治工作的指导思想和目标任务，高校思想政治工作的学科教学体系包括全面推进所有学科课程思政建设，强化高校思想政治工作的日常教育体系、管理服务体系、安全稳定体系、队伍建设体系等。

2020 年 12 月 18 日，中共中央宣传部、教育部制定了《新时代学校思想政治理论课改革创新实施方案》，强调坚持用习近平新时代中国特色社会主义思想铸魂育人，提出新时代学校思政课改革创新的基本要求，对大中小学思政课课程目标进行一体化设计，构建大中小学一体化思政课课程体系。

2021 年 7 月，中共中央、国务院印发《关于新时代加强和改进思想政治工作的意见》，明确了新时代加强和改进思想政治工作的指导思想和方针原则，强调要把思想政治工作作为治党治国的重要方式，要深入开展思想政治教育，要提升基层思想政治工作质量和水平，完善全党全社会共同参与的思想政治工作大格局。

（二）高校思想政治教育工作进入新时代

党的十八大以来，以习近平同志为核心的党中央高度重视学校思想政治教育工作，先后召开全国高校思想政治工作会议、全国教育大会、学校思想政治理论课教师座谈会等。在这些会议上及其他场合，习近平总书记就学校思想政治工作发表了一系列重要讲话，强调学校思想政治教育关系到为谁培养人、培养什么人、怎样培养人这个根本问题，要把立德树人作为学校教育的根本任务，把立德树人作为学校思想政治教育的中心环节，努力办好思想政治理论课，把思想政治工作贯穿教育教学全过程，实现全员育人、全过程育人、全方位育人，培养德智体美劳全面发展的社会主义事业建设者和接班人。广大青年要在实现中华民族伟大复兴的时代洪流中踔厉奋发、勇毅前进，做社会主义核心价值观的坚定信仰者、积极传播者、模范践行者，坚定不移听党话、跟党走，努力成长为堪当民族复兴重任的时代新人。

中共中央、国务院以及中共中央组织部、中共中央宣传部、教育部等有关部门，出台了《新时代公民道德建设实施纲要》《新时代爱国主义教育实施纲要》《关于加强和改进新形势下高校思想政治工作的意见》《高校思想政治工作质量提升工程实施纲要》《关于加快构建高校思想政治工作体系的意见》《高等学校课程思政建设指导纲要》《关于深化新时代学校思想政治理论课改革创新的若干意见》《新时代学校思想政治理论课改革创新实施方案》等一系列相关文件，强调要强化思想理论教育和价值引领，把理想信念教育放在首位，健全立德树人体制机制，用习近平新时代中国特色社会主义思想铸魂育人，教育引导学生坚定中国特色社会主义道路自信、理论自信、制度自信、文化自信，培育和践行社会主义核心价值观，树立正确的世界观、人生观、价值观，弘扬中华优秀传统文化，推进高校思想政治工作改革创新，加强和改善党对高校的领导，为高校开展思想政治教育工作提供了根本保障，创造了最优环境。

高校思想政治理论课教师集体备课、集体研究教案，思想政治理论课改革创新有新进展，思想政治理论课的亲和力、针对性在增强；高校课程思政建设积极推进，全方位展开，每位教师深挖思政教育资源，把思想政治教育融入课程教学过程中；高校宣传部门把思想政治教育工作放在心上、抓在手上，宣传教育工作有了新突破；网络思政起航远行，巨大思想政治教育潜能逐步被挖掘和利用；辅导员把思想政治教育牢记在心，努力践行，在学生日常学习生活中实现管理育人、服务育人。高校全员全过程全覆盖的思想政治教育格局正在形成，思想政治教育工作迎来了蓬勃发展的春天，进入了新的发展阶段。

(三) 新时代高校思想政治教育的主要任务

1. 新的背景——机遇与挑战并存

2017 年中共中央、国务院印发《关于加强和改进新形势下高校思想政治工作的意见》，中共教育部党组印发《高校思想政治工作质量提升工程实施纲要》，2020 年 4 月教育部等八部门印发《关于加快构建高校思想政治工作体系的意见》，2021 年 7 月中共中央、国务院印发《关于新时代加强和改进思想政治工作的意见》，一方面为新时代加强和改进高校思想政治教育工作提供了有力保障，是新时代高校凝心聚力推动思想政治教育工作的重要举措。另一方面我国经济社会正处于发展改革的关键期，科技发展和信息化加速推进，网络空间和现实空间相互融合，促使社会交流更加活跃，社会思想更加多变，社会舆论更加复杂，为谁培养人、培养什么人、怎样培养人的问题更为凸显，新时代高校思想政治教育面临复杂多变的环境，高校思想政治教育面临越来越多的新挑战。

2. 新的目标——培养担当民族复兴大任的时代新人

实现中华民族伟大复兴的中国梦，就是要实现国家富强、民族振兴、人民幸福。经过不断的努力，中国人民经历了从站起来、富起来到强起来的历史飞跃，第一个百年奋斗目标已经实现，第二个百年奋斗目标已经开启。经过长期的努力，新时代高校思想政治教育的目标已经转化为以习近平新时代中国特色社会主义思想为指导，构建全员全方位育人格局，全面提升思想政治工作水平，切实提高思想政治工作亲和力和针对性，着力培养德智体美劳全面发展的社会主义建设者和接班人，着力培养担当民族复兴大任的时代新人，不断开创新时代高校思想政治教育新局面。

3. 新的任务——落实立德树人根本任务

新时代高校思想政治教育的主要任务是用习近平新时代中国特色社会主义思想铸魂育人，坚持马克思主义指导地位，坚持以人民为中心的发展思想，以立德树人为根本，以理想信念教育为核心，以培育和践行社会主义核心价值观为主线，以建立完善全员全过程全方位育人体制机制为关键，把立德树人融入思想道德、文化知识、社会实践教育各环节，贯通学科体系、教学体系、教材体系、管理体系，形成教书育人、科研育人、实践育人、管理育人、服务育人、文化育人、组织育人的长效机制，全面提升高校思想政治工作质量，全面提高人才培养能力，加快构建目标明确、内容完善、标准健全、运行科学、保障有力、成效显著的高校思想政治工作体系，为人民服务，为中国共产党治国理政服务，为巩固和发展中国特色社会主义制度服务，为改革开放和社会主义现代化建设服务。

4. 新的举措——建立完善全员全过程全方位育人机制

实现新时代高校思想政治教育的主要任务，要坚持育人导向，突出价值引领；坚持遵循思想政治工作规律、教书育人规律和学生成长规律，激活高校思想政治工作内生动力；坚持问题导向，注重精准施策；坚持党对高校思想政治工作的领导，落实主体责任。要建立完善"十大"育人体系，充分发挥课程、科研、实践、文化、网络、心理、管理、服务、资助、组织等各方面工作的育人功能，挖掘育人要素，完善育人机制。统筹推进课程育人，着力加强科研育人，扎实推动实践育人，深入推进文化育人，创新推动网络育人，大力促进心理育人，切实强化管理育人，不断深化服务育人，全面推进资助育人，积极优化组织育人。推动新时代思想政治工作守正创新发展，推动"三全育人"综合改革，建设高校思想政治工作创新发展中心，建强工作队伍，强化组织保障。

三、我党高度重视高校辅导员队伍建设工作

我国高校辅导员制度前身可上溯到抗战时期"中国人民抗日军事政治大学"① 的辅导员制度。较正式的高校辅导员队伍的出现则是在新

---

① 中国人民抗日军事政治大学，简称"抗大"，是抗战时期中国共产党领导的人民军队的最高军事学府。从 1936 年 6 月创建到 1945 年 9 月抗战胜利，9 年间在艰苦卓绝的战争环境中，坚决贯彻党中央和毛泽东制定的教育方针，培养出十万多名军事和政治干部，为取得抗日战争和解放战争的胜利发挥了重要作用。（资料来源：高世琦．中国共产党干部教育世纪历程 [M]．北京：党建读物出版社，2013.）

中国成立初期。新中国成立后，1952 年教育部发出文件，规定在高校设立政治辅导处并配备辅导员。1965 年教育部制定《关于辅导员工作条例》，标志着我国高校辅导员制度已经形成。

（一）改革开放和社会主义现代化建设时期高校辅导员队伍建设工作

在改革开放和社会主义现代化建设时期，有关辅导员队伍建设的文件密集出台，主要是拨乱反正，解决高校辅导员极为短缺的问题，提高对辅导员队伍建设的认识，加大高校辅导员的配备力度。这一时期，高校辅导员队伍建设得到重视，明确了辅导员的要求与职责、配备与选聘等规定，辅导员队伍建设工作步入了正轨，高校逐步形成了一支专兼职结合的辅导员队伍。

1978 年 10 月 4 日，《教育部关于讨论和试行全国重点高等学校暂行工作条例（试行草案）的通知》指出："为了加强思想政治工作，在一、二年级设政治辅导员或者班主任，从专职的党政干部、政治理论课教师和其他青年教师中挑选有一定政治工作经验的人担任。"[1]

1980 年 4 月 29 日，教育部、共青团中央印发的《关于加强高等学校学生思想政治工作的意见》指出，"加强学生的思想政治工作，必须建立一支坚强的、有战斗力的政治工作队伍"。"各校要根据具体情况建立政治辅导员或班主任制度。政治辅导员和班主任应从政治、业务都好的毕业生中选留或从教师中选任。"[2]

1984 年 11 月 13 日，中共中央宣传部、教育部联合印发《关于加强高等学校思想政治工作队伍建设的意见》，指出高等学校的根本任务

[1] 教育部思想政治工作司 . 加强和改进大学生思想政治教育重要文献选编（1978—2014）[M]. 北京：知识产权出版社，2015：003.

[2] 教育部思想政治工作司 . 加强和改进大学生思想政治教育重要文献选编（1978—2014）[M]. 北京：知识产权出版社，2015：006.

是为社会主义现代化建设培养德智体全面发展的又红又专的人才，高等学校必须建设一支精干有力的思想政治工作队伍，提出对专职思想政治工作人员政治素质和知识水平的基本要求、思想政治工作人员的来源和发展方向、专职思想政治工作人员的培训等。

1986 年 4 月 3 日，原国家教委发出《关于选配品学兼优的应届毕业生充实高等学校思想政治工作队伍的通知》，要求"各高等学校所需思想政治工作人员，应列入毕业生分配计划，重点加以保证"[①]。

1986 年 5 月 29 日，中共中央、国务院批转《国家教委关于加强高等学校思想政治工作的决定》，指出高校必须下决心尽快加强思想政治工作队伍的建设，各高等学校要尽快配齐在班级从事学生思想政治工作的政治辅导员或班主任、指导教师。

1987 年 5 月 29 日，《中共中央关于改进和加强高等学校思想政治工作的决定》指出，"建设一支坚强的马克思主义理论队伍和思想政治工作队伍"，"高等学校的思想政治工作队伍应由精干的专职人员与较多的兼职人员组成"，"每个班级均应配备兼职的班主任、导师或辅导员"[②]。

2000 年 7 月 3 日，《中共教育部党组关于进一步加强高等学校学生思想政治工作队伍建设的若干意见》指出，要"采取切实措施，建设一支精干、高素质的学生思想政治工作队伍"，"专职学生思想政治工作人员系学校专职从事学生思想政治教育工作的人员，包括学校分管学生思想政治教育工作的党委副书记，学生工作部（处）从事学生思想政治教育工作的人员，院（系）党总支负责学生思想政治教育工作的

---

① 教育部思想政治工作司．加强和改进大学生思想政治教育重要文献选编（1978—2014）［M］．北京：知识产权出版社，2015：047.

② 教育部思想政治工作司．加强和改进大学生思想政治教育重要文献选编（1978—2014）［M］．北京：知识产权出版社，2015：073.

副书记、团总支书记，学生政治辅导员等"。"原则上可按1：120~150的比例配备专职学生思想政治工作人员。""各高等学校要根据各自具有的评审权和有关政策规定，负责本校专职学生思想政治工作人员教师职务的评聘工作。"①

2004年8月26日，《中共中央、国务院关于进一步加强和改进大学生思想政治教育的意见》指出："辅导员、班主任是大学生思想政治教育的骨干力量，辅导员按照党委的部署有针对性地开展思想政治教育活动，班主任负有在思想、学习和生活等方面指导学生的职责。""要采取有力措施，着力建设一支高水平的辅导员、班主任队伍。院（系）的每个年级都要按适当比例配备一定数量的专职辅导员。""辅导员、班主任工作在大学生思想政治教育第一线，任务繁重，责任重大，学校要从政治上、工作上、生活上关心他们，在政策和待遇方面给予适当倾斜。"②

2005年1月13日，教育部《关于加强高等学校辅导员班主任队伍建设的意见》，要求认真做好辅导员、班主任队伍的选聘配备工作，专职辅导员总体上按1：200的比例配备，保证每个院（系）的每个年级都有一定数量的专职辅导员。要加强辅导员、班主任的培养培训工作，切实为辅导员、班主任工作和发展提供政策保障。

2006年7月23日，教育部颁布《普通高等学校辅导员队伍建设规定》，阐述了高校辅导员队伍建设的重要意义，就高校辅导员的要求与职责、配备与选聘、培养与发展、管理与考核等方面作出比较全面的规定。

---

① 教育部思想政治工作司. 加强和改进大学生思想政治教育重要文献选编（1978—2014）［M］. 北京：知识产权出版社，2015：210-211.

② 教育部思想政治工作司. 加强和改进大学生思想政治教育重要文献选编（1978—2014）［M］. 北京：知识产权出版社，2015：268-269.

（二）中国特色社会主义新时代高校辅导员队伍建设工作

进入中国特色社会主义新时代后，高校辅导员队伍建设工作进一步得到重视，高校辅导员队伍建设进一步得到加强，为进一步做好学生思想政治教育工作提供了坚强保证，辅导员工作出现了新气象、新局面。

2013年5月3日，中共教育部党组印发《普通高等学校辅导员培训规划（2013—2017年）》，提出了辅导员培训的指导思想、主要目标、培训内容、主要任务等，进一步推进辅导员队伍建设。

2017年2月，中共中央、国务院印发《关于加强和改进新形势下高校思想政治工作的意见》，指出高校思想政治工作队伍和党务工作队伍具有教师和管理人员双重身份，要纳入高校人才队伍建设总体规划，形成一支专职为主、专兼结合、数量充足、素质优良的工作力量。

2017年9月，教育部颁布修订的《普通高等学校辅导员队伍建设规定》，指出辅导员是开展大学生思想政治教育的骨干力量，是高等学校学生日常思想政治教育和管理工作的组织者、实施者、指导者；辅导员应当努力成为学生成长成才的人生导师和健康生活的知心朋友。《普通高等学校辅导员队伍建设规定》就辅导员工作的要求及职责、配备与选聘、辅导员的基本条件和发展与培训等作出详细规定。

2017年12月，中共教育部党组印发《高校思想政治工作质量提升工程实施纲要》，指出要构建"十大育人体系"，切实打通"三全育人"的"最后一公里"，建强工作队伍。要加强专门力量建设，推动中央关于高校思想政治工作队伍和党务工作队伍建设的政策要求和量化指标落地。

2020年4月22日，教育部、中共中央组织部、中共中央宣传部等八部门联合颁布的《关于加快构建高校思想政治工作体系的意见》指出："完善高校专职辅导员职业发展体系，建立职级、职称'双线'晋升办法，学校应当结合实际情况为专职辅导员专设一定比例的正高级专业技术岗位。参照校内管理岗位比例，依据国家有关规定，建立完善高校专职辅导员管理岗位（职员等级）晋升制度。""对长期从事辅导员工作、表现优秀的，按照国家有关规定给予奖励。各高校要切实履行辅导员选聘工作的主体责任，按照专兼结合、以专为主的原则加强辅导员选配工作。各地有关部门要积极支持并督导各高校严格落实专职辅导员人事管理政策，按规定签订聘用合同，不得用劳务派遣、人事代理等方式聘用辅导员。""各地要因地制宜设置思政课教师和辅导员岗位津贴，纳入绩效工资管理，相应核增学校绩效工资总量。"①

在中国共产党成立 100 周年之际，2021 年 7 月中共中央、国务院印发了《关于新时代加强和改进思想政治工作的意见》，强调思想政治工作是一切工作的生命线，加强和改进思想政治工作，事关党的前途命运，事关国家长治久安，事关民族凝聚力和向心力。加强学校思想政治工作，打造专兼结合的工作队伍，配齐配强思想政治工作骨干队伍，"有计划有步骤地开展全员培训，深化思想政治工作人员专业技术职务评聘制度改革，培养思想政治工作的行家里手"②。

---

① 教育部等 . 关于加快构建高校思想政治工作体系的意见 ［EB/OL］. （2020-05-15） ［2022 - 05 - 13］. http：//www.gov.cn/zhengce/zhengceku/2020 - 05/15/content _ 5511831. htm.

② 中共中央国务院印发《关于新时代加强和改进思想政治工作的意见》 ［N］. 人民日报，2021-07-13 （01）.

第二章

辅导员思想政治教育的根本任务

辅导员的全称是"思想政治辅导员",这一名称已表明辅导员的主要工作职责是对学生进行思想政治教育。思想政治教育与立德树人紧密联系,相互促进,融为一体。立德树人是高校辅导员思想政治教育的根本任务,是高校辅导员思想政治教育的灵魂和命脉。立德树人的成效是检验高校辅导员一切工作的根本标准。辅导员在思想政治教育工作中,要用习近平新时代中国特色社会主义思想铸魂育人,落实好立德树人的根本任务,把学生培养为德智体美劳全面发展的社会主义建设者和接班人。

一、辅导员的工作职责是思想政治教育

工作职责是指工作岗位要求完成的工作任务以及应当承担的责任范围。一个工作岗位会有多种工作任务,但必定有一个最基本最主要的工作职责。辅导员的工作职责是指辅导员工作岗位要求完成的工作内容以及应当承担的责任。辅导员的工作职责随着时代的发展而有所变化调整,但其基本职责一直没有改变,那就是思想政治教育。2006 年 9 月 1 日开始实施的《普通高等学校辅导员队伍建设规定》以及 2017 年 8 月修订的《普通高等学校辅导员队伍建设规定》,都将辅导员工作职责界定为思想政治教育、党团和班级建设、学风建设、学生日常事务管理等内容,排在首位的也是最基本的工作职责是学生的思想政治教育工作。

（一）辅导员的工作职责

修订版《普通高等学校辅导员队伍建设规定》明确指出，辅导员的主要工作职责共有九项任务，分别是：（1）思想理论教育和价值引领；（2）党团和班级建设；（3）学风建设；（4）学生日常事务管理；（5）心理健康教育与咨询工作；（6）网络思想政治教育；（7）校园危机事件应对；（8）职业规划与就业创业指导；（9）理论和实践研究。其中，排在第一位的工作职责就是思想政治教育工作，第六项工作职责是从网络角度讲的，也是思想政治教育工作内容；第九项工作职责是加强理论和实践研究工作，首先需要研究的就是如何做好学生的思想政治教育工作；其他各项工作职责，如党团活动的开展、学生班级的建设和管理、学生良好学风的形成、校园危机事件的处理等，都渗透着对学生的思想政治教育工作，这些工作职责的完成，也离不开对学生进行思想政治教育工作。因此，可以说辅导员的主要工作职责就是围绕学生开展思想政治教育工作，辅导员工作职责的关键环节或核心任务就是做好学生的思想政治教育工作。

（二）辅导员做好学生思想政治教育的必要性

1. 辅导员做好学生思想政治教育是高校"为党育人、为国育才"的必然要求

辅导员是高校思想政治教育工作的排头兵，直接承担着学生思想政治教育工作的重任，把学生思想政治教育作为辅导员的中心工作，让辅导员凝心聚力培养一代又一代拥护中国共产党领导和我国社会主义制度、立志为中国特色社会主义事业奋斗终生的有用人才，是高校为党育人、为国育才的重要体现，是高校解决好为谁培养人、培养什么人、怎样培养人这个根本问题的有力举措。辅导员要对学生开展马克思主义立场、观点和方法的教育，用习近平新时代中国特色社会主义思想铸魂育人，教育引导学生增强中国特色社会主义道路自信、理论自信、制度自

信、文化自信，厚植学生的爱国主义情怀，把学生的爱国情、强国志、报国行自觉融入坚持和发展中国特色社会主义、建设社会主义现代化强国、实现中华民族伟大复兴的奋斗之中。把做好学生思想政治教育作为辅导员的中心工作，是辅导员本职工作的必然要求，也是辅导员本职工作的历史使命，更是高校培养德智体美劳全面发展的社会主义建设者和接班人的迫切需要。

2. 辅导员做好学生思想政治教育是实现第二个百年奋斗目标的历史责任

中国特色社会主义现代化建设已经进入新时代，新时代的主要战略任务是实现中华民族的伟大复兴，这是党的第二个百年奋斗目标，实现这一目标，首先要求全党全国各族人民紧密团结在以习近平同志为核心的党中央周围，全面贯彻习近平新时代中国特色社会主义思想，统一思想，统一认识，勿忘昨天的苦难辉煌，无愧今天的使命担当，不负明天的伟大梦想，埋头苦干，砥砺前行，这些都需要做好思想政治工作。2021 年 7 月，在中国共产党成立 100 周年之际，中共中央、国务院印发的《关于新时代加强和改进思想政治工作的意见》指出："思想政治工作是党的优良传统、鲜明特色和突出政治优势，是一切工作的生命线。加强和改进思想政治工作，事关党的前途命运，事关国家长治久安，事关民族凝聚力和向心力。"① 新时代思想政治工作承担着举旗帜、聚民心、育新人、兴文化、展形象的职责使命，要把思想政治工作落实到党的各项事业中，无论是企业还是机关、农村、社区、高校，都要加强思想政治工作，特别是高校辅导员，要教育广大青年为实现第二个百年奋斗目标凝心聚力，勠力同心，砥砺奋进。青年兴则国家兴，青年强则国家强。教育广大青年"要坚定理想信念，志存高远，脚踏实地，勇做

① 中共中央国务院印发《关于新时代加强和改进思想政治工作的意见》[N]. 人民日报，2021-07-13（01）.

时代的弄潮儿，在实现中国梦的生动实践中放飞青春梦想，在为人民利益的不懈奋斗中书写人生华章"①。

3. 辅导员做好学生思想政治教育是落实立德树人根本任务的迫切需要

立德树人是学校教育的根本任务，也是辅导员进行思想政治教育的根本任务。学生正处于人生的"拔节孕穗期"，心智逐渐健全，思维进入最活跃时期，最需要精心引导和栽培。面对世界百年未有之大变局，面对意识形态领域激烈的争夺斗争，面对社会上各种"杂音"和"噪声"，辅导员要根据学生的思想状态，有针对性地开展思想政治教育工作，牢牢把握学生意识形态领域的主动权，引导学生牢固树立马克思主义的世界观、人生观、价值观，教育学生学会运用马克思主义立场和方法观察世界、分析世界，增强学生辨别是非曲直、甄别美丑善恶的能力。要按照社会主义核心价值观和《新时代公民道德建设实施纲要》②的要求，把以文明礼貌、助人为乐、爱护公物、保护环境、遵纪守法为主要内容的社会公德融入学生日常生活中，教育学生在社会上做一个好公民；把以爱国奉献、明礼遵规、勤劳善良、宽厚正直、自强自律为主要内容的个人品德融入学生思想政治教育中，注重以文化人、以德育人，注重学生个人品德的修养，引导学生养成好品行；引导学生弘扬民族精神和时代精神，把正确的道德认知、自觉的道德养成、积极的道德实践结合起来，以时代楷模、先进模范引领学生道德风尚，发挥礼仪礼节对学生的教化作用，不断提高学生的思想水平、政治觉悟、道德品质、文化素养。

---

① 习近平. 决胜全面建成小康社会 夺取新时代中国特色社会主义伟大胜利——在中国共产党第十九次全国代表大会上的报告 [M]. 北京：人民出版社，2017：70.

② 中共中央国务院印发《新时代公民道德建设实施纲要》[N]. 人民日报，2019-10-28（01）.

二、辅导员思想政治教育的根本任务是立德树人

教育的首要任务是解决为谁培养人、培养什么人、如何培养人的问题，不同国家、不同时代有不同的标准，有不同的回答。中国特色社会主义教育事业是培育德智体美劳全面发展的社会主义建设者和接班人，培育担当民族复兴大任的时代新人，决定了立德树人是中国特色社会主义教育事业的根本任务，也是辅导员思想政治教育的根本任务，更是辅导员思想政治教育的灵魂和命脉。立德树人的成效是检验辅导员思想政治教育工作的根本标准。辅导员把立德树人融入学生管理和服务工作中，渗透于学生工作的各方面，落实好立德树人的根本任务，把学生培养成为习近平新时代中国特色社会主义思想的坚定信仰者、积极传播者、模范践行者。

（一）思想政治教育与立德树人的关系

立德树人与思想政治教育是高校辅导员开展学生思想政治工作的两个重要方面，两者紧密联系，相互交叉，相互促进，融为一体，但二者是两个不同的概念，实际工作中不能以思想政治教育代替立德树人，也不能以立德树人代替思想政治教育①，而是要把两者结合起来，完成好为党育人、为国育才的历史使命。

1. 立德树人的基本含义

立德树人中的立德与树人相互联系、相互支撑，成为一个紧密联系、不可分割的整体。其中，立德的"立"为建立、树立，立德为树立德业之意；树人的"树"是种、植之意，树人为培养人才。"一年之计，莫如树谷；十年之计，莫如树木；终身之计，莫如树人。"可见树

---

① 范宝舟，赵蔚. 论思想政治教育与立德树人的辩证关系 [J]. 思想理论教育，2021（06）：50-56.

人之重要。立德树人以"立"为前提，以"德"为基础，以"树"为手段，以"人"为目的，育人为本、德育为先①。两者之间的关系为立德是手段、树人是目的，但反过来，树人也有助于立德的实现，是立德的手段和途径，因此，立德与树人之间相互联系，相互支撑，互为条件，缺一不可。

立德和树人有共性要求，不管是哪个国家、哪个时代，德育和做人都强调爱国、爱人之心，都灌输国家意识，都通过各种社会志愿服务培养利他主义观念和社会责任心，有基本的职业道德要求等。在共性要求基础上，一个社会有一个社会"德"的内涵，一个时代有一个时代"人"的标准，中国的"德"和"人"的理念，西方人看起来不一定很合适，西方人"德"和"人"的界定，搬到中国来肯定也不适用。

历史条件和背景不同，立德树人中的"德"和"人"有不同的内涵。在中国特色社会主义新时代，怎样实现立德树人？习近平总书记指出："人无德不立，品德是为人之本。""青年要把正确的道德认知、自觉的道德养成、积极的道德实践紧密结合起来，不断修身立德，打牢道德根基，在人生道路上走得更正、走得更远。"② 社会主义核心价值观就是一种德，既是个人的德，也是一种大德，是国家的德、社会的德。国无德不兴，人无德不立。做人做事第一位的是崇德修身，修德既要立意高远，又要立足平实。立志报效祖国、服务人民，这是大德，养大德者方可成大业。同时，还得从做好小事、从管好小节开始起步，见善则迁，有过则改，踏踏实实修好公德、私德，要学会劳动、学会勤俭，要学会感恩、学会助人，要学会谦让、学会宽容，要学会自省、学会自

---

① 陈敏生，张超. 立德树人——当代大学生思想政治教育工作的价值旨归 [N]. 光明日报，2016-02-04 (07).

② 习近平. 在纪念五四运动100周年大会上的讲话 [N]. 人民日报，2019-05-01 (02).

律。要加强思想道德建设，深入实施公民道德建设工程，推进社会公德、职业道德、家庭美德、个人品德建设，激励每个人向上向善、孝老爱亲，忠于祖国、忠于人民。在我国现代化建设新阶段，立德树人就是要以基本道德规范为基础，明大德、守公德、严私德，以理想信念教育为核心，坚定共产主义的远大理想和崇高信念，培育和践行社会主义核心价值观，培养一代又一代担当中华民族复兴大任的时代新人，奋力实现中国共产党第二个百年奋斗目标。

2. 思想政治教育与立德树人相互促进

立德树人与思想政治教育都是围绕人来开展教育和培养工作的，目标一致，相互促进，是一个紧密联系的整体，但又有一定的区别，实际工作中既要发挥两者相互促进的作用，同向同行，形成合力，又要搞清楚两者之间不同的重点。

首先，思想政治教育与立德树人的主要联系。

第一，目标相同。在我国现阶段，不管是立德树人还是思想政治教育，都是为人民服务、为中国共产党治国理政服务、为巩固和发展中国特色社会主义制度服务、为改革开放和社会主义现代化建设服务，都是为了培养一代又一代拥护中国共产党领导和我国社会主义制度、立志为中国特色社会主义事业奋斗终生的有用人才，都是为了培养担当民族复兴大任的时代新人，培养德智体美劳全面发展的社会主义建设者和接班人，两者同向同行，目标一致。

第二，相互融合，相互促进。立德树人强调崇德修身和品德修养，坚定共产主义的远大理想和崇高信念，报效祖国和服务人民，成为社会有用之才，担当中华民族复兴大任。思想政治教育强调对马克思主义的信仰、对中国特色社会主义的信念、对中华民族伟大复兴中国梦的信心，强调用习近平新时代中国特色社会主义思想铸魂育人，坚定"四个自信"，培育和践行社会主义核心价值观，修好品德，成为有大爱大德大情怀的人，弘扬中华民族优秀传统文化，为党育人、为国育才。因此，修养品德，树立远大理想和崇高信念，热爱祖国和人民，造就社会主义合格建设者和接班人等，都是立德树人和思想政治教育的共同内容、共同任务，两者相互融合，相互促进，相互支撑，共同完成用习近平新时代中国特色社会主义思想铸魂育人的使命。

第三，实现方法具有共性。无论是落实立德树人的根本任务，还是进行思想政治教育，一方面都需要进行灌输和培养，旗帜鲜明地用高尚的品德教育人，用马克思主义价值观引导人，倡导社会主义核心价值观，形成"惊涛拍岸"的声势；另一方面都需要通过和风细雨、润物无声、潜移默化的隐性教育，将立德树人和思想政治教育渗透到社会生活的方方面面，用马克思主义、社会主义核心价值观、习近平新时代中国特色社会主义思想滋润每个人的心田、沐浴每个人的灵魂，使人在不知不觉中得到熏陶和教化，使人在不知不觉中接受洗礼和教育，成为马克思主义的坚定信仰者、习近平新时代中国特色社会主义思想的忠诚践行者。

其次，思想政治教育与立德树人的主要不同之处。

第一，内容有所不同。立德树人和思想政治教育在修养品德、树立远大理想和崇高信念、爱国爱党等方面相互融合，相互交叉，但相对于立德树人而言，思想政治教育包括的内容更多，涉及的范围更广，教育的系统性更强，在高校本科教育和研究生教育阶段都是独立设置的专业。因此，思想政治教育内容广泛，涵盖了立德树人，但不能替代立德树人，立德树人是思想政治教育的根本任务、根本目标，在思想政治教育中起着画龙点睛的作用。

第二，聚焦的社会群体有所不同。立德树人和思想政治教育在全社会都适用，对所有社会成员都适合，每个社会成员都应接受品德修养和思想政治教育，但相比较思想政治教育来说，立德树人聚焦的主要群体是青少年，主要对象是学校的学生，实施者主要是教师，教师通过帮助学生树立正确的品德修养和价值观，把学生培养为国家建设的有用人才，而思想政治教育除了在学校开展以外，还有政府机构、企业、乡镇、社区等，接受教育的群体有政府机构工作人员、企业职工、城乡居民等。

第三，具体实施方式有所不同。思想政治教育主要是通过有组织、有计划的方式来进行，在学校设置有思想政治教育的系列课程，如小学及初中阶段有"道德与法治"课，高中阶段有"思想政治"课，大学阶段有《马克思主义基本原理概论》《毛泽东思想和中国特色社会主义理论体系概论》《中国近现代史纲要》《思想道德修养与法律基础》等课程，在学科课程和专业课程教学中要有机渗透思想政治教育的相关内容。而立德树人在小学及初中阶段"道德与法治"课中有相对较多的内容，到了高中和大学阶段，主要是渗透在思想政治教育相关课程及专业课程教学中来完成，贯穿于学校服务和学校管理过程中来进行。

（二）辅导员思想政治教育的根本任务是立德树人

人无德不立，国无德不兴，育人的根本在于立德。高校是立德树人、培养人才的地方，高校立身之本在于立德树人，高校要把立德树人融入思想道德教育、专业知识教育、社会实践教育各环节，贯穿高等教育各领域，学科体系、教学体系、教材体系、管理体系要围绕立德树人这个目标来设计，教师要围绕立德树人这个目标来教，学生要围绕立德树人这个目标来学。要坚持把立德树人作为中心环节，把思想政治教育贯穿于教学全过程，实现全员、全过程、全方位育人。立德树人是中国特色社会主义教育的本质体现，是新时代贯彻党的教育方针的客观要求，也是"为党育人、为国育才"，培养担当民族复兴大任时代新人的迫切需要。高校每位教师、每个岗位、每门课程、每个方面都要落实立德树人的根本任务，都是落实立德树人根本任务的阵地，都是开展思想政治教育的有生力量。

辅导员是高校教师的重要组成部分，是高校从事德育工作、开展大学生思想政治教育的骨干力量。辅导员兼有教书育人、服务育人、管理育人的三重身份，不管是哪个角色定位、哪个岗位职责，都包含有立德树人的任务，都包含有思想政治教育工作。所以，辅导员作为高校教师的一员，作为高校管理工作的一部分，作为思想政治教育工作队伍的一分子，要把立德树人作为辅导员思想政治教育的根本任务，有义务有责任把立德树人根本任务落实到辅导员的实际工作中，有义务有责任把立德树人根本任务渗透到辅导员工作的方方面面。

辅导员的工作性质决定了辅导员要与学生朝夕相处，跟学生接触的时间和机会最多，帮助学生解决日常生活和学习的事情最多，对学生的思想状况了解最多，有优势条件把立德树人的根本任务贯穿于思想政治教育中，渗透于学生校园生活学习中，落实到每个学生身上，思想政治教育工作的针对性强、实效性好，是落实立德树人根本任务的主渠道，是培养学生品德修养的主课堂。

（三）立德树人成效是检验辅导员一切工作的根本标准

习近平总书记指出："要把立德树人的成效作为检验学校一切工作的根本标准，真正做到以文化人、以德育人"，"要把立德树人内化到大学建设和管理各领域、各方面、各环节，做到以树人为核心，以立德为根本"[1]。辅导员工作是高校工作的一个重要组成部分，也要把立德树人的成效作为检验辅导员工作的根本标准，把培养出担当中华民族复兴大任的时代新人作为检验辅导员工作的根本标准，改革唯学生学习分数、唯学生考研率、唯学生出国率作为评价辅导员工作的标准，克服考核时只注重辅导员所管学生不出事的弊端，建立起辅导员对学生德行修养进行培育和培养的机制体制，把辅导员的立德树人根本任务、管理工

---

[1] 习近平. 在北京大学师生座谈会上的讲话 [N]. 人民日报, 2018-05-03 (02).

作与春风化雨、润物无声的思想政治教育结合起来，让辅导员理直气壮地开展德育工作，凝心聚力地把立德树人的根本任务落实到辅导员思想政治教育的每一环节。

三、辅导员立德树人与思政课立德树人同向同行

高校辅导员进行思想政治教育，要把立德树人作为根本任务，高校还开设有思政课，也要把立德树人作为根本任务，辅导员立德树人与思政课立德树人的着力点有所区别，但两者之间紧密联系，相互支撑，相互促进，同向同行，共同完成立德树人的使命。

（一）辅导员立德树人与思政课立德树人的联系

1. 教育目标一致

辅导员是通过思想政治教育落实立德树人根本任务，思政课是通过思想政治理论教学落实立德树人根本任务，两者都是以"为党育人、为国育才"为教育目的，都是为了培养承担中华民族复兴大任的时代新人，都是为了培养德智体美劳全面发展的社会主义建设者和接班人，目标完全一致。

2. 基本内容相同

无论是辅导员进行思想政治教育，还是思政课进行教学，都要落实立德树人的根本任务，立德树人根本任务的基本内容相同，都要注重品德修养，都要以马克思主义为指导，都要用习近平新时代中国特色社会主义思想铸魂育人，都要践行社会主义核心价值观，都要弘扬中华民族优秀文化传统，都要培养学生爱党、爱国、爱社会主义、爱人民的情怀，都要坚定学生的"四个自信"，做到"两个维护"。

3. 基本要求相同

辅导员进行思想政治教育和思政课进行教学，要实现立德树人的目标，都要求学生修养个人品行，都要求学生坚定远大理想和崇高信念，

都要求学生践行社会主义核心价值观，都要求改革创新探索方式方法，都要求不断提高思想政治教育的针对性和实效性，不断增强思想政治教育的吸引力和感染力，培养担当民族复兴大任的时代新人。

（二）辅导员立德树人与思政课立德树人的区别

1. 教育体系不完全相同

高校思政课是结合大学各年级教学特点，构建形成的必修课加选修课的课程体系，由国家教育部门统一规定，学校按规定开设相关课程，高校本科阶段主要开设《马克思主义基本原理概论》《毛泽东思想和中国特色社会主义理论体系概论》《中国近现代史纲要》《思想道德修养与法律基础》《形势与政策》等必修课，"双一流"高校还开设有《习近平新时代中国特色社会主义思想概论》课程①，不管是哪一门课程，都要落实立德树人的根本任务。辅导员进行思想政治教育，落实立德树人根本任务，不是一门具体的课程，不是完整的教学体系，而是通过班级活动、团组织活动、学生活动、学生管理、学生服务等进行思想政治教育，培育学生的思想品德，是根据学生情况和需要把立德树人的根本任务渗透于学生工作的方方面面。由此可见，思政课是教学工作，辅导员落实立德树人根本任务是学生教育管理工作，体系完全不同，不能相互替代，不能把思政课教学变为辅导员立德树人的工作，也不能把辅导员立德树人的工作变为思政课教学。

2. 教育内容不完全相同

学校每门课程都有特定的知识体系和授课内容，不能随意调换一门课程的知识体系和授课内容，更不能相互替代，因此，高校思政课中的《马克思主义基本原理概论》《毛泽东思想和中国特色社会主义理论体

---

① 中办国办印发《意见》深化新时代学校思想政治理论课改革创新［N］. 人民日报，2019-08-15（01）.

系概论》《中国近现代史纲要》等课程，都有自身的授课内容和讲授体系，知识性比较完整，逻辑性比较强，一章一节不能随意调换，思政课是把立德树人渗透于各门课程的教学活动中，完成立德树人根本任务。而辅导员进行思想政治教育，不是课堂授课，不要求知识体系的完整性和知识之间的逻辑性，要求根据学生的思想状况和实际需要进行品德修养、理想信念等方面的教育，立德树人要有针对性，要解决学生面对的实际问题，要取得实际效果。

3. 具体要求不完全相同

每门课程教学都有具体的要求，没有教学要求，难以实现教学目标。每门课程的教学要求是根据课程教学内容设定的，具有逻辑性、系统性、整体性的特点，思政课也是如此。如《马克思主义基本原理概论》课程的教学要求是学生掌握马克思主义基本原理和基本方法，用于分析和解决现实社会中的具体问题，促进我国社会进步和经济发展；通过学习《习近平新时代中国特色社会主义思想概论》课程，要求学生坚定中国特色社会主义道路自信、理论自信、制度自信、文化自信，投身于中华民族伟大复兴的第二个百年奋斗目标之中，通过这些要求，落实立德树人的根本任务。而辅导员落实立德树人的根本任务，是渗透于学生活动、学生管理、学生服务中，其直接目标是完成某项学生活动或学生管理，在完成学生活动或学生管理的过程中也完成品德修养、理想信念方面的教育，落实立德树人的根本任务。如五四青年节开展学生歌咏比赛，其直接目标是进行歌咏比赛，要把歌曲唱好，但通过学生演唱《长征组歌》等革命红色歌曲，让学生的心灵受到震撼、接受洗礼，尽管直接目标不是进行思想政治教育，但学生练唱歌曲的过程就是一个思想政治教育过程，学生更容易接受，效果更好，是通过春风化雨、润物无声的方式对学生进行思想政治教育，落实立德树人的根本任务。

第三章

辅导员思想政治教育的主要内容

思想政治教育内容丰富，范围广泛。2021 年 7 月中共中央、国务院印发的《关于新时代加强和改进思想政治工作的意见》指出，要深入开展思想政治教育，坚持用习近平新时代中国特色社会主义思想武装全党、教育人民；广泛开展中国特色社会主义和中国梦宣传教育；培育和践行社会主义核心价值观；加强党史、新中国史、改革开放史、社会主义发展史和形势政策教育；加强社会主义法治教育；广泛开展防范化解重大风险宣传教育①。修订版《普通高等学校辅导员队伍建设规定》指出，辅导员的主要工作职责是："思想理论教育和价值引领。引导学生深入学习习近平总书记系列重要讲话精神和治国理政新理念新思想新战略，深入开展中国特色社会主义、中国梦宣传教育和社会主义核心价值观教育。"② 因此，辅导员进行思想政治教育，主要内容可以概括为三个方面：一是习近平新时代中国特色社会主义思想教育；二是中国特色社会主义教育；三是社会主义核心价值观教育。这是从辅导员工作职责界定的思想政治教育的主要内容，也是本章论述的基本框架。

---

① 中共中央国务院印发《关于新时代加强和改进思想政治工作的意见》［N］. 人民日报，2021-07-13（01）.
② 教育部. 普通高等学校辅导员队伍建设规定［EB/OL］.（2017-09-29）［2022-05-06］. http://www.moe.gov.cn/srcsite/A02/s5911/moe _ 621/201709/t20170929 _ 315781. html.

一、习近平新时代中国特色社会主义思想教育

辅导员思想政治教育工作的根本任务是立德树人，为党育人、为国育才，实现这一根本任务，辅导员必须用习近平新时代中国特色社会主义思想统领学生的思想政治教育工作，把习近平新时代中国特色社会主义思想贯穿于学生思想政治教育的全过程，融入各项学生活动之中，用习近平新时代中国特色社会主义思想统一辅导员学生工作的言行，用习近平新时代中国特色社会主义思想武装学生头脑，增进学生对习近平新时代中国特色社会主义思想的政治认同、思想认同、理论认同、情感认同，引导学生树立正确的世界观、人生观、价值观。

（一）习近平新时代中国特色社会主义思想的基本内容

1. 习近平新时代中国特色社会主义思想产生的时代背景

党的十九届六中全会通过的《中共中央关于党的百年奋斗重大成就和历史经验的决议》指出，党的十八大以来，中国特色社会主义进入新时代，以习近平同志为主要代表的中国共产党人，坚持把马克思主义基本原理同中国具体实际相结合、同中华优秀传统文化相结合，深刻总结并充分运用党成立以来的历史经验，从新的实际出发，提出了一系列原创性的治国理政新理念新思想新战略，创立了习近平新时代中国特色社会主义思想。

2. 习近平新时代中国特色社会主义思想的重大意义

习近平新时代中国特色社会主义思想回答了新时代坚持和发展什么样的中国特色社会主义、怎样坚持和发展中国特色社会主义，建设什么样的社会主义现代化强国、怎样建设社会主义现代化强国，建设什么样的长期执政的马克思主义政党、怎样建设长期执政的马克思主义政党等重大时代课题，形成了一个内容丰富、系统全面、逻辑严密、内在统一的科学理论体系，是当代中国的马克思主义，是 21 世纪的马克思主义，

是马克思主义中国化的最新理论成果,是党对中国特色社会主义建设规律认识深化和理论创新的重大成果,是实现中华民族伟大复兴第二个百年奋斗目标的指导思想,是推动新时代党和国家事业不断向前发展的行动指南。

3. 习近平新时代中国特色社会主义思想的核心内容

习近平新时代中国特色社会主义思想最重要最核心的内容可以概括为"十个明确"。"十个明确"主要从理论层面回答了建设和发展什么样的中国特色社会主义问题,是中国特色社会主义建设规律认识深化和理论创新的重大成果。

一是明确中国特色社会主义最本质的特征是中国共产党领导,中国特色社会主义制度的最大优势是中国共产党领导,中国共产党是最高政治领导力量,深刻领悟"两个确立"决定性意义,增强"四个意识"、坚定"四个自信"、做到"两个维护"。

二是明确坚持和发展中国特色社会主义的总任务是实现社会主义现代化和中华民族伟大复兴,分两步走在 21 世纪中叶建成富强民主文明和谐美丽的社会主义现代化强国,以中国式现代化推进中华民族伟大复兴。

三是明确新时代我国社会主要矛盾是人民日益增长的美好生活需要和发展不平衡不充分之间的矛盾,坚持以人民为中心的发展思想,发展全过程人民民主,推动人的全面发展、全体人民共同富裕取得明显的实质性进展。

四是明确中国特色社会主义事业总体布局是经济建设、政治建设、文化建设、社会建设、生态文明建设五位一体,战略布局是全面建设社会主义现代化国家、全面深化改革、全面依法治国、全面从严治党四个全面。

五是明确全面深化改革总目标是完善和发展中国特色社会主义制

度、推进国家治理体系和治理能力现代化。

六是明确全面推进依法治国总目标是建设中国特色社会主义法治体系、建设社会主义法治国家。

七是明确必须坚持和完善社会主义基本经济制度，使市场在资源配置中起决定性作用，更好发挥政府作用，贯彻新发展理念，构建以国内大循环为主体、国内国际双循环相互促进的新发展格局，推动高质量发展。

八是明确党在新时代的强军目标是建设一支听党指挥、能打胜仗、作风优良的人民军队，把人民军队建设成为世界一流军队。

九是明确中国特色大国外交要服务民族复兴、促进人类进步，推动建设新型国际关系，推动构建人类命运共同体。

十是明确全面从严治党的战略方针，提出新时代党的建设总要求，全面推进党建工作，深入推进反腐败斗争，落实管党治党政治责任，以伟大自我革命引领伟大社会革命。

4. 习近平新时代中国特色社会主义思想的基本方略

习近平新时代中国特色社会主义思想的基本方略为"十四个坚持"：坚持党对一切工作的领导，坚持以人民为中心，坚持全面深化改革，坚持新发展理念，坚持人民当家作主，坚持全面依法治国，坚持社会主义核心价值体系，坚持在发展中保障和改善民生，坚持人与自然和谐共生，坚持总体国家安全观，坚持党对人民军队的绝对领导，坚持"一国两制"和推进祖国统一，坚持推动构建人类命运共同体，坚持全面从严治党。

5. 中国特色社会主义新时代取得的历史性成就

以习近平同志为核心的党中央，以伟大的历史主动精神，解决了许多长期想解决而没有解决的难题，办成了许多过去想办而没有办成的大事，推动党和国家事业取得了历史性成就，体现在"十三个方面"：在坚持党的全面领导上、在全面从严治党上、在经济建设上、在全面深化改革开放上、在政治建设上、在全面依法治国上、在文化建设上、在社会建设上、在生态文明建设上、在国防和军队建设上、在维护国家安全上、在坚持"一国两制"和推进祖国统一上、在外交工作上。"十三个方面"高度总结了党在新时代坚持和发展中国特色社会主义的伟大成就,彰显了中国特色社会主义的强大生机活力,进而实现了从实践创造到理论创新的升华①,是习近平新时代中国特色社会主义思想的主要内容。

(二)用习近平新时代中国特色社会主义思想统领辅导员思想政治教育

《中共中央关于党的百年奋斗重大成就和历史经验的决议》指出,党和人民事业发展需要一代代中国共产党人接续奋斗,必须抓好后继有人这个根本大计。"要坚持用习近平新时代中国特色社会主义思想教育人",要教育引导广大青年"自觉做习近平新时代中国特色社会主义思想的坚定信仰者和忠实实践者"②。

用习近平新时代中国特色社会主义思想统领辅导员思想政治教育,是辅导员履行好"为谁培养人、培养什么人、怎样培养人"这一根本任务的明确要求,是用习近平新时代中国特色社会主义思想铸魂育人的具体体现,是巩固高校意识形态阵地的重要方面,是辅导员落实立德树人根本任务的现实需要,是推进习近平新时代中国特色社会主义思想往深里走、往实里走、往心里走的有力举措,是高校培养担当民族复兴大

---

① 肖贵清. 习近平新时代中国特色社会主义思想的新概括 [J]. 马克思主义理论学科研究,2022(1):22.

② 中共中央关于党的百年奋斗重大成就和历史经验的决议 [N]. 人民日报,2021-11-17(01).

任时代新人的必然选择。①

用习近平新时代中国特色社会主义思想统领辅导员思想政治教育工作，其目标是增强学生的理想信念、目标追求和使命担当，让学生更加坚定中国特色社会主义道路自信、理论自信、制度自信、文化自信，让学生深刻领会习近平新时代中国特色社会主义思想的立场、观点和方法，教育学生清醒地认识到必须坚持和发展中国特色社会主义，必须始终高举中国特色社会主义伟大旗帜，必须坚持走中国特色社会主义道路，教育学生搞清楚弄明白为什么马克思主义行、为什么中国共产党能、为什么中国特色社会主义好，自觉担负起实现中华民族伟大复兴的历史使命。

（三）用习近平新时代中国特色社会主义思想统领辅导员思想政治教育的途径

1. 实现"三全"——全员全覆盖全过程

一是实现全员——包括所有辅导员。用习近平新时代中国特色社会主义思想铸魂育人，是所有教师的历史责任，辅导员既是教师，又是做学生思想政治教育工作的，更没有例外。只有所有辅导员站到教书育人的第一线，共同参与用习近平新时代中国特色社会主义思想铸魂育人，共同筑牢学生的思想意识形态阵地，实现全员育人，才能收到用习近平新时代中国特色社会主义思想教育学生的应有效果。

二是实现工作全覆盖——涵盖学生各项工作。用习近平新时代中国特色社会主义思想教育学生，不仅体现在课堂教学上，还体现在学生的日常生活学习中，体现在学生的第二课堂中，体现在学生的管理和服务中。不管是哪个专业学生的辅导员，都面临着如何把习近平新时代中国

---

① 王永友，冯波. 坚持用习近平新时代中国特色社会主义思想教育大学生［J］. 高校辅导员，2022（1）：17-22.

特色社会主义思想渗透到学生的各项活动中，如何利用好第二课堂进行习近平新时代中国特色社会主义思想教育，如何实现管理育人和服务育人。尽管教育的具体内容不同，具体方法也不完全一样，但用习近平新时代中国特色社会主义思想统领学生各项工作，用习近平新时代中国特色社会主义思想占领学生的意识形态阵地，用习近平新时代中国特色社会主义思想引领学生的第二课堂，实现管理育人和服务育人，是完全相同的。

三是实现全过程——贯穿学生各项工作始终。用习近平新时代中国特色社会主义思想教育学生，必须贯穿学生各项工作的始终，只要在学生日常生活学习中有内生的合理切入点，只要在学生第二课堂中有宣传和渗透的机会，就要不失时机地用习近平新时代中国特色社会主义思想对学生进行教育，让学生在一点一滴的小事中受到习近平新时代中国特色社会主义思想的熏陶，让学生在不知不觉的生活中接受习近平新时代中国特色社会主义思想的沐浴，长期耳濡目染，洗涤心灵，最后才能沉淀在学生心中，形成学生自己的观念、意识和思想，自觉践行习近平新时代中国特色社会主义思想。

2. 实现"两进"——"进"辅导员头脑和"进"学生头脑

一是"进"辅导员头脑。辅导员不是思政课教师，每位辅导员都有自己的专业，一些辅导员对思想政治理论并没有完全掌握，或只知其一，不知其二，甚至有些理论问题也搞不透彻。习近平总书记指出："要让有信仰的人讲信仰"，"讲思想政治理论课，要让信仰坚定、学识渊博、理论功底深厚的教师来讲"①，这样才能把信仰讲真、把理论讲透。育人先育己，用习近平新时代中国特色社会主义思想统领辅导员思想政治教育工作，首先要求辅导员自己搞清楚弄明白习近平新时代中国

---

① 习近平. 思政课是落实立德树人根本任务的关键课程 [J]. 求是, 2020 (17): 10.

特色社会主义思想的产生和意义，搞清楚弄明白习近平新时代中国特色社会主义思想的精髓和要义，先让习近平新时代中国特色社会主义思想进入辅导员的头脑，进入辅导员的心灵深处，才能让辅导员在学生活动中、在学生管理和服务中深入挖掘习近平新时代中国特色社会主义思想的教育元素，自然地有目的地把习近平新时代中国特色社会主义思想的观点、理念、精神融入学生工作的方方面面，实现旗帜鲜明地、潜移默化地教育学生的目的。

二是"进"学生头脑。辅导员要借助学生校园生活丰富多彩、学生愿意参与的优势，找准切入点，将习近平新时代中国特色社会主义思想的观点、理念、精神自然地合理地融入学生各项活动中，做到润物无声地教育学生，实现潜移默化地影响学生。如对于理科学生，辅导员可以把创新是高质量发展第一动力的思想、我国著名科学家的奋斗精神贯穿在学生活动中；对于工科学生，辅导员要向学生灌输大国工匠的精神；对于文科学生，辅导员要注重以文育人、以文化人，在各项活动中突出传播正能量、讲好中国故事、弘扬中国精神、发扬光大中华民族优秀传统文化。对于医学专业学生，辅导员要把生命至上、人民健康至上的理念融入学生活动中；对于农学专业学生，辅导员可以引导学生围绕乡村振兴战略和"三农"问题开展有关活动；对于体育类专业学生，辅导员要抓住体育强国、健康中国的主题开展学生活动。这种由学生活动内生的思想政治教育更易于学生接受，更容易进入学生头脑，更具有针对性和时代性，更有吸引力和感染力，更能产生春风化雨润物无声的效果，通过这些学生活动，让学生感悟习近平新时代中国特色社会主义思想的真理力量和精神实质，让学生真信真行，使学生成长为习近平新时代中国特色社会主义思想的坚定信仰者和忠实实践者。

二、中国特色社会主义教育

中国特色社会主义是根植于中国大地、反映中国人民意愿、适应中国发展和时代进步要求的科学社会主义，是实现中华民族伟大复兴中国梦的必由之路，这条路走得通、走得对、走得好，任何人不能动摇。

2019年4月15日至17日，习近平总书记在重庆考察，主持召开解决"两不愁三保障"突出问题座谈会，指出："要围绕中国共产党为什么'能'、马克思主义为什么'行'、中国特色社会主义为什么'好'等重大问题，广泛开展宣传教育，加强思想舆论引导，坚定广大干部群众对中国特色社会主义的道路自信、理论自信、制度自信、文化自信，进一步激发全体人民爱党、爱国、爱社会主义的巨大热情。"① 在庆祝中国共产党成立100周年大会上的讲话中，习近平总书记又指出："中国共产党为什么能，中国特色社会主义为什么好，归根到底是因为马克思主义行！"② 2019年11月12日中共中央、国务院印发的《新时代爱国主义教育实施纲要》指出，要"深入开展中国特色社会主义和中国梦教育"，"引导人们深刻认识中国共产党为什么'能'、马克思主义为什么'行'、中国特色社会主义为什么'好'"③。

围绕中国特色社会主义教育，让学生深刻领悟马克思主义为什么行、中国共产党为什么能、中国特色社会主义为什么好，有利于进一步坚定学生的"四个自信"，坚定学生听党话、跟党走的决心，增强学生自觉贯彻落实党的创新理论的坚定性，坚定不移走中国特色社会主义道

① 习近平. 统一思想一鼓作气顽强作战越战越勇 着力解决"两不愁三保障"突出问题 [N]. 人民日报，2019-04-18（01）.

② 习近平. 在庆祝中国共产党成立100周年大会上的讲话 [N]. 人民日报，2021-07-02（02）.

③ 中共中央国务院印发《新时代爱国主义教育实施纲要》[N]. 人民日报，2019-11-13（06）.

路，把爱党爱国爱社会主义的巨大热情转化为实现中华民族伟大复兴的磅礴力量。百年中国共产党取得的伟大成就及新中国发生的翻天覆地的变化，以铁一般的事实充分证明马克思主义行、中国共产党能、中国特色社会主义好，这是颠扑不破的真理，也是中国奇迹出现的原因所在。

（一）搞清楚为什么马克思主义行——坚定学生的马克思主义理想信念

马克思主义是中国共产党的指导思想，是中国特色社会主义的行动指南，不管时代如何变迁、科技如何发展、生活如何改变，马克思主义依然显示出真理的力量。中国共产党领导的中国特色社会主义伟大事业，极大丰富和发展了马克思主义，也将继续赋予马克思主义新的生命力，马克思主义行，而且一定会越来越行，成为中华民族实现伟大复兴的指路明灯和力量源泉。

1. 马克思主义揭示了人类社会发展的客观规律，是科学的理论

马克思主义科学地阐述了生产力与生产关系之间、经济基础与上层建筑之间的辩证关系，深刻论证了两对关系的矛盾运动推动着人类社会由低级向高级不断发展，客观地揭示了人类社会发展的动力根源，指明了人类社会的发展方向，成为世界社会主义运动的思想基础和行动指南。

2. 马克思主义创立了人类实现自身解放的思想体系，是人民的理论

马克思主义博大精深，归根结底就是一句话：为人类求解放。马克思主义第一次站在人民立场上探索人类求解放的道路，其最高理想和最终目标是建立一个没有压迫、没有剥削、人人平等、人人自由的共产主义社会。马克思主义最鲜明的立场是为普天下的劳动者谋福利，实现"每个人的自由发展"。马克思主义的人民性，永葆了马克思主义强大的生命力。

3. 马克思主义指导着各国无产阶级改造世界，是实践的理论

马克思主义是认识世界、改造世界的强大思想武器，在实践中指导着各国无产阶级奋力实现共产主义。马克思主义传入中国后，同中国工人运动相结合，产生了中国共产党，从此中国人民谋求民族独立、人民解放和国家富强、人民幸福的斗争有了指路明灯。百年来中华民族从站起来、富起来到强起来的伟大飞跃，靠的就是马克思主义的磅礴力量。马克思主义指导中国共产党实现了第一个百年奋斗目标，正在指导中国共产党朝着第二个百年奋斗目标砥砺奋进。

4. 马克思主义与时俱进，是发展的理论

《共产党宣言》1848 年发表，《资本论》第一卷 1867 年出版，斗转星移，人类社会发生了翻天覆地的变化，但马克思主义基本原理没有改变、没有过时，并彰显出强大的生命力。马克思主义基本原理与中国实际和中华优秀传统文化相结合，相继形成了毛泽东思想、中国特色社会主义理论体系、习近平新时代中国特色社会主义思想。马克思主义与时俱进的理论品质，保证了马克思主义紧跟时代步伐，永续发展，不断谱写马克思主义时代化的新篇章。

5. 马克思主义是中国共产党的指导思想，是中国特色社会主义的行动指南

十月革命一声炮响，给中国送来了马克思主义。中国共产党成立是开天辟地的大事变，其思想起源正是马克思主义。没有马克思主义在中国的广泛传播，中国共产党就不可能诞生，中国特色社会主义制度就不可能建立。没有马克思主义，就没有中国共产党，也就没有中国特色社会主义。马克思主义不仅是创建中国共产党的思想前提，而且是中国共产党的指导思想，是中国特色社会主义的行动指南，马克思主义给中国共产党赋予了无穷力量，给中国特色社会主义指明了前进方向，指引着中国共产党领导中国人民不断推进中国特色社会主义现代化建设，奔向

更加美好的未来。

（二）弄明白为什么中国共产党能——坚定学生听党话、跟党走的决心

中国共产党成立以来，始终把为中国人民谋幸福、为中华民族谋复兴作为自己的初心使命，团结带领全国各族人民为争取民族独立、人民解放和实现国家富强、人民幸福而不懈奋斗，创造了令人瞩目的中国奇迹。中国共产党还将继续团结带领全国各族人民创造更大的中国奇迹，这是因为中国共产党能，而且一定会越来越能。

1. 中国共产党坚持以科学理论为指导，赓续先进性

理论是行动的先导，思想是时代的灯塔，旗帜是前进的方向。中国共产党一经诞生，就把马克思主义写在自己的旗帜上。无论处于顺境还是逆境，中国共产党从未动摇过对马克思主义的坚定信仰，始终把马克思主义作为指路明灯。100 年来，中国共产党能够完成近代以来各种政治力量不可能完成的艰巨任务，能够历经各种艰难困苦创造新的辉煌，创造了新民主主义革命、社会主义革命和建设、改革开放和社会主义现代化建设的伟大成就，创造了新时代中国特色社会主义的伟大成就，书写了中华民族几千年历史上最壮丽的史诗，根本就在于中国共产党始终把马克思主义作为指导思想①，在实践中不断丰富和发展马克思主义，相继形成了马克思主义中国化的系列成果——毛泽东思想、中国特色社会主义理论体系、习近平新时代中国特色社会主义思想。用科学的理论武装自己，坚守中国共产党是中国工人阶级、中国人民和中华民族先锋队的本色，永葆先进性，是中国共产党永续生存和不断发展的根本保障。

---

① 谭好晗. 为什么说"归根到底是因为马克思主义行"［N］. 经济日报，2021-09-13 (10).

2. 中国共产党坚持以经济建设为中心，筑牢发展基础

生产力决定生产关系，经济基础决定上层建筑。一个执政党要想存在和发展，要想有所作为和表现，必须筑牢自身存在和永续发展的经济基础。新中国成立后，中国共产党面对民不聊生、物价飞涨的烂摊子，把恢复经济作为头等大事，稳定物价，发展工农业生产，站稳了脚跟。党的十一届三中全会以后，中国共产党把工作重心转移到经济建设上来，"发展是硬道理""发展是党执政兴国第一要务""科学发展观"指引着我国经济发展迈出新步伐、跃上新台阶。党的十八大以来，我国经济由高速增长阶段进入高质量发展阶段，中国特色社会主义现代化建设进入新时代。《中共中央关于党的百年奋斗重大成就和历史经验的决议》强调，必须实现创新成为第一动力、协调成为内生特点、绿色成为普遍形态、开放成为必由之路、共享成为根本目的的高质量发展，全面开启了中国特色社会主义现代化建设新征程。坚持以经济建设为中心，领导人民不断创造出经济快速发展的奇迹，实现国家经济大幅跃升，为中国共产党永远存在和永续发展筑牢了坚实基础。①

3. 中国共产党坚持人民至上，筑牢人民根基

中国共产党一经诞生，就把为中国人民谋幸福、为中华民族谋复兴确定为初心和使命，始终坚持全心全意为人民服务的根本宗旨，践行以人民为中心的发展思想，坚持发展为了人民、发展依靠人民、发展成果由人民共享，带领中国人民走正道、开新局、奔未来，取得社会主义现代化建设的重大成就，步入中国特色社会主义新时代，经济总量稳居世界第二位，人民生活达到小康水平，创造了人类发展史上的奇迹，赢得了民心，增强了底气，筑牢了根基，中华民族伟大复兴展现出前所未有的光明前景。江山就是人民、人民就是江山，打江山、守江山，守的就

---

① 中共中央关于党的百年奋斗重大成就和历史经验的决议［N］. 人民日报，2021-11-17（01）.

是人民的心，得民心者得天下。① 中国共产党始终代表最广大人民根本利益，没有任何自己特殊的利益，取得人民的信赖和支持，获得无穷的力量，这是中国共产党为什么越来越能的根源所在、力量所在。

4. 中国共产党坚持党的领导，把准前进方向

党政军民学，东西南北中，党是领导一切的。中国共产党100年的历史、新中国70多年的历史、改革开放40多年的历史都充分证明，没有中国共产党，就没有新中国，没有中国共产党的坚强领导，就没有今天所取得的伟大成就，就没有中华民族伟大复兴。从中国经济发展看，从人民生活改善看，从社会大局稳定看，从新冠肺炎疫情防控看，中国共产党的政治领导力、思想引领力、群众组织力、社会号召力令人民满意、令世界叹服。中国特色社会主义最本质的特征是中国共产党领导，中国特色社会主义制度的最大优势是中国共产党领导。办好中国的事情，关键在党，关键在党指明前进的方向，实现第二个百年奋斗目标，更需要中国共产党把准前进方向，带领全国人民砥砺前行。

5. 中国共产党坚持自我革命，从严管党治党

勇于自我革命，是中国共产党最鲜明的品格，也是中国共产党区别于其他政党的显著标志，形成了中国共产党自我净化、自我完善、自我革新、自我发展、自我提高的能力和机制，确保中国共产党自身出了问题能坚决主动予以纠正，永葆组织的生机和活力。新民主主义革命时期，以毛泽东同志为主要代表的中国共产党人成功纠正党内各种错误倾向，使实事求是深入人心，中国共产党日益成熟。勇于自我革命也使中国共产党能够坚决纠正"文化大革命"的错误，领导全国人民成功开创中国特色社会主义伟大事业。党的十八大以来，以习近平同志为核心的党中央深刻认识党内存在的问题，强调"打铁必须自身硬"，以踏石

---

① 颜晓峰. "马克思主义行" 的内在根据 ［N］. 光明日报，2022-01-07 (11).

留印、抓铁有痕的劲头抓作风建设，以"老虎""苍蝇"一起打的决心反腐败，成功走出一条管党治党新路。① 坚持真理，修正错误，坚持自我革命，全面从严管党治党，使中国共产党永葆青春活力和强大生机，也是支撑中国共产党领导人民实现中华民族伟大复兴的力量所在。

6. 中国共产党坚持党的建设，永葆旺盛战斗力

中国共产党始终注重自身建设：不断加强政治建设，坚定政治信仰；加强思想建设，注重理论强党；加强组织建设，增添党的生机和活力；加强党员队伍和干部队伍建设，永葆党的先锋队性质；加强基层组织建设，发挥基层组织战斗堡垒作用；加强制度建设，形成长效机制。中国共产党创建时只有 50 多名党员，今天已成为拥有 9600 多万名党员、460 多万个基层组织，领导着 14 亿多人口大国，具有全球影响力的世界第一大执政党，生机蓬勃，活力旺盛。进入新发展阶段，中国共产党统筹把握中华民族伟大复兴战略全局和世界百年未有之大变局，科学总结百年奋斗的历史经验，弘扬伟大建党精神，继续推进新时代党的建设新的伟大工程，永葆强大战斗力和旺盛生命力。

（三）搞透彻为什么中国特色社会主义好——坚定学生的"四个自信"

中国特色社会主义是中国历史的结论、是中国人民的选择。只有社会主义才能救中国，只有中国特色社会主义才能发展中国，已成为一条颠扑不破的真理。中国共产党 100 年的奋斗史、新中国 70 多年的建设史、改革开放 40 多年的发展史，特别是新时代中国特色社会主义伟大事业所创造的中国奇迹史，已经充分证明中国特色社会主义好。中华民族伟大复兴中国梦的实现还将继续证明，中国特色社会主义一定会越来越好。

---

① 谢春涛. 中国共产党为什么"能"［N］. 人民日报，2019-05-08（09）.

1. 中国特色社会主义符合人类社会发展客观规律

现今世界有两种主要社会制度：资本主义和社会主义。资本主义是人类社会演进的一个历史阶段，在人类历史长河中发挥过作用，但资本主义以生产资料私有制为基础，与社会化大生产发展趋势相违背，注定了它的短暂性和过渡性。社会主义以生产资料公有制为基础，适应社会化大生产的属性，能够促进社会化大生产的发展，符合人类社会发展的客观规律，必然取代资本主义，这是人类社会发展的客观规律决定的。中国特色社会主义坚守社会主义的本质属性，在实践中不断发展，在发展中不断完善，给社会主义注入了强大生命力，能够行稳致远。

2. 中国特色社会主义坚持马克思主义与中国实际相结合

马克思主义是中国共产党的指导思想，也是中国特色社会主义的思想基础和行动指南。中国特色社会主义把马克思主义基本原理与具体国情相结合，实事求是，与时俱进，勇于创新，坚持和完善公有制经济为主体、多种所有制经济共同发展的基本经济制度，激发微观经济主体活力，坚持和完善按劳分配为主体、多种分配方式并存的基本分配制度，促进全体人民共同富裕，坚持和完善社会主义市场经济体制，把中国特色社会主义制度与市场经济有机结合起来，为实现中华民族伟大复兴提供了制度保障，确保了中国特色社会主义旗帜在中国大地上永远高高飘扬。

3. 中国特色社会主义坚持中国共产党领导

新中国成立 70 多年来，中国特色社会主义坚持中国共产党领导，不断完善人民代表大会制度、中国共产党领导的多党合作和政治协商制度，积极推进国家治理体系和治理能力现代化，坚守了社会主义的本质属性，显示了中国特色社会主义的独特性，避免了西方国家选举政治制度相互制衡导致政治效率低下、党派博弈激烈造成社会分裂等弊端，确保了经济快速发展、人民生活不断改善、社会长期稳定。中国共产党领导贯穿于中国特色社会主义发展的全过程，渗透于中国特色社会主义建设的各方面，是中国特色社会主义制度的最大优势，这一优势将永续存在，不断发扬光大。

4. 中国特色社会主义坚持增进民生福祉

中国特色社会主义始终把人民放在第一位，坚持以人民为中心，不断改善人民生活，不断增进人民福祉，全面统筹推进幼有所育、学有所教、劳有所得、病有所医、老有所养、住有所居、弱有所扶，谱写了人类反贫困史上的辉煌篇章，实现了从温饱到小康富裕的伟大飞跃，彰显了人民主体地位，促进了人的全面发展和全体人民的共同富裕，人民有了更多、更直接、更实在的获得感、幸福感、安全感，第一个百年奋斗目标已经实现，更加美好的生活正向人民走来。随着新时代中国特色社会主义伟大实践的推进，第二个百年奋斗目标一定能够把人民对美好生活的向往转变为现实，不断增进人民福祉。

5. 中国特色社会主义能够集中力量办大事

社会需求无限性、多样性与社会资源有限性之间的矛盾，要求将有限的资源按比例分配到社会分工各个领域，这是客观经济规律。社会主义制度的建立，实现了全体人民根本利益的一致性，可以将有限的资源集中用于解决最重要的任务。依靠集中力量办大事的制度优势，新中国在一穷二白的基础上，将有限的人力物力财力集中用于推动社会主义工业化，在很短时间内创建了国民经济体系，在极其艰苦环境下成功研制"两弹一星"。改革开放以来，三峡水利枢纽、青藏铁路、载人航天、高速公路网、高速铁路网、西气东输、南水北调、特高压电网等重大工程完成；党的十八大以来，国产大飞机、"蓝鲸1号"钻井平台、港珠澳大桥、北斗系统、超级计算机等创新工程取得重大突破，风险防控、扶贫攻坚、生态环境保护等领域取得重大成就；进入新时代，我国解决了许多长期想解决但没有解决的难题，办成了许多过去想办但没有办成的大事，全面建成小康社会，经济稳中求进，疫情防控卓有成效，人民生活水平稳步提高，集中力量办大事的优越性将助力早日实现中华民族的伟大复兴。①

6. 中国特色社会主义能够引领中国走向繁荣富强

新中国成立，四万万中国人民摆脱"三座大山"的压迫，站了起来。社会主义建设和中国特色社会主义发展，创造了世界罕见的经济持续快速发展的奇迹，物质文化生活水平极大提升，人民富起来。党的十八大以来，中国特色社会主义进入新时代，新发展理念深入人心，农业现代化稳步推进，现代经济体系逐步形成，中国经济对世界经济增长贡献率超过30%，"蛟龙"入海、"神舟"飞天，"天眼"射电望远镜、移动支付、5G 网络等一系列创新型成果引领世界科技发展，中国开始强起来，国际地位不断提升，国际话语权显著增多。只有社会主义才能救中国，只有中国特色社会主义才能发展中国，只有坚持和发展中国特色社会主义，才能实现中华民族伟大复兴的中国梦。

三、弘扬社会主义核心价值观教育

社会主义核心价值观是当代中国精神的集中体现，凝聚着全体人民共同的价值追求，是中华民族伟大复兴的力量源泉和宏伟目标，也是每个中国人高尚品质的共同追求和崇高信念的精神支柱。培育和践行社会主义核心价值观，关系社会和谐稳定，关系国家长治久安，对于促进人的全面发展、引领社会全面进步，对于提升中华民族和全体人民的精神境界，对于实现中华民族伟大复兴的中国梦，对于实现第二个百年奋斗目标，具有重大的现实意义和深远的历史意义。

----

① 何成学. 集中力量办大事是中国特色社会主义制度的显著优势［J］. 当代广西，2021（11）：28.

（一）社会主义核心价值观的基本内容

每个时代都有每个时代的精神追求，每个国家都有每个国家的价值观念，概莫能外。习近平总书记指出："如果一个民族、一个国家没有共同的核心价值观，莫衷一是，行无依归，那这个民族、这个国家就无法前进。"①

党的十八大报告中提出了社会主义核心价值观：倡导富强、民主、文明、和谐，倡导自由、平等、公正、法治，倡导爱国、敬业、诚信、友善。其中，"富强、民主、文明、和谐"是国家层面的价值目标，是中国特色社会主义现代化建设的奋斗目标，居于核心价值观的最高层次，对其他层次的价值理念具有统领作用。"自由、平等、公正、法治"是社会层面的价值取向，是对美好社会的生动表述，反映了中国特色社会主义的基本属性，是全党全国人民矢志不渝长期追求的价值理念。"爱国、敬业、诚信、友善"是公民个人层面的价值准则，是公民个人必须恪守的基本道德规范，是评价公民个人道德行为的基本价值标准。

"社会主义核心价值观是当代中国精神的集中体现，凝结着全国人民共同的价值追求。"② 培育和践行社会主义核心价值观，有利于提升民族和人民的精神境界，有助于实现中华民族伟大复兴的宏伟目标。习近平总书记指出："只要是中国人，就应该自觉培育和践行社会主义核心价值观。"③ "要利用各种时机和场合，形成有利于培育和弘扬社会主义核心价值观的生活情景和社会氛围，使核心价值观的影响像空气一样

---

① 习近平. 青年要自觉践行社会主义核心价值观——在北京大学师生座谈会上的讲话 [N]. 人民日报，2014-05-05（02）.

② 习近平. 决胜全面建成小康社会 夺取新时代中国特色社会主义伟大胜利——在中国共产党第十九次全国代表大会上的报告 [M]. 北京：人民出版社，2017：42.

③ 习近平. 从小积极培育和践行社会主义核心价值观——在北京市海淀区民族小学主持召开座谈会时的讲话 [N]. 人民日报，2014-05-31（02）.

无所不在、无时不有。"①

(二) 弘扬社会主义核心价值观重在引导学生自觉践行

2013 年 12 月中共中央办公厅印发的《关于培育和践行社会主义核心价值观的意见》指出，"把培育和践行社会主义核心价值观融入国民教育全过程"，"推动社会主义核心价值观进教材、进课堂、进学生头脑"，"落实到教育教学和管理服务各环节"②。培育和践行社会主义核心价值观，要以培育担当民族复兴大任的时代新人为着眼点，要在全社会大力弘扬和践行社会主义核心价值观，使之像空气一样无处不在、无时不有。2022 年 4 月 25 日习近平总书记在中国人民大学考察调研时强调："广大青年要做社会主义核心价值观的坚定信仰者、积极传播者、模范践行者。"③ 高校辅导员开展社会主义核心价值观教育，重在培育学生习惯养成，重在引导学生自觉践行。

1. 把爱国主义与学生学习结合起来——培育学生爱国主义精神

爱国是社会主义核心价值观公民层面的第一项内容，是对每位公民的基本要求，也是对每位学生的基本要求。习近平总书记指出："爱国，是人世间最深层、最持久的情感，是一个人立德之源、立功之本。"④ 新时代中国青年要热爱伟大祖国，热爱祖国是每个青年立身之本、成才之基。爱国不是空洞的口号，不能仅仅停留在口号上，而是体现在每个人现实生活的具体表现中，每个人要把自己的理想同祖国的前

① 习近平. 把培育和弘扬社会主义核心价值观作为凝魂聚气强基固本的基础工程 [N]. 人民日报，2014-02-26（01）.
② 中共中央办公厅. 关于培育和践行社会主义核心价值观的意见 [EB/OL].（2013-12-23）[2022-05-06]. http：//www.gov.cn/zhengce/2013-12/23/content_5407875.htm.
③ 习近平. 坚持党的领导传承红色基因扎根中国大地 走出一条建设中国特色世界一流大学新路 [N]. 人民日报，2022-04-26（01）.
④ 习近平. 在北京大学师生座谈会上的讲话 [N]. 人民日报，2018-05-03（02）.

途、把自己的人生同民族的命运紧密联系在一起，扎根人民，奉献国家。学生在校期间发奋学习、立志长大成人后投身于中华民族伟大复兴事业中，学生在学习生活中自觉抵制意识形态的各种"杂音"和"噪声"、拥护中国共产党、坚定"四个自信"，就是爱国的具体表现，就是在用自己的行动践行社会主义核心价值观。

2. 把敬业融入思想政治教育——培养学生劳动精神和敬业精神

敬业是指热爱工作岗位、全身心投入、无私奉献、努力把工作任务完成好。敬业是中华民族的传统美德，是中国人所推崇的工作态度，是人生品格的体现，也是社会主义核心价值观对每位公民提出的最基本的工作要求。学生还未步入社会，还未走上工作岗位，但在学校思想政治教育中，要向学生灌输爱岗敬业的理念，引导学生崇尚劳动，引导学生弘扬劳动精神，长大后能够辛勤劳动、诚实劳动、创造性劳动。《关于培育和践行社会主义核心价值观的意见》指出，要组织青少年参加力所能及的生产劳动和爱心公益活动、益德益智的科研发明和创新创造活动、形式多样的志愿服务和勤工俭学活动。① 《新时代公民道德建设实施纲要》也强调，要"强化劳动精神、劳动观念教育，引导学生热爱劳动、尊重劳动，懂得劳动最光荣、劳动最崇高、劳动最伟大、劳动最美丽的道理"②。学校教育的目标是培养德智体美劳全面发展的社会主义建设者和接班人，"劳"是其中一个内容。一屋不扫，何以扫天下。一个学生连自己的宿舍卫生和教室卫生都不打扫，连自家"门前雪"都不扫，以后怎么能够"扫天下"？因此，辅导员要加强学生的劳动教育，把劳动融入学生的学习生活中，要求学生上好劳动课，每天清理自

---

① 中共中央办公厅. 关于培育和践行社会主义核心价值观的意见 [EB/OL]. (2013-12-23) [2022-05-06]. http://www.gov.cn/zhengce/2013-12/23/content_ 5407875.htm.

② 中共中央国务院印发《新时代公民道德建设实施纲要》[N]. 人民日报，2019-10-28 (01).

己的教室卫生，参加校内勤工俭学活动，参加社会志愿服务者活动，组织学生积极参加创新创业大赛等，通过这些劳动性的活动，培养学生的劳动精神和敬业精神，引导学生崇尚劳动、尊重劳动、热爱劳动，让劳动精神和敬业精神在学生中发扬光大。

3. 把诚信与学生言行结合起来——塑造学生高尚人格

人无信不立，鸟无翅不飞；一言既出，驷马难追，都道出了做人的基本要求。诚信是一个国家的生存之基，是一个人的立身之本，也是一个人行走社会的通行证，辅导员要把诚信这一基本要求贯穿于学生日常学习生活之中，从学生参与的每一件事抓起，把诚信培养与学生言行结合起来，抓实抓细抓小，造就学生高尚的人格。如学生考试，不管成绩是高还是低，首先要求学生诚信考试，要让学生知晓诚信比成绩更重要；再如申报各类助学金，首先要求学生如实反映家庭情况，因为这是一个诚信问题，反映出一位学生的人品，比能否拿到助学金或拿到多少助学金更重要。

4. 把友善的种子撒在学生心中——磨炼学生良好品行

友善是一缕照射的阳光，是一种无言的温暖，使人间充满爱，使世界更加美好。与人为善，与己方便，善待别人就是善待自己，这既是做人的一种哲理，也反映出一个人的品行。习近平总书记指出，要"营造全社会崇德向善的浓厚氛围"①，要塑造追求真善美、向上向善的价值观。学生生活在学校大家庭中，每天与同学朝夕相处，一起上课学习、一起参加活动、一起享受校园生活，辅导员要善于抓住这一有利条件，教育学生与宿舍同学和谐相处，与班级同学友好相待，相互帮助，对同学多一分理解之心，对同学有一颗宽容之心，把友善的种子撒在学生心中，在学生中形成修身律己、崇德向善、礼让宽容的道德风尚。

---

① 习近平谈治国理政（第二卷）[M]. 北京：外文出版社，2017：324.

第四章

辅导员思想政治教育的角色定位

习近平总书记指出，青少年教育最重要的是教给他们正确的思想，引导他们走正路。教师承担着"塑造生命、塑造新人的时代重任"，"要给学生心灵埋下真善美的种子，引导学生扣好人生第一粒扣子"①。习近平总书记还强调，思想政治教育工作要"为学生点亮理想的灯、照亮前行的路"②，"广大教师要做学生锤炼品格的引路人，做学生学习知识的引路人，做学生创新思维的引路人，做学生奉献祖国的引路人"③，"更好担起学生健康成长指导者和引路人的责任"④。辅导员作为高校教师的组成部分，作为高校学生思想政治教育的骨干力量，承担着学生思想政治教育的重要任务，肩负着培养中华民族伟大复兴时代新人的光荣使命，是学生日常思想政治教育和管理工作的第一责任人，在学生成长成才中起着至关重要的作用，辅导员必须不断提高自身综合素质，当好学生成长成才的引路人。

---

① 习近平. 思政课是落实立德树人根本任务的关键课程 [J]. 求是，2020 (17)：4-10.

② 习近平. 把思想政治工作贯穿教育教学全过程 开创我国高等教育事业发展新局面 [N]. 人民日报，2016-12-09 (01).

③ 习近平. 全面贯彻落实党的教育方针 努力把我国基础教育越办越好 [N]. 人民日报，2016-09-10 (01).

④ 习近平. 把思想政治工作贯穿教育教学全过程 开创我国高等教育事业发展新局面 [N]. 人民日报，2016-12-09 (01).

一、辅导员思想政治教育的角色定位是学生成长成才的引路人

怎样当好学生成长成才的引路人？辅导员要注重理想信念育人，当好学生理想信念的引导者；注重学业育人，当好学生学业发展的引导者；注重网络育人，当好学生网络空间的引导者；注重校园生活育人，当好学生日常生活的引导者；注重中华优秀传统文化育人，当好学生品德修养的引导者。通过落实五个注重和当好五种引导者，实现辅导员当好学生成长成才引路人的目标。

（一）注重理想信念育人——当好学生理想信念的引导者

学生是中华民族未来的希望，学生的理想信念是学生成长的风向标，坚定学生的远大理想和共产主义信念，是培养担当中华民族复兴大任时代新人的首要任务。目前高校有思想政治教育的主渠道思政课对学生的思想政治理论进行教育和提升，有丰富多彩的校园社会实践培育学生的品行修养，有浓厚的校园文化对学生的思想进行熏陶，有众多的社团活动磨炼学生的意志和才干，有以教书育人、管理育人、服务育人为主的育人体系润泽学生的成长成才，已形成多管齐下的思想政治教育格局，全员全程全方位育人的各要素同向同行、形成合力、共同育人，学生的思想政治教育得到加强，学生的思想品德得到升华，学生的理想信念得到巩固。作为学生成长成才引路人的辅导员，必须把学生的理想信念教育放在首位，把理想信念教育创造性地融入学生现实生活和具体活动中。

1. 利用现实的社会生活进行理想信念教育

辅导员要把学生的理想信念教育与现实社会生活融合起来，把学生的理想信念教育写在现实社会生活中，写在欣欣向荣的祖国大地上。学生进入大学生活阶段后，有宿舍的好友，有班级的同学，还有学生会众多的老乡校友，特别是大学校园浓厚的学习氛围、众多的学习场所、丰

富多彩的学生活动、宽大的校园活动空间，忙碌的大学生活使学生没有时间读报纸听新闻，使学生没有条件看电视听广播，除了形势政策课走马观花地完成教学任务外，学生不是很了解现实社会生活，不十分关注现实社会生活，与生机勃勃、日新月异、快速发展的现实社会隔离开来。现实社会就是一部生动的理想信念教科书，现实生活就是一堂鲜活的思想政治教育课，对坚定学生理想信念最具有吸引力、感染力、说服力和号召力，辅导员要充分利用现实社会生活对学生进行理想信念教育，用真实的社会磨炼学生的理想信念，用真实的生活砥砺学生的理想信念。

2. 利用国内的大好形势进行理想信念教育

辅导员要充分利用全国的大好形势对学生进行理想信念教育。党的十八大以来，以习近平同志为核心的党中央领导全党全军全国各族人民砥砺前行，不懈奋斗，不断进取，创造了经济快速发展和社会长期稳定的奇迹，全面建成小康社会和农村贫困人口全部脱贫的目标如期实现，人民对美好生活的向往不断变为现实，党和国家事业取得历史性成就、发生历史性变革，中国特色社会主义焕发出强大生机活力，党心军心民心空前凝聚振奋，全国上下一派欣欣向荣气象，正在信心百倍地书写着中华民族伟大复兴的新篇章，与动荡不稳、严峻复杂的国际形势形成了鲜明对比。这就是最好的理想信念教育教科书，有助于引导学生深刻认识马克思主义为什么"行"、中国共产党为什么"能"、中国特色社会主义为什么"好"。作为祖国未来的建设者和接班人，学生要把个人理想志向与中华民族的伟大复兴结合起来，把个人梦想融入中华民族伟大复兴的中国梦，做新时代的奋斗者、追梦人。

3. 利用现成的宣传资源进行理想信念教育

辅导员要充分利用现成的宣传教育资源对学生进行理想信念教育。党的十八大以来，宣传思想工作举旗帜、聚民心、育新人、兴文化，创作了一系列唱响主旋律、传播正能量、讲好中国故事的作品。如百集文献纪录片《山河岁月》精心选取党史上 100 个重大事件、关键场景、重要人物，全面立体生动地呈现了中国共产党人的精神谱系，诠释了党历经百年而风华正茂、饱经磨难而生生不息的"成功密码"，观看后能对学生起到学史增信的作用。类似的文献纪录片非常多，如《长征》《旗帜》《筑梦中国》《红色印记》《红色档案》等，都有很好的教育价值，辅导员要组织学生观看，让学生接受思想政治教育，使理想信念教育春风化雨润物无声地滋润学生的心田，坚定学生的中国特色社会主义道路自信、理论自信、制度自信、文化自信。

4. 利用公认的模范人物进行理想信念教育

辅导员要充分利用社会上的模范人物对学生进行理想信念教育。新中国 70 多年的社会主义建设，40 多年的改革开放，迈进新时代的中华民族伟大复兴，创造了中华民族辉煌的伟大成就，也涌现出一系列模范人物，如杂交水稻之父、首届国家最高科学技术奖得主袁隆平，著名科学家钱学森，为中国航天事业做出卓越贡献的科学家朱光亚、孙家栋，为人民群众奉献一生的党的基层干部杨善洲，全国最美乡村教师、改变山区女童命运的云南公益校长张桂梅，透支自己也要让人生发光的吉林大学地球探测科学与技术学院教授黄大年等，每个人物都有令人感动的闪光点，都是学生学习的楷模。还有中央电视台综合频道《感动中国》栏目推出的年度人物，教育部联合中央主要媒体每年评选出的"全国教书育人楷模"，新中国成立 70 周年中共中央宣传部等部门评选出的个人和集体"最美奋斗者"称号获得者，每年评选出的全国劳动模范人物等，都是鲜活的动人的理想信念教育素材，辅导员收集整理后，都可以用来对学生进行理想信念教育，以榜样的力量激励学生、鼓舞学生，引导学生把个人的理想同祖国的前途、把自己的人生同国家的发展紧密联系在一起，立鸿鹄志，做奋斗者。

5. 利用现有的社会设施进行理想信念教育

辅导员要充分利用社会现有的教育设施对学生进行理想信念教育。近年来，各级政府高度重视红色教育基地、爱国主义教育基地的建设，思想政治教育设施比较多，辅导员要深入挖掘当地的思想政治教育资源，利用社会设施对学生进行思想政治教育。在中国人民抗日战争胜利纪念日、烈士纪念日期间，可以组织学生瞻仰纪念碑、祭扫烈士墓，引导学生牢记历史、不忘过去，缅怀先烈、面向未来，凝聚奋进力量。可以组织学生参观当地的纪念馆、展览馆、博物馆等设施，对学生进行理想信念教育、红色教育。可以依托自然人文景观、产业遗产、重大工程等，对学生开展爱国主义教育。学生亲自体验一次思想洗礼，产生的实际效果胜过教师的几次说教。

(二) 注重学业育人——当好学生学业发展的引导者

1. 专业学习育人

辅导员要了解学生所学专业情况，深入挖掘专业学习中的思想政治教育元素，与专业教师同向同行，共同发力，筑牢学生专业思想，激励学生刻苦学习专业，以渊博的专业知识、扎实的专业基础、娴熟的专业技能助力祖国发展，为实现第二个百年奋斗目标贡献力量。文学、历史学、哲学类专业要帮助学生掌握马克思主义世界观和方法论，从历史与现实、理论与实践相结合的维度深刻理解习近平新时代中国特色社会主义思想；经济学、管理学、法学类专业要培育学生经世济民、诚信服务、德法兼修的职业素养；理科类专业要培育学生创新是高质量发展第一动力的思想，注重科学思维方法的训练和科技伦理的教育，培养学生探索未知、追求真理的历史责任感；工科类专业要向学生讲授刻苦钻研技术、精益求精的大国工匠精神，培养学生勇攀科学高峰的使命感；医学类专业要注重加强学生的医德医风教育，树立生命至上、人民健康至上的理念；农学类专业要强化培养学生的大国"三农"情怀，引导学生懂农业、爱农村、爱农民，推进乡村振兴战略；体育类专业要围绕体育强国、健康中国的主题展开教育，培育学生敢于拼搏、敢于进取的精神；艺术类专业要培养学生传播正能量、讲好中国故事、弘扬中国精神的历史责任，激励学生以艺术精品贡献社会，以美育人、以美化人。

2. 学业规划育人

辅导员要关心学生学业规划，当好学生立志成才的引导者。学习是学生的主要任务，学生要集中精力把学习搞好，把专业知识学透，把专业技能学精，掌握走向社会、立足社会、报效祖国的本领。辅导员要关心学生的学业规划，熟知学生所学专业的社会需求及发展趋势，帮助学生分析专业前景及社会需求，指导学生做好学业规划，把学生专业学习与未来发展联系起来，与毕业就业联系起来，与学习深造继续考研结合起来，与学生成长成才融合起来，与国家发展强大对接起来，当好学生学业发展的参谋，当好学生成长成才的导师。辅导员要善于把思想政治教育寓于学生学业规划中，通过关心学生的学业，引导学生健康成长，把"小我"融入"大我"，把个人的理想信念与实现中华民族伟大复兴的中国梦联系起来，志存高远，奉献祖国。

（三）注重网络育人——当好学生网络空间的引导者

1. 高度重视网络育人

随着互联网的快速发展和应用，现在是无处不网、无人不网、无时不网，网上宣传越来越重要，网络阵地越来越重要。习近平总书记指出："我们要加快推动媒体融合发展，使主流媒体具有强大传播力、引导力、影响力、公信力，形成网上网下同心圆，使全体人民在理想信念、价值理念、道德观念上紧密团结在一起，让正能量更强劲、主旋律更高昂。"① 我们要加强网上正面宣传，深入开展理想信念教育，深化

---

① 习近平谈治国理政（第三卷）［M］. 北京：外文出版社，2020：317.

新时代中国特色社会主义和中国梦宣传教育，积极培育和践行社会主义核心价值观，不断推进网上宣传理念、内容、形式、方法、手段的创新。

2. 加强网络育人

辅导员要充分利用网络育人的优势，创造性地开展网络育人工作，发挥好网络育人的作用。要利用"学习强国"等平台加强思想政治教育，组织学生开展"学习强国"学习活动；通过易班平台、人民网公众号等途径，将国家时政新闻、道德模范、时代先锋、最美奋斗者、学习典型等思想政治教育素材分享给学生，让学生通过知国家大事增强政治意识，读模范典型接受思想洗礼；运用班级微博微信群、手机客户端等新媒体平台，定期把适合网络传播的音频、短视频、文献纪录片、微电影等推荐发送给学生，让学生读网看片增长知识，坚定理想信念。要充分利用网络教育的便捷性、广泛性和辐射性，强化网络资源对学生思想政治教育的正面引导作用。

3. 加强网络建设

辅导员要加强学生互动社区网站、专业学习网站建设，重视与学生的网络联系和网络互动，通过网络拉近辅导员与学生的距离，通过网络搭建辅导员与学生沟通的桥梁。加强学生网上舆论引导，组织学生开展网络文化节、"网络文明进班团""网络文明进宿舍"等活动，守好网络精神家园，占领网络阵地，掌控网络渠道，让网络"发声"，传播网络主旋律、弘扬网络正能量、讲好网络中国故事。要把学生网络空间的表现作为辅导员学生管理工作的重要内容，作为学生班会的内容之一，作为学生评奖评优的依据之一。要通过网络建设、网络互动、网络活动、网络管理，实现网络育人，当好学生网络生活的引导者。

（四）注重校园生活育人——当好学生日常生活的引导者

1. 加强校园生活育人

在全员全程全方位育人的基础上，辅导员还要注重生活育人。教育部等八部门《关于加快构建高校思想政治工作体系的意见》强调建立思想政治教育的"日常教育体系"，实现全员全程全方位育人。要通过组织学生开展"节粮节水节电""节约型班级建设"等主题教育活动，培育学生传承勤俭节约的优良传统，引导学生树立绿色发展理念。以新冠肺炎疫情防控为抓手，对学生进行健康教育，培养学生的公共卫生意识和良好卫生行为习惯，宣传健康强国的思想。以典型事例对学生开展安全教育，培养学生安全意识，强化学生法治观念。依托班级、宿舍等学生生活园区，把学生教育、学生管理、学生服务融入学生生活园区，强化学生生活园区的育人作用。有效利用重大纪念日开展育人工作，国庆节期间广泛开展"我和我的祖国"系列主题活动，通过主题宣讲、大合唱、共和国故事汇、网上网下专题宣传等形式，引导学生歌唱祖国、致敬祖国、祝福祖国，激发学生的爱国热情。在七一党的生日，组织学生开展各种纪念活动，唱响歌颂中国共产党的主旋律。组织学生开展升国旗仪式、入党入团仪式等，强化仪式的庄严感、礼仪感，增强学生对党和国家、对组织的认同感和归属感。

2. 强化学生管理育人

学生踏入大学校门之前，家长为孩子的学习生活操心操劳。学生进入大学生活之后，学生家长对孩子的管理基本上处于放心放手的状态，孩子没有异常情况，家长一般不会插手多管，学生的学习生活转轨进入全新的阶段，学生处于家长放手的"真空"地带，这时辅导员要及时接手补位，填补"真空"。辅导员对学生的管理与家长管理完全不同，家长管理以生活琐事为主、关心学习成绩，辅导员管理以学生成长成才为主，是以思想政治教育为手段，教育引导学生德智体美劳全面发展，成长为中国特色社会主义合格建设者和可靠接班人。辅导员对学生的管理要到位，不是指辅导员要当学生的"保姆"，事无巨细，什么都要管，而是要把思想政治教育工作做实做细做好，当好学生成长成才的"火车头"和"领头羊"。要加强学生的法治教育，用法律法规规范学生言行，增强学生守法意识；要用校规校纪严格要求学生，培养学生知校规守校纪的良好习惯，提升学生的文明素养。管理不是目的，只是育人的手段，辅导员对学生进行管理，是工作职责，更是当好学生成长成才的护航人和引路人，使学生成长成才不出现偏差，不误入歧途。

3. 注重学生服务育人

辅导员要树立服务育人意识，强化服务育人举措，把解决学生实际问题与解决学生思想政治教育问题结合起来。当学生学业上出现迷惘时，辅导员要主动关心，帮助学生解决学习上的困难或迷惑；当学生宿舍暖气不热、管道漏水、灯光不亮时，辅导员要及时了解，联系有关部门尽快解决；当学生举办集体活动时，辅导员要主动介入，指导学生顺利完成任务。要把服务学生与教育学生有机融合起来，在关心学生、帮助学生、服务学生过程中教化学生、培养学生、引导学生，让学生感悟辅导员对学生人文关怀的温度、宽容理解学生的大度、真心帮助学生的细度、诚心助力学生的热度，用辅导员的仁爱之心、服务之举触动学生内心，感化影响学生，引导学生成长成才。

4. 重视学生资助育人

辅导员要把学生"扶困"与学生"扶志"结合起来，通过资助激发学生的学习热情、爱国热情，培养受助学生自立自强、诚实守信、知恩感恩、勇于担当的良好品质。要把有形的资助与无形的思想政治教育联系起来，把物质资助与精神激励结合起来，把显性资助与隐性资助融合起来。要通过学生资助，让道德浸润学生心田，让大爱润泽学生心灵，引导学生做好事行善举、自觉回报社会，引导学生成长成才，发挥好资助育人的作用。

5. 开展学生心理疏导育人

当今社会，学生父母忙于工作，学生本人忙于学业，人与人之间面与面的交流比较少，学生出现心理异常及心理障碍的情况增多，忧郁症、自闭症屡见不鲜，厌学心理、个人情感纠葛时有发生。辅导员要结合学生心理特点和心理动向，组织开展心理健康知识普及宣传活动，开展丰富多彩的心理健康主题文化活动，营造积极正向、温馨和谐、自助助人的良好氛围，提高学生心理自我调节能力，助力学生身心健康成长。对出现心理异常的学生，辅导员要利用贴近学生的独特优势，通过谈心交流、参与学生活动等方式，为学生提供指导性的建议和力所能及的帮助，纾解学生心理压力。要组建由班委和寝室长等学生骨干组成的信息队伍，及时掌握学生思想情绪心理变化新动态，对个别心理障碍严重的学生，及时发现危机心理因子，第一时间进行干预和疏导，第一时间进行应对和化解，防患于未然，守护学生身心和人格健康成长，担当学生健康心理的疏导者。

（五）注重中华优秀传统文化育人——当好学生品德修养的引导者

中华民族有着 5000 多年的文明史，历史悠久，文化厚重，在长期生产生活实践中形成了讲仁爱、重民本、守诚信、崇正义、尚和合、求大同的优秀传统文化，体现了中华民族的价值取向、道德规范、思想风貌及行为特征，是中华民族的"根"和"魂"，为中华民族的发展和壮大提供了丰厚的精神滋养，是新时代思想政治教育的有机组成部分、不可或缺的内容。

1. 充分发挥中华优秀传统文化育人功能

文以载道，文以化人，文以强国。中华民族悠久的历史、厚重的文化、灿烂的文明是个人品德修养的宝贵资源。习近平总书记指出："中华传统美德是中华文化精髓，蕴含着丰富的思想道德资源。""努力用中华民族创造的一切精神财富来以文化人、以文育人。"① "要让中华民族文化基因在广大青少年心中生根发芽。"② 中华优秀传统文化中鼓励人们向上向善的内容，关于天下为公、大同世界的思想，关于自强不息、厚德载物的思想，关于经世致用、知行合一、躬行实践的思想，关于以诚待人、讲信修睦的思想等，有利于培养学生个人品德修养，辅导员要把中华优秀传统文化与学生日常生活紧密联系起来，与丰富多彩的学生活动结合起来，以润物细无声的方式熏陶学生的品行，在落细、落小、落实上下功夫。

2. 把中华优秀传统文化与党的精神谱系结合起来进行教育

文化在，灵魂就在，精神就在，力量就在。在中华民族伟大复兴的征程中，要大力弘扬中华优秀传统文化，把中华优秀传统文化与中国共产党百年奋斗史、新中国 70 多年社会主义建设史、改革开放 40 多年中国特色社会主义发展史结合起来，与中国共产党的精神谱系结合起来。中国共产党百年奋斗中形成的红船精神、井冈山精神、长征精神、遵义会议精神、延安精神、抗战精神、太行精神、西柏坡精神、抗美援朝精神、"两弹一星"精神、大庆精神、铁人精神、焦裕禄精神、雷锋精神、红旗渠精神、小岗精神、特区精神、载人航天精神、劳模精神、工匠精神、塞罕坝精神、抗洪精神、抗震救灾精神、北斗精神、抗疫精神、脱贫攻坚精神、历史主动精神、伟大建党精神等，是中华民族宝贵的精神财富，是对学生进行思想政治教育的生动资源。要以习近平新时代中国特色社会主义思想为指导，坚持"四个自信"，用中国共产党的精神谱系丰富中华优秀传统文化的内涵，赓续中华优秀传统文化的血

---

① 习近平. 把培育和弘扬社会主义核心价值观作为凝魂聚气强基固本的基础工程 [N]. 人民日报, 2014-02-26 (01).

② 习近平谈治国理政（第二卷）[M]. 北京：外文出版社, 2017：324.

脉，助力新时代中华民族的发展和崛起，谱写新时代更加光辉灿烂的文化篇章，造就一代又一代德才兼备的时代新人。

二、辅导员的角色定位要求提高辅导员的综合素质

经师易求，人师难得。辅导员要给学生心灵埋下真善美的种子，引导学生扣好人生第一粒扣子，当好学生成长成才的引路人。辅导员的角色定位要求辅导员必须按照工作要求完成好各项任务，努力提高自身综合素质，以身作则，为人师表，向"全国高校辅导员年度人物"① 学习，争当新时代优秀辅导员。

（一）辅导员工作的要求

2017 年 10 月 1 日开始施行的修订版《普通高等学校辅导员队伍建设规定》明确指出："辅导员工作的要求是：恪守爱国守法、敬业爱生、育人为本、终身学习、为人师表的职业守则；围绕学生、关照学生、服务学生，把握学生成长规律，不断提高学生思想水平、政治觉悟、道德品质、文化素养；引导学生正确认识世界和中国发展大势、正确认识中国特色和国际比较、正确认识时代责任和历史使命、正确认识远大抱负和脚踏实地，成为又红又专、德才兼备、全面发展的中国特色社会主义合格建设者和可靠接班人。"② 根据上述内容，可以把辅导员

---

① "全国高校辅导员年度人物"评选活动 2009 年开始推出，由教育部思想政治工作司指导，全国高校辅导员工作研究会、《中国教育报》、中国教育电视台共同主办，新华网提供独家网络支持，旨在宣传表彰一批长期在为人师表、爱岗敬业、无私奉献方面有突出表现的优秀辅导员，发挥先进典型的引领和示范作用，更好地调动和激励高校辅导员工作的积极性和创造性，进一步加强高校辅导员队伍建设。该项活动面向全社会，充分展示了高校辅导员坚定的政治信念，已成为高校思想政治工作中影响深远的重要品牌。

② 教育部. 普通高等学校辅导员队伍建设规定 [EB/OL]. (2017-09-29) [2022-05-06]. http://www.moe.gov.cn/srcsite/A02/s5911/moe_621/201709/t20170929_315781.html.

工作的要求概括为三个方面：一是对辅导员自身的职业要求；二是辅导员应该完成的学生方面的工作；三是辅导员工作的目标。

1. 辅导员自身的职业要求

对辅导员自身的职业要求包括恪守爱国守法、敬业爱生、育人为本、终身学习、为人师表的职业守则，共五点要求。一是爱国守法。这是每个公民应尽的基本义务，是社会主义核心价值观所倡导的内容，是基本道德规范，是辅导员基本的行为准则，是辅导员必须具备的基本条件，是对辅导员的起码要求，更是辅导员的职业要求。二是敬业爱生。热爱辅导员工作，全身心地投入辅导员工作，努力把辅导员工作做好；关爱学生，"把对家国的爱、对教育的爱、对学生的爱融为一体，心中始终装着学生"[1]，把关爱融入学生工作中，用一颗爱心做好学生管理和服务工作，是辅导员做好本职工作的基本要求，是辅导员基本的职业准则，是辅导员职业的价值取向。三是育人为本。用习近平新时代中国特色社会主义思想铸魂育人，立德树人，是学校教育的根本任务，也是辅导员工作的重点和核心，辅导员要围绕立德树人开展各项学生工作，把立德树人的根本任务落实到实处、落实到细处，落实到学生管理和服务工作的方方面面。四是终身学习。终身学习是指人一生都要学习，这是建设全民学习、终身学习的学习型社会，促进人的全面发展的客观需要，更是辅导员不断提高自身素质、适应新时代发展、胜任辅导员工作的客观要求。五是为人师表。这是对辅导员的行为要求。"其身正，不令而行；其身不正，虽令不从。"辅导员是学生思想政治工作的骨干力量，也是学生管理工作的具体组织者，要以身作则、率先垂范，"自觉做为学为人的表率"，"用高尚的人格感染学生、赢得学生"[2]，言传身教，以自身的言行潜移默化地影响学生，以自己高尚的品德修养、远大

---

① 习近平. 思政课是落实立德树人根本任务的关键课程 [J]. 求是，2020 (17)：11.
② 习近平. 思政课是落实立德树人根本任务的关键课程 [J]. 求是，2020 (17)：12.

的理想信念感染学生，给学生树立模范榜样。

2. 辅导员应该完成的学生工作

辅导员应该完成的学生方面的工作为围绕学生、关照学生、服务学生，把握学生成长规律，不断提高学生思想水平、政治觉悟、道德品质、文化素养。完成上述学生工作，辅导员要遵循学生成长规律、教书育人规律和思想政治工作规律，以学生为主体、以思想政治教育为主要任务，开展各项学生工作，把习近平新时代中国特色社会主义思想、"四个自信"、社会主义核心价值观贯穿于学生管理工作和学生服务工作，把立德树人根本任务渗透于学生专业学习，把思想政治教育融入学生的各项活动，一切围绕学生又红又专的成长开展辅导员工作，一切为了学生德智体美劳全面发展开展学生活动，关心学生的专业学习，关注学生的思想状况，注重学生的价值观引领，充分发挥学生的主体作用，通过辅导员对学生的管理，通过辅导员为学生提供良好的服务，通过辅导员组织开展的各种学生活动，通过辅导员显性的和隐性的思想政治教育，实现学习育人、管理育人、服务育人、活动育人，使学生德智体美劳全面发展，提高学生的思想水平、政治觉悟、道德品质、文化素养。

3. 辅导员工作的目标

辅导员工作的目标是引导学生正确认识世界和中国发展大势、正确认识中国特色和国际比较、正确认识时代责任和历史使命、正确认识远大抱负和脚踏实地，成为又红又专、德才兼备、全面发展的中国特色社会主义合格建设者和可靠接班人。为谁培养人、培养什么人、如何培养人是学校教育的根本问题，辅导员的思想政治教育要以立德树人为根本任务，以习近平新时代中国特色社会主义思想为统领，贯彻党的教育方针，与思政课教师及专业课程教师的思想政治教育相互协调，相互支撑，同向而行，一起形成合力，共同引领学生的全面发展和成长成才，让学生了解国情世情，让学生搞清楚弄明白为什么马克思主义行、为什么中国共产党能、为什么中国特色社会主义好，让学生坚定中国特色社会主义道路自信、理论自信、制度自信、文化自信，让学生明确中华民族伟大复兴的时代责任和历史使命，树立远大理想，弘扬社会主义核心价值观，践行习近平新时代中国特色社会主义思想，成长为德智体美劳全面发展的社会主义建设者和接班人，实现"为党育人、为国育才"的目标，为实现第二个百年奋斗目标提供人才保障和智力支撑。

（二）辅导员的角色定位要求提高辅导员的综合素质

辅导员的角色定位要求辅导员必须按照习近平总书记在学校思想政治理论课教师座谈会上给思政课教师提出的"六点要求"①，严格要求自己，努力提高自身综合素质，当好学生成长成才的引路人，争当新时代优秀辅导员。

1. 辅导员政治要强

让有信仰的人讲信仰，让有爱国情怀的人讲爱国。对马克思主义的信仰，对社会主义和共产主义的信念，只有首先在辅导员心中落到地扎下根，才能在学生心中开花结果，产生良好效果。只有辅导员自己信仰坚定，对教育学生的思想政治工作内容高度认同，学懂悟透马克思主义基本理论，搞懂弄通习近平新时代中国特色社会主义思想的灵魂和要义，真信真行，坚定"四个自信"，坚定理想信念，才能有底气教育好学生，才能有效引导学生真学、真懂、真信、真用马克思主义，才能坚定学生的"四个自信"，才能引导学生树立远大理想，帮助学生扣好人生第一粒扣子。辅导员要坚守"为党育人、为国育才"的目标，抓住"为谁培养人、培养什么人、怎样培养人"这一重大问题，善于从政治角度把握问题，善于从政治角度分析问题，体现辅导员教育的政治导

---

① 习近平. 思政课是落实立德树人根本任务的关键课程 [J]. 求是，2020（17）：10-12.

向，突出辅导员职业的政治特征，自觉用习近平新时代中国特色社会主义思想武装自己的头脑，在大是大非面前保持政治清醒，站稳政治立场，明确政治观点，增强政治敏锐性和政治鉴别力，当好学生的"领头羊"，才能在学生成长中把准前进方向，才能给学生准确把脉问诊，解决学生思想方面存在的各种"疑难杂症"，才能让辅导员的思想政治教育工作富有吸引力和感染力，形成学生愿意听、乐于做的良好氛围。

2. 辅导员情怀要深

辅导员思想政治教育要引导学生立德成人、立志成才，只有打动学生，触动学生心灵，才能教育学生，才能引导学生。辅导员在学生日常工作和学生活动中展现的真实情怀和勇于担当，最能打动学生，最能影响学生，甚至会影响学生一生。真信才有真情，真情才能感染人。辅导员为学生所做的各项工作，如果是发自内心、出于真情，定能触动学生、震撼学生，让学生终生难忘。辅导员要有家国情怀，心里装着国家和民族，在党和人民的伟大实践中关注时代、关注社会、关注国家，汲取养分、丰富思想、提升自己。辅导员要有传道情怀，对思想政治教育、对习近平新时代中国特色社会主义思想、对立德树人投入真情实感，对辅导员工作有执着追求。辅导员要有仁爱情怀，把对家国的爱、对教育的爱、对学生的爱融为一体，心中始终装着学生，一切为学生成长成才，用爱心、诚心、耐心来做学生思想政治教育工作，把深厚的情怀融入学生工作，让辅导员思想政治教育成为有温度的哺育学生健康成长的工作。

3. 辅导员思维要新

辅导员要通过组织各项学生活动，教会学生进行科学的思维。辅导员给予学生的不应该是一些抽象的概念、空洞的说教，而应该是观察认识当代世界和当代中国的立场、观点、方法，要授人以渔。辅导员思想政治教育是一项非常有创造性的工作，有统一的要求，但没有现成的模式，辅导员要学会应用辩证唯物主义和历史唯物主义的方法，善于运用创新思维、辩证思维，善于运用矛盾分析方法抓住关键、找准重点，创新辅导员思想政治教育工作，创新学生工作，以学生为中心，发挥学生主体作用，给学生深刻的学习体验。工作中可以与学生共同探讨问题、分析问题，帮助学生辨别是非对错，把学生引导到正确的思维轨道；可以"发声"和"亮剑"批评不良社会现象，更要讲好中国故事，引导学生正面思考，传播正能量；可以讲第二个百年奋斗目标的复杂性和艰巨性，更要引导学生对中国特色社会主义现代化建设充满信心，对中华民族伟大复兴充满希望。无论对学生进行思想政治教育还是组织学生开展各项活动，最终都要落到引导学生树立正确的理想信念、引导学生学会正确的思维方法上来。

4. 辅导员视野要广

一是辅导员要有宽广的知识视野，具有马克思主义理论功底，掌握思想政治教育内容，了解教育学和心理学的基础知识，熟悉管理学、法学的基本要求，还要广泛涉猎其他哲学社会科学以及自然科学的知识。

二是辅导员要有宽广的国际视野，学生经常会把国外的事情同国内的情况联系起来，这个过程就会产生一些疑惑，学生的疑惑就是辅导员思想政治教育的重点，辅导员要关心国内外大事，了解国内外最新的发展状况，善于利用国内外的事实、案例、素材，在比较中回答学生的疑惑，既不封闭保守，也不崇洋媚外，引导学生全面客观认识当代中国、看待外部世界，善于在批判鉴别中明辨是非对错，更加坚定学生的"四个自信"。

三是辅导员要有宽广的历史视野，历史是最好的老师、最生动的教材，辅导员的历史视野要有5000多年中华文明史，要有500多年世界社会主义史，要有中国人民近代以来170多年斗争史，要有中国共产党100年的奋斗史，要有中华人民共和国70多年的发展史，要有改革开放 40 多年的实践史，要有新时代中国特色社会主义取得的历史性成就、发生的历史性变革，通过组织学生参观展览，讲故事，参加歌咏比赛、知识竞赛、重要纪念日礼仪教育等社会实践和校园文化活动，把历史视野渗透到思想政治教育和学生工作中，让学生学史明理、学史增信、学史崇德、学史力行，砥砺推进中华民族伟大复兴。

四是辅导员要有宽广的发展视野，不能鼠目寸光，不能只看眼前不望长远，要用发展的视野看待事物，要用发展的视野分析目前存在的问题，要用发展的视野开展学生工作，看好中国的未来发展，看好学生未来的前途，给学生以希望，让学生看到未来。

5. 辅导员自律要严

一名辅导员负责 200 名左右学生的思想政治教育和管理工作，有的辅导员还负责团委工作，可以说，辅导员是学生的一面旗帜，一言一行潜移默化地影响着学生，因此，辅导员对自己要求要严格。辅导员既要遵守公民基本道德规范，更要用"四有好老师"的标准严格要求自己，遵守辅导员的政治纪律和政治规矩，与党中央保持高度一致，不触碰"红线"和"底线"，做到学生面前和学生背后一致、网上网下一致，不能在学生面前讲得不错，离开学生后却乱讲，不能在学生活动中表现不错，却在网上乱说。辅导员掌握着学生校园活动的主导权和话语权，一定要在各种学生活动中自觉筑牢主阵地，积极弘扬主旋律，主动传递正能量，努力讲好中国故事。遵守政治纪律，不意味着不能讲矛盾、不能碰问题。有的辅导员担心化解学生矛盾、解决学生问题可能引起麻烦，工作中总是绕开问题、避开难点，避实就虚。只要辅导员坚持正确的政治方向，心中有党，心中有祖国，立足于引导学生坚定理想信念，全面客观公正地化解学生之间的矛盾、解决学生遇到的问题，就不用担心在政治上出问题。

6. 辅导员人格要正

亲其师，才能信其道。只有辅导员具备高尚的人格，爱党爱国爱人民爱学生，用心做好学生工作，才能对学生产生吸引力。辅导员要有堂堂正正的人格，用高尚的人格感染学生，用无私的品行教育学生，用教师的修养赢得学生。辅导员要有学识魅力，知识丰富，见识广泛，才能以知识的力量感召学生，以广博的见识感动学生。辅导员要有思想境界，勇于奉献，不计较个人得失，对学生的教育动之以情、晓之以理、导之以行、持之以恒，充满爱心，满怀信心，才能具有感染力。辅导员工作中的语言也要有魅力，从辅导员的话语中，学生能够感受到辅导员的人格和魅力，感受到辅导员的信任和希望。辅导员要自觉做到修身修为，像曾子那样"吾日三省吾身"，像王阳明那样"诚意正心""知行合一"，终身学习，自觉健全人格人品，当为学为人的表率，做让学生喜爱的辅导员，做让学生信任的辅导员，成为学生成长成才的引路人。

第五章

辅导员思想政治教育的基本原则和主要方法

教育方法是完成教育任务、实现教育目的的基本保障。辅导员思想政治教育的根本任务是立德树人，根本目的是为党育人、为国育才，培养德智体美劳全面发展的社会主义建设者和接班人。要实现这一教育任务和教育目的，辅导员必须始终坚持思想政治教育的基本原则，遵守思想政治教育的基本要求，践行思想政治教育的基本规定，不断改革创新思想政治教育方法，提高学生思想政治教育的针对性和实效性，增强学生思想政治教育的亲和力和感染力。

一、辅导员思想政治教育的基本原则

辅导员思想政治教育的基本原则是根据思想政治教育的目的和实践，遵循思想政治教育规律和学生成长规律而概括总结的思想政治教育的共性要求，是辅导员进行思想政治教育的基本行为准则，具有方法论的属性，对辅导员落实立德树人根本任务发挥着指导作用。辅导员只有坚持思想政治教育的基本原则，不断改革创新思想政治教育的具体方法，才能更好地实现"为党育人、为国育才"的目标。

（一）坚持育人性原则

为谁培养人、培养什么人、怎样培养人，是辅导员思想政治教育的首要问题，也是落实立德树人根本任务的首要问题。一个国家没有先进的科学技术，一打就垮；没有合格的建设者和可靠的接班人，不打自垮。古今中外，每个国家都是按照自己的要求培养人才，没有例外。我国是中国共产党领导的社会主义国家，决定了思想政治教育的根本目标是培养德智体美劳全面发展的社会主义建设者和接班人，决定了思想政治教育的育人性。育人性是指辅导员通过学生品德修养，教育引导学生如何做人做事，教育引导学生明大德、守公德、严私德，树立起正确的人生观、世界观、价值观，教育引导学生成长为社会主义合格的建设者和可靠的接班人。坚持育人性原则，是辅导员进行思想政治教育的本职工作和基本职责，也是辅导员落实立德树人根本任务的历史责任和时代使命，更是落实习近平总书记提出的"坚持教书和育人相统一"① 的具体举措和根本保证。

辅导员思想政治教育坚持育人性的原则，首先，要求辅导员提高思想认识，树立思想政治教育就是育人的理念，把思想政治教育和为谁培养人、培养什么人、怎样培养人结合起来，把思想政治教育和立德树人融合起来，走出管理等同于思想政治教育、服务等同于思想政治教育、育才等同于育人的误区，扭转重管理、重服务、轻思想政治教育、轻立德树人的倾向，杜绝只管理、只服务、不育人的现象，全面做好学生的思想政治教育工作，全面落实立德树人的根本任务，让所有辅导员都承担起思想政治教育的责任，完成好立德树人的任务，坚守好"为党育人、为国育才"的初心和使命。其次，要求辅导员抓住德育、品德修养这个关键环节，强化立德树人意识，找准立德树人角度，提升立德树人能力，把立德树人贯穿于辅导员思想政治教育中，把学生德育培养融入辅导员学生管理工作中，把弘扬社会主义核心价值观渗透于学生各项活动中。通过每位辅导员的努力，通过日复一日的教育、年复一年的熏陶，强化学生的个人品德修养，筑牢学生的远大理想和崇高信念，厚植学生的爱国主义情怀，提升学生的综合素质，培养出既有高尚品德又有

---

① 习近平. 把思想政治工作贯穿教育教学全过程 开创我国高等教育事业发展新局面 [N]. 人民日报，2016-12-09（01）.

真才实学、能够担当民族复兴大任的时代新人，造就出一代又一代为人民服务、为中国共产党治国理政服务、为巩固和发展中国特色社会主义制度服务、为改革开放和社会主义现代化建设服务的建设者和接班人。

（二）坚持政治性原则

为党育人、为国育才的使命和目标决定了思想政治教育具有鲜明的政治性，包括思想政治教育的政治方向、政治立场、政治观点、政治鉴别力和政治敏锐性等。辅导员坚持政治性原则，是指辅导员在思想政治教育过程中要把准社会主义的政治方向，站稳马克思主义的政治立场，树立习近平新时代中国特色社会主义思想的政治观点，提高对事物是非曲直的政治鉴别力，增强思想政治教育的政治敏锐性，把学生培养为品德高尚、热爱祖国、热爱中国共产党、热爱社会主义、热爱人民、热爱劳动、担当中华民族伟大复兴大任的时代新人。

坚持政治性的原则，一是辅导员要围绕立德树人开展思想政治教育工作，树立政治意识和政治理念，坚守政治要求和政治纪律。思想政治教育工作中始终坚持党的教育方针，全面贯彻习近平新时代中国特色社会主义思想，弘扬社会主义核心价值观，传承中华优秀文化传统，做到"两个维护"，坚定"四个自信"，把思想政治教育的政治性原则置于学生管理、学生服务各项要求的首位，坚持正确的价值导向，弘扬主旋律，传播正能量，不触碰"红线"和"底线"，在立德树人过程中让学生成人成才。二是辅导员要把政治性和学生专业学习、学生日常管理结合起来，融为一体，深入挖掘学生专业学习、学生日常管理中的思想政治教育元素，把立德树人寓于学生专业学习和学生日常管理工作中，用学生信服的道德情操启迪学生心灵，用高尚的思想品德润泽学生心田，用社会主义核心价值观影响学生言行，用马克思主义的真理力量引导学生发展，让学生在专业学习和日常生活中领悟习近平新时代中国特色社会主义思想的真谛，让学生在口服心服中产生思想共鸣，让学生在认知认同中真信真行。

（三）坚持统一性原则

统一性规定着事物的性质和发展方向，具有普遍性和原则性的特点。坚持思想政治教育的统一性原则是由"为党育人、为国育才"的培养目标及其政治性决定的。辅导员坚持思想政治教育的统一性原则，就是要坚持统一的指导思想、统一的意识形态、统一的政治方向、统一的政治立场和统一的政治观点，坚守马克思主义的一元化指导地位，坚持社会主义的政治方向，全面贯彻党的教育方针，杜绝各种"杂音"和"噪声"，以立德树人为根本任务，加强学生的品德修养，厚植学生的爱国主义情怀，培养学生的奋斗精神，提升学生的综合素质，确保对学生的各种思想政治教育、对学生的各种管理和各种服务同向同行，共同形成协同效应，解决好为谁培养人、培养什么人、怎样培养人的根本问题。

辅导员坚持统一性原则，是把握思想政治教育的大方向，是落实立德树人的根本任务，不能与具体方法的多样性混为一谈。辅导员落实立德树人的根本任务，面对不同学科和不同专业的学生，主体不同，环境不同，具体教育目标也不同，这就决定了在凸显统一性主导地位的前提下，思想政治教育必须具有灵活性、针对性和多样性，不可能处处齐步走，也不可能方式方法单一化，而是要根据学生的具体情况，采用不同的思想政治教育资源，采取不同的思想政治教育手段和方法。

（四）坚持全面性原则

全面性的原则是指辅导员进行思想政治教育，对象要全面，包括所有的学生，不能有例外；内容要全面，包括思想政治教育中的所有内容，不能有遗漏；领域要全面，涉及学生工作的各个方面，是全方位的，不能有死角；过程要全面，覆盖学生成长成才的全过程，不能有始无终，也不能断断续续。

思想政治教育中坚持全面性的原则，一是要求辅导员把学生全部纳入思想政治教育范围，根据学生的不同情况开展工作，不能因为学生学习成绩优异和表现好，就排除在工作范围以外，也不能因为学生学习成绩差和表现不佳，就置之不理，辅导员要关心每位学生的成长成才。二是要求辅导员以落实立德树人根本任务为抓手，全面开展思想政治教育，把品德修养、学习马克思主义及马克思主义中国化最新成果、践行社会主义核心价值观、弘扬中华优秀文化传统、遵纪守法等内容融入学生校园学习和日常生活中。三是要求辅导员全员全过程全方位开展思想政治教育工作，落实好立德树人的根本任务，在组织学生各项工作中渗透思想政治教育的有关内容，在安排学生各项活动中纳入思想政治教育的基本元素，在管理学生的日常生活中融入思想政治教育的组成要素，实现思想政治教育无人不做、无时不在、无处不有。

（五）坚持主体性原则

"主体"是指事物的主要部分，还指有认识和实践能力的人。坚持主体性原则是指辅导员在思想政治教育工作中要重视学生的主体地位和主体作用，充分发挥学生在品德修养、价值观形成过程中的主动性，充分调动学生在思想政治教育中的积极性。思想政治教育的参与主体是教师和学生，教师是教育者，发挥着引导作用，学生是受教育者，也是接受者和践行者，只有学生的主体地位发挥出来，修养自身品德，形成正确价值观，成长为合格的建设者和可靠的接班人，思想政治教育的现实意义才能体现出来，因此，思想政治教育的特点要求在思想政治教育的实际工作中要发挥好学生的主体作用。

坚持主体性原则，发挥学生在思想政治教育中的主体作用，不是辅导员不发挥作用，而是辅导员要发挥思想政治教育和立德树人的主导作用，主要体现在引导学生品德和价值观的形成、把握好政治方向、用习近平新时代中国特色社会主义思想铸魂育人、安排学生活动主题、设计学生活动内容、创新学生管理方法等，还体现在辅导员相对于学生而言更有信仰、更讲政治、更懂理论、更有学识、更具权威，但主导作用不能代替主体作用。高校每位辅导员要负责管理 200 名左右的学生，学生数量多，工作任务多，辅导员不可能有精力亲自管理学生工作中的每一件事情，要管也不可能管好，需要学生自我管理，高校学生基本上都是成年人，有一定自我管理的能力，而且学生管理中学生事项、学生活动非常多，都需要学生参与。因此，高校学生管理的一个特点是重视学生的自我管理。特别是近年来教学实践倡导学生中心论，鼓励发挥学生在教学中的积极作用和主观能动性，辅导员学生管理工作完全可以借鉴这一做法，充分发挥学生在思想政治教育中的主体作用，让学生以主体的身份积极参与立德树人过程中，由被动转变为主动，由接受者转变为参与者，自觉提高品德修养，形成正确的世界观、人生观、价值观，成长为德智体美劳全面发展的社会主义建设者和接班人。

（六）坚持持续性原则

持续是持续很长时间、不间断的意思。思想政治教育涉及人的品德修养、思想认识、价值观形成等，这些不是立竿见影、马上就能见效的工作，需要长期坚持，持续努力，才能收到应有的成效。持续性原则是指辅导员进行思想政治教育，落实立德树人根本任务，需要不间断的长期坚持和努力，不能松懈，不能停停脚，也不能歇歇步，思想政治教育永远在路上。

坚持持续性原则，一方面要求辅导员解决思想认识问题，充分认识到进行思想政治教育的长期性、艰巨性和持续性，坚持思想政治教育的持续性，不能有船到码头车到站的想法，要从长计议，长期规划，当一辈子辅导员，就要做一辈子思想政治教育工作，从学生入校第一天到毕业离校，让学生每天都沐浴在思想政治教育的熏陶中，养成优秀品行，练就高尚人格；另一方面，要求辅导员协调好思想政治教育的短期计划和长期规划的关系，立足当前，着眼长远，把布置安排的思想政治教育工作一件一件地做扎实，把立德树人的根本任务一位学生一位学生地做细致，让思想政治教育工作往深处走、往学生心里去，做到浇花浇根、育人育心，让学生口服心服，真学真信真行，成长成才。

二、辅导员思想政治教育的主要方法

辅导员思想政治教育方法是为了落实立德树人根本任务，在思想政治教育过程中所运用的方式与手段的总称。思想政治教育方法在坚持思想政治教育基本原则的基础上，应根据学生的思想状况、工作目标等实际情况，按照延续使用好办法、改进完善老办法、探索尝试新办法的基本思路，灵活应用各种方法，因人而异、因时而进、因势而新，实现"工作有法，但无定法，贵在得法"，全面提升辅导员思想政治教育的针对性和实效性。

（一）思想政治教育的主题教育方法

党的十八大以来，全党主题教育活动接连不断，2013 年下半年开始深入开展党的群众路线教育实践活动，2016 年开展"两学一做"学习教育活动，2019 年在全党开展"不忘初心、牢记使命"主题教育活动，2021 年在全党开展党史学习教育活动等。主题教育活动是开展思想政治教育工作的一种有效方式，也是学校思想政治教育的一种常用方法。

1. 思想政治教育主题教育方法及其特点

主题教育方法是根据思想政治教育和学生工作需要，选定思想政治教育的相关内容为主题，通过多种形式对学生进行思想政治教育的方法。该方法具有教育主题选取灵活、教育主题单一、教育内容突出、教育形式多样化、举办时间可长可短、对学生产生的影响比较深等特点，是辅导员思想政治教育运用比较多的一种方法。

2. 思想政治教育主题教育方法的运用

运用主题教育方法进行思想政治教育工作，第一，要求辅导员根据学生工作需要、社会发展形势和学生的思想实际情况，选定好教育主题及教育内容。如期末考试期间可以开展诚信考试为主题的教育活动，增强学生的诚信理念、诚信自觉；清明节到来之际，可以组织学生进行缅怀先烈的主题教育活动；七一党的生日期间，可以组织学生开展以歌颂党为主题的教育活动，增强学生对党史、党的性质、党的伟大历史成就的认识，深化学生对党的热爱；十一国庆节期间，可以组织开展歌颂祖国、中国梦、中华民族伟大复兴第二个百年奋斗目标等为主题的教育活动，增强学生的中国特色社会主义道路自信、理论自信、制度自信、文化自信。

第二，要求辅导员根据实际情况采取多种多样的主题教育形式，确定好主题教育的形式。如诚信考试主题教育活动，可以采取开班会、出墙报、挂标语横幅、教室黑板写出宣传提示的形式；缅怀先烈的主题教育活动可以到烈士陵园进行扫墓；七一歌颂党为主题的教育活动可以是学生歌咏比赛、学生朗诵比赛、传媒平台主题宣传、观看党史文献纪录片、墙报栏目宣传、学生入党仪式宣传等；十一歌颂祖国为主题的教育活动形式更灵活，可以校内进行、网上组织，还可以走入社会，进企业、到乡村，让学生了解祖国快速发展的大好形势。

第三，要求辅导员根据实际情况准备思想政治教育素材，注重主题教育的生动性和实效性。只有让有信仰的人讲信仰，才能把信仰讲得声情并茂、入耳入心。只有内心有真实的情怀，才能把情怀讲得让人感动、产生共鸣。以主题教育方法对学生进行思想政治教育，要抓住思想政治教育的针对性和实效性，在关键点上"画龙点睛"，做到生动鲜活，触及学生的心灵深处。习近平总书记在论述理想信念时，指出理想信念坚定，是经受住任何考验的"精神支柱"，没有理想信念，理想信念不坚定，精神上就会"缺钙"，就会得"软骨病"，就会产生各种各样的问题①；在阐述教书育人问题时，指出学生正值价值观形成和确立的时期，要帮助学生扣好人生第一粒扣子，如果第一粒扣子扣错了，剩余的扣子都会扣错②；在讲述坚持中国特色社会主义道路时，用"鞋子合不合脚，只有穿的人才知道"来说明中国特色社会主义道路是人民的选择。③ 这是语言的魅力，更是内心深处理想信念、家国情怀、远大目标、民族伟大复兴思想的真实表达。辅导员要认真学习贯彻习近平新时代中国特色社会主义思想，把学生思想政治教育工作做得有"声"有"色"、有"滋"有"味"、有"情"有"义"，提高思想政治教育的亲和力和感染力。

（二）思想政治教育的渗透教育方法

习近平总书记在同北京师范大学师生代表座谈时强调，广大教师要用自己的学识、阅历、经验点燃学生对真善美的向往，"使社会主义核心价值观润物细无声地浸润学生们的心田"④。在主持学校思想政治理论课教师座谈会时也强调，"要挖掘其他课程和教学方式中蕴含的思想政治教育资源"，"坚持显性教育和隐性教育相统一"，"既要有惊涛拍岸的声势，也要有润物无声的效果"⑤。思想政治教育渗透教育方法就是用隐性教育方式实现润物无声教育效果的一种有效方法。

---

① 习近平.紧紧围绕坚持和发展中国特色社会主义 学习宣传贯彻党的十八大精神[N].人民日报，2012-11-19（01）.
② 习近平.青年要自觉践行社会主义核心价值观——在北京大学师生座谈会上的讲话[N].人民日报，2014-05-05（02）.
③ 习近平.顺应时代前进潮流 促进世界和平发展——在莫斯科国际关系学院的演讲[N].人民日报，2013-03-24（02）.
④ 习近平.做党和人民满意的好老师——同北京师范大学师生代表座谈时的讲话[N].人民日报，2014-09-10（02）.
⑤ 习近平.思政课是落实立德树人根本任务的关键课程[J].求是，2020（17）：14-15.

1. 思想政治教育渗透教育方法及其特点

思想政治教育渗透教育方法是指利用学生管理、学生服务、学生活动中的思想政治教育元素，以逻辑自然、合理合情、与学生工作融为一体的方式开展思想政治教育的方法，是以潜移默化的教育方式达到润物无声的教育效果。

运用渗透教育方法进行思想政治教育和价值引领，并不一定直接向学生说明要进行思想政治教育，而是把思想政治教育内容融入学生活动中，与学生管理和服务工作融合起来，不需要长篇大论，也不需要深刻论述，更不需要思想政治教育的全面性和系统性，符合情理，易于接受，产生的效果更好、影响更大、作用更强。学生工作中可挖掘的思想政治教育渗透方法的切入点多、涉及面广、教育内容多，每位辅导员都可以运用，是学生工作中比较容易进行的一种思想政治教育方式。因此，思想政治教育渗透方法具有间接性、简单性、非系统性、广泛性的特点。

2. 思想政治教育渗透教育方法的灵活运用

思想政治教育渗透教育方法适合用于学生工作的各方面，要求辅导员了解思想政治教育的有关内容，结合具体学生工作的内容，认真推敲学生工作与思想政治教育的关联点，仔细筛选思想政治教育元素的融入点，以渗透方法来完成教育任务，让学生在不知不觉的状态中达到思想政治教育"随风潜入夜，润物细无声"的育人效果。如在学生助学金评比过程中，要让学生知道现在的资助力度大、资助比例高、资助范围广，要让学生感受到党和政府对家庭困难学生的关爱、国家对教育事业的支持，要让受资助的学生发奋学习，回报社会；在举办校运会之际，辅导员要向学生渗透体育强国、健康强国的理念，引导学生全面发展；当我国民生事业、产业发展等方面有了重大进展或重大成就时，辅导员可以把相关新闻报道或视频节目发送到学生微信群或学生媒体平台，让学生感受到祖国的发展和强大，增强学生的爱国热情；全国"两会"期间，辅导员可以组织学生交流讨论一些"两会"热点话题，培养学生关心国家大事的意识；神舟十三号载人飞船结束了长达半年的太空之旅，搭载着航天员稳稳降落着陆，圆满完成我国迄今为止时间最长的载人飞行天地往返任务，在开班会或在与学生交流中，辅导员可以将载人飞船安全返回的信息传递给学生，说明科技创新、科技强国、民族复兴的重要性，坚定学生实现第二个百年奋斗目标的决心。只要辅导员用心思考，学生工作中运用渗透教育方法进行思想政治教育的机会无处不在，无时不在。

（三）思想政治教育的实践教育方法

实践是认识的来源，是认识的目的。对学生进行思想政治教育，不仅要坚定学生的远大理想，树立学生的崇高信念，增强学生的"四个自信"，更重要的是要让学生投身中国特色社会主义现代化建设，助力中国梦的早日实现。正如习近平总书记所指出的那样："要高度重视思政课的实践性，把思政小课堂同社会大课堂结合起来，在理论和实践的结合中，教育引导学生把人生抱负落实到脚踏实地的实际行动中来，把学习奋斗的具体目标同民族复兴的伟大目标结合起来，立鸿鹄志，做奋斗者。"①

1. 思想政治教育实践教育方法的界定

思想政治教育的实践教育方法是指通过学生亲自实践的方式，对学生进行思想政治教育，实现教育学生的目的。实践教育方法注重知行统一，是学生亲自体验，亲自体会，印象更深，效果更好，胜过单纯的说教，也是学生思想政治教育形式多样化的体现。学生成长过程中实践活动无处不在，对学生的思想政治教育也无处不在。

---

① 习近平. 思政课是落实立德树人根本任务的关键课程 [J]. 求是，2020 (17)：13.

2. 思想政治教育实践教育方法的创新运用

运用实践教育方法对学生进行思想政治教育，一是要求辅导员深入挖掘学生实践中思想政治教育元素，组织学生开展相关实践活动，把思想政治教育融入其中，完成对学生的思想政治教育工作。如辅导员可以指导班团干部组织学生进行社会实践调查，了解党和国家的方针政策，了解祖国发生的天翻地覆的变化，增进学生爱党爱社会主义的情怀；可以组织学生志愿者服务、勤工助学等校园实践活动，培养学生的高尚情怀；清明节组织学生到烈士陵园扫墓，净化学生的心灵，升华学生的思想境界。

二是要求实践教育方法与学生所学专业相结合，与学生实际情况相结合，学生愿意参加实践，对学习成长有益处，增强思想政治教育的针对性和实效性。如对于艺术类专业学生，在七一党的生日时组织排演长征组歌或抗战歌曲，对于提高学生的专业实践有帮助，对于学生的思想教育也非同寻常，可以说是终生难忘。再如，为了加强学生的党史学习，可以组织学生开展党史知识竞赛，学生亲自体验，印象非常深刻，比单纯的讲解效果更好。

（四）思想政治教育的言传身教方法

"师者，人之模范也。"习近平总书记指出："好老师首先应该是以德施教、以德立身的楷模。"好老师要"带头弘扬社会主义道德和中华传统美德，以自己的模范行为影响和带动学生"①。教师要"坚持言传和身教相统一"②。立德树人，进行思想政治教育，不仅要靠教师课堂上的说服教育，还要靠教师榜样的力量，特别是辅导员，每天和学生打

---

① 习近平. 做党和人民满意的好老师——同北京师范大学师生代表座谈时的讲话 [N]. 人民日报，2014-09-10（02）.

② 习近平. 把思想政治工作贯穿教育教学全过程 开创我国高等教育事业发展新局面 [N]. 人民日报，2016-12-09（01）.

交道，与学生接触的机会多，参与的学生活动多，更要用自己的言行践行好言传身教方法。

1. 言传身教方法的含义

言传身教的原意是用言语来教导，用自己的实际行动来做示范，树立榜样，传递教育价值观。把言传身教作为一种思想政治教育方法，基本要求是言行一致、以身作则、身教为先，适用于每位教师。言传身教方法融合了辅导员言语引导与榜样示范相结合、说教与践行相统一的思想和方法，体现了率先垂范的重要性，是一种行之有效的思想政治教育方式①，每位辅导员都要在实际工作中努力践行言传身教方法。

2. 辅导员要努力践行言传身教方法

"对教师来说，想把学生培养成什么样的人，自己首先就应该成为什么样的人。"②"喊破嗓子不如做出样子"，言传身教方法要求每位辅导员不仅平时要说服教育学生，言之以理，动之以情，还要以自己的言行教育学生，以自己的榜样影响学生，各方面严格要求自己，言传身教，言行一致，对工作认真负责、充满激情，对学生以诚相待、充满爱心，以自身的正能量教育学生，引导学生践行社会主义核心价值观，弘扬讲仁爱、重民本、守诚信、崇正义、尚和合、求大同的中华优秀传统文化，热爱祖国，拥护中国共产党，投身于中华民族伟大复兴的奋斗中。

（五）思想政治教育的网络媒体教育方法

习近平总书记指出："网络是一把双刃剑，一张图、一段视频经由全媒体几个小时就能形成爆发式传播，对舆论场造成很大影响。这种影响力，用好了造福国家和人民，用不好就可能带来难以预见的危害。"③

① 新灵．言传身教是最好的教育［J］．北京教育，2018（6）：39.
② 习近平．坚持党的领导传承红色基因扎根中国大地 走出一条建设中国特色世界一流大学新路［N］．人民日报，2022-04-26（01）.
③ 习近平谈治国理政（第三卷）［M］．北京：外文出版社，2020：319.

中共中央、国务院《关于新时代加强和改进思想政治工作的意见》指出，"加强网络思想政治工作"，"使互联网这个最大变量变成事业发展的最大增量"①。辅导员必须充分认识信息化给学生思想政治教育工作带来的挑战，趋利避害，积极利用网络媒体平台开展学生的思想政治教育工作。

1. 思想政治教育网络媒体教育方法

思想政治教育网络媒体教育方法是指运用网络媒体平台对学生进行思想政治教育的方法。信息化时代的到来，学生无人不网、无日不网、无处不网，颠覆了传统的生活方式，改变了已有的教学形式，对思想政治教育也提出了新的挑战。运用网络媒体平台新技术，可随时随地更新信息，并实现信息的即时分享，给辅导员思想政治教育工作提供了便利，但网络媒体信息良莠不齐，泥沙俱下，混淆视线，让学生眼花缭乱，难以辨认对错真假，给辅导员思想政治教育工作带来了更大挑战。

2. 思想政治教育网络媒体教育平台的应用和管理

一是提高思想认识。辅导员要强化网络意识，树立网络思维，提高信息化技术能力，投入时间和精力加强运用网络媒体进行思想政治教育，从自己负责管理的学生做起，积极推动思想政治工作传统优势同信息技术高度融合，筑牢网络育人阵地，用好网络育人资源。

二是建立学生思想政治教育网络媒体平台。辅导员要充分利用学生信息技术娴熟的特点，指导学生以班级、团组织为单位建立一个比较规范的、有人负责管理的网络媒体平台，拓展学生思想政治教育的途径，要求学生人人参与，实现学生全覆盖。辅导员作为学生思想政治教育的引路人，不能袖手旁观，而要直接"上手"，参与网络媒体平台之中，不仅可以拉近与学生的距离，而且可以对网络媒体平台的运行进行监

---

① 中共中央国务院印发《关于新时代加强和改进思想政治工作的意见》[N].人民日报，2021-07-13（01）.

管，参与其中就是一种无形的监管手段，比任何其他监管都起作用。

三是要利用好思想政治教育网络媒体平台。辅导员要善于抓住教育机会，要求学生定期向网络媒体平台推发思想政治教育方面的有关资源，让学生耳濡目染接受教育，要定期组织学生在网络媒体平台开展主题教育活动，让网络媒体平台"活"起来。如组织学生交流党史学习体会，国庆节期间组织学生每人推发一条好新闻，进行爱国主义主题教育活动等。

四是要重视网络媒体平台的运行管理。网络媒体平台是辅导员进行思想政治教育的重要阵地，辅导员不能只重视平台的建立，更要重视平台的日常运行管理，特别是辅导员要事先阅读检查学生向平台推发的资源是否有价值、观点是否正确，杜绝网络媒体平台出现任何"噪声"和"杂音"，确保平台成为传播正能量、弘扬主旋律、宣传好故事的牢固阵地。

（六）思想政治教育的交流谈心方法

个人之间进行交流谈心，是生活工作中经常使用的一种方法，对于学生管理工作更为常见。辅导员要善于把交流谈心方法用于思想政治教育工作，了解学生的思想状况，增进师生之间的相互了解，提升相互的思想认识。

1. 思想政治教育交流谈心方法及其特点

交流谈心方法是指通过辅导员与学生进行单独谈话的方式，交流思想，达成共识，达到对学生进行思想政治教育的目的。其特点是人员范围比较小，可能是辅导员跟学生一对一的谈话，也可能是辅导员一人跟几名学生的谈话；交流谈心的内容非常广泛，有时是为了鼓励学生做得更好或为了解决学生的问题，有时是与学生交流思想了解情况，还可以是给学生安排思想政治教育任务；交流谈心既可以是显性的，让学生都知道，达到教育所有学生的目的，也可以是隐性的，只有辅导员和当事学生知道。因此，交流谈心方法具有人员范围小、内容广泛、方式多种多样等特点。

2. 思想政治教育交流谈心方法的有效应用

一是要策划好交流谈心的安排。交流谈心方法是辅导员经常使用的教育方法，但不是随便使用，需要精心安排，充分准备，要根据学生实际情况，确定交流谈心的对象、交流谈心的主题、交流谈心的方法、交流谈心的目的等。二是要用诚心进行交流谈心。辅导员可以开门见山直接与学生交流谈话主题，也可以循序渐进接近主题；要主动把自身工作经历、心路历程作为谈话引言，主动倾诉，也要事先了解学生情况，主动关心学生；要以诚相见，重在交心，重在交流感情，注重互动，换位思考，由情入理，以情感动学生，以理说服学生。三是要提高交流谈心的艺术。交流谈心要点面结合，更要由面到点，具有针对性；语言交流是主导，眼神、表情、手势等都是很好的辅助方式；交流谈心不可能一次见效，要做好多次交流谈心的准备。四是争取达到交流谈心的效果。辅导员要心中有方案，心中有底线，做到心中有数；交流谈心要刚柔并济，有进有退，有守有让，既指出学生的缺点不足，又给予学生鞭策鼓励，始终掌握主动，争取达到交流谈心的最佳效果。

（七）思想政治教育的问题导向教育方法

习近平总书记在学校思想政治理论课教师座谈会上指出："要坚持问题导向，学生关注的、有疑惑的问题其实也就几大类，要把这些问题掰开了、揉碎了，深入研究解答，把事实和道理一条条讲清楚。""从一个问题切入，把一个问题讲深，最后触类旁通，可以带动很多关联问题，有可能是一通百通，提纲挈领。"[①] 辅导员在思想政治教育工作中也要坚持问题导向的思路，应用问题导向教育方法做好学生思想政治教育工作。

---

① 习近平. 思政课是落实立德树人根本任务的关键课程 [J]. 求是，2020 (17)：13.

1. 思想政治教育问题导向教育方法的基本含义

问题导向教育方法是指辅导员以思想政治教育中存在的问题为切入点，围绕存在的问题对学生开展思想政治教育，解决存在的问题。思想政治教育问题导向教育方法以存在的问题为主线开展思想政治教育，目的是解决学生思想上存在的问题，问题五花八门，各种各样，需要认真分析，以问题的解决为抓手推进学生思想政治教育工作。

2. 思想政治教育问题导向教育方法的灵活运用

学生思想政治教育工作中坚持问题导向，一是要求辅导员树立问题意识，提高站位，守好一段渠、种好责任田，从为谁培养人、培养什么人、怎样培养人的高度思考问题，从学生德智体美劳全面发展的视角分析问题，善于从学生思想政治教育工作中发现问题，针对思想政治教育回应学生关切度不足、吸引力感染力不强、学生主动性积极性不高等问题，面对学生思想政治教育有效供给不足的现实问题，找准教育切入点，紧扣学生关注点，补齐工作不足点，增加学生思想政治教育资源的有效供给，用问题导向教育方法引导和激发学生参与思想政治教育的积极性主动性，提高思想政治教育的效果。二是要求辅导员具备解决问题的思维，认真分析问题存在的原因及解决的思路，要因事而化、因人而异、因材施教，要对症下药、精准施策，善于运用循序渐进、春风化雨的教育方式引导学生、熏陶学生，让思想政治教育更有温度、深度和力度，增强思想政治教育的针对性、实效性。

（八）思想政治教育的"三因"教育方法

"三因"教育方法是指辅导员对学生进行思想政治教育要因事而化、因时而进、因势而新的教育方法。2016 年 12 月习近平总书记在全国高校思想政治工作会议上发表重要讲话，强调"做好高校思想政治工作，要因事而化、因时而进、因势而新"①。这是对学校思想政治教

---

① 习近平谈治国理政（第二卷）[M]. 北京：外文出版社，2017：378.

育规律的高度提炼和深刻总结，是对学校思想政治教育的总体要求，也是新时期辅导员做好学生思想政治教育的基本方法。

1. 辅导员思想政治教育要因事而化

因事而化是指辅导员要围绕学生思想状态和学生思想中存在的问题开展思想政治教育工作，培养时代新人。因事而化中的"因"有顺应、凭借之意，"事"指具体事情、事件，"化"则指感化、教化。因事而化重在"事"和"化"，即思想政治教育要从客观实际出发，抓住学生思想政治教育中的热点事件或难点问题，进行全方位的深入剖析和正确引导，实现思想政治教育内容与学生兴趣点的直接对接，具有针对性，提高思想政治教育的实效性，解决学生理想信念问题，让学生内心相信马克思主义、真心拥护中国共产党领导、决心参与中华民族伟大复兴伟大事业，实现辅导员思想政治教育的根本目标。

思想政治教育因事而化，要求辅导员密切关注学生的思想状况，找准思想政治教育的关切点，抓住新时期学生思想认识中存在的突出问题，遵循思想政治教育规律和学生成长规律，有的放矢地对学生开展思想政治教育工作，以事化人，注重问题引领、因势利导、实质提炼、正确引导，让学生在问题的化解中受到思想政治教育，让学生在成事中成人，在成人中成才，成长为德智体美劳全面发展的社会主义建设者和接班人。

2. 思想政治教育要因时而进

因时而进是指辅导员要与时俱进，紧扣时代主题开展学生思想政治教育工作。因时而进的"时"有时机、时代之意，"进"有进步、前进之意，因时而进重在"时"和"进"。马克思主义具有与时俱进的理论品质，政治属性为先的思想政治教育也要与时俱进。不进则退、慢进亦退。当今世界，经济社会迅速发展，科技进步日新月异，信息时代改变着传统生活方式，学生的思想观念也在发生变化，这就客观要求辅导员思想政治教育工作因时而进，与时俱进，紧跟时代发展步伐。

思想政治教育因时而进，要求辅导员跟上时代步伐，顺应时代潮流，反映时代要求，因时而动，顺时而进，不断用马克思主义中国化的最新理论成果更新思想政治教育内容，将十八大特别是十九大以来党的路线、方针、政策与思想政治教育内容联系起来，将《中共中央关于党的百年奋斗重大成就和历史经验的决议》等最新内容有机融入思想政治教育中，特别是用习近平新时代中国特色社会主义思想铸魂育人，把习近平新时代中国特色社会主义思想融入学生思想政治教育工作，力争做实做细做好做出成效，不断丰富思想政治教育内容，积极推进思想政治教育方式创新，提高思想政治教育的实际效果和整体水平。

3. 思想政治教育要因势而新

因势而新是指辅导员要根据经济社会发展变化的新形势，不断推进学生思想政治教育工作的创新。因势而新的"势"有局势、形势之意，"新"则指新颖、创新，因势而新重在"势"和"新"。任何事物都是不断发展变化的，我国经济社会发展步入新阶段，中国特色社会主义现代化建设进入新时代，第一个百年奋斗目标已经实现，农村绝对贫困现象已经消除，小康生活已经成为现实，辅导员要根据发展变化的新形势不断推进学生思想政治教育工作的创新，做到因势而新。

思想政治教育因势而新，要求辅导员紧跟时代发展步伐，将"两个确立""两个维护"、中国共产党百年奋斗重大成就和历史经验、第二个百年奋斗目标、经济发展稳中求进的主基调等内容融入学生思想政治教育，针对学生思想认识中出现的新现象新情况开展思想政治教育，拉近学生思想政治教育内容与现实社会之间的距离，拉近思想政治教育工作与学生之间的距离，拉近辅导员与学生之间的距离，增强辅导员思想政治教育的实效性、针对性，增进辅导员思想政治教育的亲和力和感染力，提高辅导员思想政治教育的"点头率"和"认可率"。

第六章

辅导员思想政治教育的创新发展

中国特色社会主义进入新时代，实现中华民族伟大复兴的第二个百年奋斗目标已经开启，面对新的伟大征程，面对新的教育主体，面对新的国内外形势，辅导员思想政治教育必须与时俱进，创新发展，把思想政治教育与新形势结合起来，推进思想政治教育与现代信息技术深度融合，以精准思想政治教育为抓手，进一步提高辅导员思想政治教育的吸引力和感染力，进一步增强思想政治教育的针对性和实效性，开创思想政治教育的新局面，实现思想政治教育工作的高质量发展。

一、辅导员思想政治教育面临的新形势

党的十八大以来，习近平总书记就学校思想政治工作发表一系列重要讲话，指明了高校思想政治工作的前进方向，一系列有关思想政治教育文件的实施，为辅导员思想政治教育创造了有利条件，高校高度重视思想政治教育工作，全国上下凝心聚力，为实现第二个百年奋斗目标而不懈奋斗，这些都是辅导员开展思想政治教育的积极因素。但面对新的主体——00后学生，面对新冠肺炎疫情的影响，面对世界百年未有之大变局，不确定因素增多，形势严峻复杂，辅导员思想政治教育面临新的挑战。

（一）方向更加明确——习近平总书记重要讲话指明了方向

党的十八大以来，以习近平同志为核心的党中央高度重视学校思想政治教育工作，先后召开全国高校思想政治工作会议、全国教育大会、

学校思想政治理论课教师座谈会，在这些会议上习近平总书记都发表了重要讲话，强调高校思想政治工作关系教育为谁培养人、培养什么人、如何培养人这个根本问题，要把立德树人作为学校思想政治教育工作的中心环节，把思想政治工作贯穿教育教学全过程，强调全员育人、全过程育人、全方位育人，为学校特别是高校思想政治教育工作提供了强大的思想武器，指明了学校思想政治教育工作前进的方向。

2016年12月7日至8日在全国高校思想政治工作会议上，习近平总书记强调高等教育肩负着培养德智体美全面发展的社会主义事业建设者和接班人的重大任务，高校立身之本在于立德树人；强调高校思想政治工作关系高校培养什么样的人、如何培养人以及为谁培养人这个根本问题，要把思想政治工作贯穿教育教学全过程；强调做好高校思想政治工作，要因事而化、因时而进、因势而新，要遵循思想政治工作规律，遵循教书育人规律，遵循学生成长规律；强调各门课都要守好一段渠、种好责任田，各级党委要把高校思想政治工作摆在重要位置①。

2018年9月10日在全国教育大会上，习近平总书记提出"六个下功夫"②，进一步明确了培养担当民族复兴大任时代新人的基本要求。一是要在坚定理想信念上下功夫，教育引导学生立志肩负起民族复兴的时代重任；二是要在厚植爱国主义情怀上下功夫，让爱国主义精神在学生心中牢牢扎根；三是要在加强品德修养上下功夫，教育引导学生踏踏实实修好品德；四是要在增长知识见识上下功夫，教育引导学生珍惜学习时光、心无旁骛求知问学；五是要在培养奋斗精神上下功夫，教育引导学生历练敢于担当、不懈奋斗的精神；六是要在增强综合素质上下功

---

① 习近平. 把思想政治工作贯穿教育教学全过程 开创我国高等教育事业发展新局面 [N]. 人民日报, 2016-12-09 (01).

② 习近平. 坚持中国特色社会主义教育发展道路 培养德智体美劳全面发展的社会主义建设者和接班人 [N]. 人民日报, 2018-09-11 (01).

夫，帮助学生增强体质，提高学生审美和人文素养，教育引导学生崇尚劳动、尊重劳动、弘扬劳动精神。

2019 年 3 月 18 日在学校思想政治理论课教师座谈会上，习近平总书记指出办好思想政治理论课意义重大，要全面贯彻党的教育方针，落实立德树人的根本任务，解决好培养什么人、怎样培养人、为谁培养人这个根本问题；办好思想政治理论课关键在教师，教师承载着传播知识、传播思想、传播真理，塑造灵魂、塑造生命、塑造新人的时代重任，要给学生心灵埋下真善美的种子，引导学生扣好人生第一粒扣子；要推动思想政治理论课改革创新，坚持"八个统一"，不断增强思想政治理论课的思想性、理论性和亲和力、针对性；加强党对思想政治理论课建设的领导。①

（二）条件更加有利——一系列文件提供了有力保障

为开创我国高校思想政治教育工作新局面，落实好立德树人根本任务，从中共中央、国务院到教育部等有关部门，出台了一系列相关文件，制定了一系列相关政策，进一步推进高校思想政治教育工作，为开创高校思想政治教育工作新局面创造了更为有利的条件，提供了更为有力的保障。

1. 思想政治工作的有关文件及精神

2013 年 12 月，中共中央办公厅印发《关于培育和践行社会主义核心价值观的意见》②，论述了培育和践行社会主义核心价值观的重要意义和指导思想，阐述了培育和践行社会主义核心价值观要坚持以人为本、坚持以理想信念为核心、坚持联系实际、坚持改进创新的原则；强

---

① 习近平. 思政课是落实立德树人根本任务的关键课程 [J]. 求是，2020（17）：4-16.

② 中共中央办公厅. 关于培育和践行社会主义核心价值观的意见 [EB/OL].（2013-12-23）[2022-05-13]. http：//www.gov.cn/zhengce/2013-12/23/content_ 5407875.htm.

调要把培育和践行社会主义核心价值观融入国民教育全过程，从小抓起、从学校抓起；要把培育和践行社会主义核心价值观落实到经济发展实践和社会治理中；要加强社会主义核心价值观宣传教育，深入开展中国特色社会主义和中国梦宣传教育，用社会主义核心价值观引领社会思潮、凝聚社会共识；要开展涵养社会主义核心价值观的实践活动，开展道德实践活动，加强诚信建设，广泛开展以相互关爱、服务社会为主题的群众活动，形成我为人人、人人为我的社会风气。

2019 年 10 月 27 日，中共中央、国务院印发《新时代公民道德建设实施纲要》①，要求牢固树立中国特色社会主义共同理想，在全社会大力弘扬社会主义核心价值观，积极倡导富强民主文明和谐、自由平等公正法治、爱国敬业诚信友善，全面推进社会公德、职业道德、家庭美德、个人品德建设，深化道德教育引导，推动道德实践养成，抓好网络空间道德建设，形成公民道德建设蓬勃开展、深入发展的良好局面。

2019 年 11 月 12 日，中共中央、国务院印发《新时代爱国主义教育实施纲要》②，指出新时代加强爱国主义教育，对于振奋民族精神、凝聚全民族力量，决胜全面建成小康社会，夺取新时代中国特色社会主义伟大胜利，实现中华民族伟大复兴的中国梦，具有重大而深远的意义，要坚持把实现中华民族伟大复兴的中国梦作为鲜明主题，坚持爱党爱国爱社会主义相统一，着力培养爱国之情、砥砺强国之志、实践报国之行，使爱国主义成为全体中国人民的坚定信念、精神力量和自觉行动。

2021 年 7 月，在中国共产党成立 100 周年之际，中共中央、国务院

---

① 中共中央国务院印发《新时代公民道德建设实施纲要》［N］. 人民日报，2019-10-28（01）.

② 中共中央国务院印发《新时代爱国主义教育实施纲要》［N］. 人民日报，2019-11-13（06）.

印发《关于新时代加强和改进思想政治工作的意见》①，指出加强和改进思想政治工作，事关党的前途命运，事关国家长治久安，事关民族凝聚力和向心力；明确了新时代加强和改进思想政治工作的指导思想和方针原则，强调要把思想政治工作作为治党治国的重要方式，要深入开展思想政治教育，要提升基层思想政治工作质量和水平，要充分调动一切积极因素，广泛团结一切可以团结的力量，完善全党全社会共同参与的思想政治工作大格局。

全国性的思想政治工作方面的文件，一是内容重要，公民道德建设、爱国主义教育是思想政治教育的重要内容，是思想政治教育的基本组成部分，非常重要。二是涉及面广，覆盖社会所有人员，包括城镇居民、农村居民，企业职工和机关干部，学校学生和社团人员，都需要按照颁布的规定来做，都需要进行思想政治教育工作。三是意义大，对全国各地各行业各部门，对大学、中学、小学，都具有指导意义。四是层次比较高，都是由中共中央、国务院制定印发的，一方面是因为这些文件内容涉及全国，是全国性的，另一方面也表明以习近平同志为核心的党中央对思想政治工作的高度重视。

2. 学校思想政治工作的有关文件及精神

2017 年 2 月中共中央、国务院印发《关于加强和改进新形势下高校思想政治工作的意见》②，指出加强和改进高校思想政治工作，事关办什么样的大学、怎样办大学的根本问题，是一项重大的政治任务和战略工程，明确加强和改进高校思想政治工作的重要意义、总体要求、指导思想、基本原则，强调要强化思想理论教育和价值引领，加强哲学社

---

①　中共中央国务院印发《关于新时代加强和改进思想政治工作的意见》［N］. 人民日报，2021-07-13（01）.

②　中共中央国务院印发《关于加强和改进新形势下高校思想政治工作的意见》［N］. 人民日报，2017-02-28（01）.

会科学学科体系建设，加强对课堂教学和各类思想文化阵地的建设管理，加强教师队伍和专门力量建设，推进高校思想政治工作改革创新。

2017 年 9 月 21 日，教育部公布修订后的《普通高等学校辅导员队伍建设规定》①，指出辅导员是开展大学生思想政治教育的骨干力量，是高等学校学生日常思想政治教育和管理工作的组织者、实施者、指导者，提出了辅导员工作的要求，明确了辅导员的主要工作职责包括思想理论教育和价值引领、党团和班级建设、学风建设、学生日常事务管理、网络思想政治教育等九项内容，规定了辅导员的配备与选聘。高校要坚持把立德树人作为中心环节，把辅导员队伍建设作为教师队伍和管理队伍建设的重要内容，是辅导员开展工作的纲领性文件。

2017 年 12 月 4 日，中共教育部党组制定《高校思想政治工作质量提升工程实施纲要》②，指出高校思想政治工作总体目标是着力培养担当民族复兴大任的时代新人，高校思想政治工作基本原则是坚持育人导向、坚持遵循规律、坚持问题导向、坚持协同联动，要求大力提升高校思想政治工作质量，统筹推进课程育人，着力加强科研育人，扎实推动实践育人，深入推进文化育人，创新推动网络育人，大力促进心理育人，切实强化管理育人，不断深化服务育人，全面推进资助育人，积极优化组织育人，明确"十大"育人体系的主要内容，构建"十大"育人质量提升体系。

2020 年 4 月 22 日，教育部、中共中央组织部、中共中央宣传部等

---

① 教育部. 普通高等学校辅导员队伍建设规定 [EB/OL]. (2017-09-19) [2022-05-13]. http://www. moe. gov. cn/srcsite/A02/s5911/moe_ 621/201709/t20170929_ 315781. html.

② 教育部. 高校思想政治工作质量提升工程实施纲要 [EB/OL]. (2017-12-06) [2022-05-13]. http://www. moe. gov. cn/srcsite/A12/s7060/201712/t20171206_ 320698. html.

八部门印发《关于加快构建高校思想政治工作体系的意见》①，明确高校思想政治工作的指导思想和目标任务，强调高校思想政治工作的理论武装体系是加强政治引领、厚植爱国情怀、强化价值引导，指出高校思想政治工作的学科教学体系包括全面推进所有学科课程思政建设，强化高校思想政治工作的日常教育体系、管理服务体系、安全稳定体系、队伍建设体系等，加强高校思想政治工作的组织领导和实施保障，加快构建目标明确、内容完善、标准健全、运行科学、保障有力、成效显著的高校思想政治工作体系，是落实《关于加强和改进新形势下高校思想政治工作的意见》的实施纲要，是高校全面开展思想政治工作的指导性文件。

学校思想政治工作是思想政治工作的重点，是思想政治教育的主要对象，关系到祖国未来的发展，关系到为谁培养人、培养什么人、如何培养人这个根本问题，非常重要，党中央高度重视，一方面作为党和国家最高领导层面的中共中央、国务院制定了相关意见，提出指导思想和基本原则，指导学校思想政治工作的进一步开展。另一方面，中央相关部门联合教育部共同制定了涉及面比较广的学校思想政治工作相关规定，中共教育部党组制定了相关的实施纲要，落实中央有关文件精神，安排学校思想政治工作的相关事项。

3. 思想政治理论课的有关文件及精神

思想政治理论课是学校思想政治工作的主渠道、主阵地，承担着教书育人的历史使命，是落实立德树人根本任务的关键课程，作用不可替代，以习近平同志为核心的党中央对思想政治理论课高度重视，中共中央办公厅、国务院办公厅印发了相关意见，推进学校思想政治理论课改

---

① 教育部等. 关于加快构建高校思想政治工作体系的意见 ［EB/OL］. （2020-05-15）［2022 - 05 - 13］. http：//www. gov. cn/zhengce/zhengceku/2020 - 05/15/content _ 5511831. htm.

革创新。教育部印发相关实施方案，落实中央精神，指导学校开展思想政治理论课改革创新发展。

2019 年 8 月，中共中央办公厅、国务院办公厅印发《关于深化新时代学校思想政治理论课改革创新的若干意见》①，聚焦学校思想政治理论课，明确了思想政治理论课的重要意义、指导思想和基本原则，要求完善思政课课程教材体系，调整创新思政课课程体系，统筹推进思政课课程内容建设，建设一支政治强、情怀深、思维新、视野广、自律严、人格正的思政课教师队伍，不断增强思政课的思想性、理论性和亲和力、针对性，加强党对思政课建设的领导。

2020 年 6 月，教育部印发《高等学校课程思政建设指导纲要》②，立足于解决培养什么人、怎样培养人、为谁培养人这一根本问题，构建全员全程全方位育人大格局，对高校课程思政建设作出一系列工作安排，强调坚持"四个相统一"全面推进课程思政建设工作，明确课程思政五个方面的主要内容，推进习近平新时代中国特色社会主义思想"三进"，培育和践行社会主义核心价值观，加强中华优秀传统文化教育，深入开展宪法法治教育，深化职业理想和职业道德教育，要求把课程思政融入课堂教学建设的全过程。

2020 年 12 月 18 日，中共中央宣传部、教育部制定了《新时代学校思想政治理论课改革创新实施方案》③，强调充分发挥思政课在立德树人中的关键课程作用，坚持用习近平新时代中国特色社会主义思想铸

---

① 中共中央办公厅、国务院办公厅．关于深化新时代学校思想政治理论课改革创新的若干意见［EB/OL］．(2019-08-14)［2022-05-13］．http：//www. gov. cn/zhengce/2019-08/14/content_ 5421252. htm.

② 教育部．高等学校课程思政建设指导纲要［EB/OL］．(2020-06-06)［2022-05-13］．http：//www. gov. cn/zhengce/zhengceku/2020-06/06/content_ 5517606. htm.

③ 中共中央宣传部、教育部．新时代学校思想政治理论课改革创新实施方案［EB/OL］．(2021-01-01)［2022-05-13］．http：//www. gov. cn/zhengce/zhengceku/2021-01/01/content_ 5576046. htm.

魂育人，提出新时代学校思政课改革创新的基本要求，对大中小学思政课课程目标进行一体化设计，构建大中小学一体化思政课课程体系，明确各学段思政课课程内容，加强思政课教材体系建设等。

（三）任务更为艰巨——辅导员思想政治教育面临的新挑战

1. 00后学生成为新主体

目前高校学生的主体是00后出生的年轻人，与80后和90后出生的学生相比，00后学生既有优势，又有弱项，时代特点比较突出。00后学生成长于我国经济快速发展的黄金时期，多数学生家庭经济条件比较好，享受生活成为自然状态，艰苦奋斗理念淡薄；成长在信息化时代，思想活跃，接受新生事物快，眼界更为开放，知识面广，学业基础好，擅长用现代技术手段解决问题，但易受网络负面信息诱导，思想认知缺乏深度，是非曲直鉴别力比较弱；多数学生仍为独生子女家庭，个性鲜明，自我中心意识较强，参与意识较强，合作理念欠缺，对局外人与事漠然置之；伴随着祖国的强大，自信心和民族感较强，但相对比较任性，传统说教效果不大；成长时期受到多元文化泛滥带来的影响，个性差异大，热血奋斗与佛系生活并存，"内卷"与"躺平"同在；伴随手机生活，手机网络依赖严重，精神娱乐方式多元化；少数学生音体美特长突出，多数学生传承优秀传统文化因素积淀少，传统权威意识逐步淡化，网红影星成为崇拜偶像，赶时髦随大溜成主流；目睹高房价、生活开支大、就业难的现实，心理压力较大，实用主义倾向比较突出，心理承受能力比较脆弱；等等。面对新主体，辅导员思想政治教育的任务更为艰巨，必须有更充分的思想准备，必须采取更为有效的工作方式。

2. 国内外形势严峻复杂

从国内形势来看，一方面中国特色社会主义进入新时代，脱贫攻坚战如期打赢，全面建成小康社会的第一个百年奋斗目标如期实现，全面建设社会主义现代化国家、向第二个百年奋斗目标进军的新征程已经开启，"十四五"发展规划开局良好，高质量发展顺利推进，经济长期向好的基本面没有改变，新冠肺炎疫情防控取得明显成效，人民生活不断改善。另一方面，我国发展面临的风险挑战明显增多，消费和投资恢复迟缓，稳出口难度增大，局部疫情时有发生，新的下行压力增大，关键领域创新支撑能力不强，输入性通胀压力加大，中小微企业、个体工商户生产经营困难，稳就业任务更加艰巨。从国际形势来看，世界经济复苏动力不足，大宗商品价格高位波动，全球疫情仍在持续，局部战争不断，经济秩序不稳定因素增多，各方面不确定因素更为突出，世界百年未有之大变局与新冠肺炎疫情全球大流行、重大突发事件交织影响，形势更趋复杂严峻。面对严峻复杂的新形势，意识形态领域的斗争将更为激烈，辅导员一定要坚定信心和决心，拥护"两个确立"，践行"两个维护"，坚持以习近平新时代中国特色社会主义思想为指导，聚焦思想政治教育工作，鼓足干劲，迎难而上，努力开创学生思想政治教育工作新局面。

3. 辅导员思想政治教育的针对性和有效性需要进一步提高

2016年12月习近平总书记在全国高校思想政治工作会议上发表重要讲话，强调"做好高校思想政治工作，要因事而化、因时而进、因势而新"①。2019年3月18日，习近平总书记主持召开学校思想政治理论课教师座谈会并发表重要讲话，强调"思想政治理论课要坚持在改进中加强、在创新中提高，及时更新教学内容、丰富教学手段，不断改善课堂教学状况，防止形式化、表面化"②。高校思想政治工作要与时俱进，紧跟时代发展步伐，紧扣时代主题，顺应时代潮流，反映时代要求，因时而动，顺时而进，不断用马克思主义中国化的最新理论成果更新教学内容。习近平总书记还强调，要不断增强思政课的思想性、理论

① 习近平谈治国理政（第二卷）[M].北京：外文出版社，2017：378.
② 习近平.思政课是落实立德树人根本任务的关键课程[J].求是，2020（17）：6-7.

性和亲和力、针对性，提出"八个统一"①：即坚持政治性和学理性相统一，坚持价值性和知识性相统一，坚持建设性和批判性相统一，坚持理论性和实践性相统一，坚持统一性和多样性相统一，坚持主导性和主体性相统一，坚持灌输性和启发性相统一，坚持显性教育和隐性教育相统一。"八个统一"围绕培养什么人、怎样培养人、为谁培养人这个根本问题，科学概括出思政课一系列规律性认识和成功经验。面对新的主体，面临新的形势，辅导员如何开展思想政治教育工作，如何增强思想政治教育的亲和力和感染力，如何提高思想政治教育的针对性和有效性，是新时代提出的一个重大课题和迫切任务，也是辅导员必须承担的历史责任和历史使命。

二、以精准思政开创辅导员思想政治教育新局面

习近平总书记指出，思想政治工作要"坚持守正和创新相统一"②，"要运用新媒体新技术使工作活起来，推动思想政治工作传统优势同信息技术高度融合，增强时代感和吸引力"③。中共中央、国务院印发的《关于新时代加强和改进思想政治工作的意见》也指出，"要推动新时代思想政治工作守正创新发展"④。随着时代的发展和社会的进步，"读报纸念文件"等相对枯燥的思想政治教育方法已不适应新时代新发展的需要，辅导员思想政治教育要与时俱进，不断改革创新，把思想政治教育的优良传统与新时代新发展新主体结合起来，延续使用好办法，改进完善老办法，探索尝试新办法，充分利用现代信息技术与思想政治教

---

① 习近平谈治国理政（第三卷）[M]. 北京：外文出版社，2020：330-331.

② 习近平. 思政课是落实立德树人根本任务的关键课程 [J]. 求是，2020（17）：16.

③ 习近平. 把思想政治工作贯穿教育教学全过程 开创我国高等教育事业发展新局面 [N]. 人民日报，2016-12-09（01）.

④ 中共中央国务院印发《关于新时代加强和改进思想政治工作的意见》[N]. 人民日报，2021-07-13（01）.

育对接，以精准思想政治教育为抓手，提高思想政治教育的吸引力和感染力，增强思想政治教育的针对性和实效性，开创思想政治教育的新局面。

（一）精准思想政治教育的必然性

1. 精准思想政治教育的含义

精准思想政治教育是新时代辅导员围绕学生思想政治教育工作，利用物联网、大数据、云计算等现代信息技术，对学生群体和个体的思想、学习、生活等状况进行精准识别、精准分析、精准决策，通过"互联网+"的形式对学生进行精准思想政治教育的实践活动。物联网、大数据、云计算等现代信息技术是硬件基础，精准识别、精准分析、精准决策是重要过程，对学生进行思想政治教育、落实立德树人根本任务是基本内容，取得思想政治教育良好成效是努力目标，具有分析决策客观化、教育措施前置化、学生教育动态化的特征。①

2. 精准思想政治教育的必要性

习近平总书记在学校思想政治理论课教师座谈会上指出，近年来思政课建设成效显著，但教材内容不够鲜活，针对性不强，实效性不高；讲课照本宣科，"到课率""抬头率"大打折扣；要把思政课讲得更有亲和力和感染力、更有针对性和实效性，要因地制宜、因时制宜、因材施教。② 要"提升思想政治教育亲和力和针对性"③。中共中央、国务院印发的《关于加强和改进新形势下高校思想政治工作的意见》强调，

---

① 周远. 精准思政——新时代高校思想政治工作的新理念与新模式 [J]. 思想理论教育，2020（08）：100-105.
② 习近平. 思政课是落实立德树人根本任务的关键课程 [J]. 求是，2020（17）：4-16.
③ 习近平. 把思想政治工作贯穿教育教学全过程 开创我国高等教育事业发展新局面 [N]. 人民日报，2016-12-09（01）.

要"提高工作科学化精细化水平"①。《关于新时代加强和改进思想政治工作的意见》指出，要"因地、因人、因事、因时制宜开展工作"②。教育部颁布的《高校思想政治工作质量提升工程实施纲要》指出："坚持问题导向，注重精准施策。""聚焦重点任务、重点人群、重点领域、重点区域、薄弱环节，强化优势、补齐短板，加强分类指导、着力因材施教。"③

上述谈到的问题，辅导员思想政治教育中也存在；"因材施教""精准施策""提升思想政治教育亲和力和针对性"的努力方向，也正是辅导员思想政治教育需要解决的问题和完成的任务。因此，精准思想政治教育符合辅导员思想政治教育的实际情况，注重因材施教，强调精准施策，由大水漫灌的方式转变为精准滴灌，充分利用信息化新技术，有利于提高思想政治教育的针对性和实效性，具有客观必然性，是今后思想政治教育工作发展的大趋势。我国依靠精准扶贫的政策，消除了农村绝对贫困现象，实现了农村几千万贫困人口脱贫的目标。高校依靠精准思想政治教育，也一定能够取得良好教育效果，开创辅导员思想政治教育工作的新局面。

（二）精准思想政治教育的主要过程

1. 精准识别——教育对象的精准

每位辅导员负责管理的学生人数比较多，对每一位学生进行思想政治教育，是辅导员的职责和任务，辅导员要努力把每位学生的思想政治

---

① 中共中央国务院印发《关于加强和改进新形势下高校思想政治工作的意见》［N］. 人民日报，2017-02-28（01）.
② 中共中央国务院印发《关于新时代加强和改进思想政治工作的意见》［N］. 人民日报，2021-07-13（01）.
③ 教育部. 高校思想政治工作质量提升工程实施纲要［EB/OL］.（2017-12-06）［2022-05-06］. http://www.moe.gov.cn/srcsite/A12/s7060/201712/t20171206_320698.html.

教育做到位，但要有重点对象，不可能每位学生完全一样，怎么确定重点对象，就需要精准定位，需要精准思想政治教育做支撑。另一方面，实际工作中辅导员承担的学生方面的管理工作非常多，从专业学习到校园生活，从上课教室到学生宿舍，从班级管理到学生入团入党，辅导员难以抽出时间、拿出精力面对面、一对一逐个地对学生进行细致的思想政治教育，而是要有教育的重点，教育的重点一般是学生思想方面出现重大问题、专业学习成绩差难以达到学校要求、遵守纪律方面或个人情感方面出现明显问题的学生，重点的确定，也需要精准定位。只有找准了教育的对象，才能有的放矢，解决存在的问题，达到思想政治教育的效果。

2. 精准分析——教育内容的精准

思想政治教育领域广泛，内容比较多，怎样确定教育内容，使教育具有针对性，需要精准确定。对学生进行思想政治教育，一般情况下是根据国内外形势发展的需要、学校的整体工作安排和辅导员的思想政治教育计划来确定教育内容，但在实际工作中，可能在某个阶段整体学生或个别学生出现这样或那样的思想问题，需要辅导员进行思想政治教育工作，这种教育工作必须对症下药，切中存在问题的要害，符合学生的思想实际情况，未雨绸缪，提前介入，这也需要精准思想政治教育。

3. 精准决策——对策措施的精准

确定了精准思想政治教育的对象和内容，找准了学生，摸清了问题，还要精准拿出解决问题的对策和建议，开出精准的药方，大处着眼，小处着手，精准施策，才能"药到病除"，解决存在的问题。进行思想政治教育，不是一蹴而就，而是一项持久性的长期工作任务，只有坚持长期对学生进行思想政治教育，持之以恒，对学生进行熏陶和心灵洗涤，才能耳濡目染、潜移默化，收到良好的教育效果。另一方面，辅导员思想政治教育要解决突出的问题或突发的事件，必须精准拿出符合实际情况的对策措施，才能迅速解决存在的问题，化解存在的矛盾，防止事态进一步激化或恶化，避免严重后果的出现。

（三）精准思想政治教育的落实

1. 提高思想认识——精准思想政治教育的前提

学校各级领导要站在落实立德树人根本任务的政治高度，以学校管理信息化的大趋势为视角，充分认识精准思想政治教育的重要性和必要性，重视和支持精准思想政治教育工作的开展，树立精准思想政治教育的理念，强化精准思想政治教育的意识，坚持问题导向和目标导向相统一，以精准思想政治教育为途径，提前介入，事先教育，防患于未然，把学生思想政治教育工作做实做细做好。

2. 构建信息平台——精准思想政治教育的条件

随着信息时代的到来，物联网、大数据、云计算等现代信息技术广泛应用于各行各业，颠覆了传统观念，改变了人们生活，为高校精准思想政治教育带来了创新发展机遇，提供了信息技术支撑。学生从入学到毕业离校，高校存有学生的基本信息、学习成绩等数据，专业教师掌握有学生上课信息，食堂有学生一日三餐的信息存储，党团系统有学生活动的有关信息，智能校园管理水平逐步提升。高校要完善智能校园管理，建设学生管理信息平台，充分挖掘利用各种信息，提高数据利用率，通过信息平台可查看学生有关信息，实现学生管理的信息化，为辅导员精准思想政治教育创造必要条件，提高学生管理信息化水平。

3. 完善平台数据——精准思想政治教育的基础

数据是否完善，决定信息平台运行的质量，决定精准思想政治教育的精准度。要联通招生、教学、学工、学生宿舍管理、党团、后勤餐饮等部门的业务数据，涵盖学生家庭基本情况、学业发展、资助表彰、社团活动、社会实践等范围，实现数据全口径、全周期规范采集整理存储，整合交叉性、关联性数据，动态更新，打破技术壁垒，打通信息孤岛，建立学习指数、异常行为、生活习惯等模型，寻找大数据相关性背后的特征和规律，满足精准思想政治教育的需求，为实现精准思想政治教育提供依据和参考。

4. 用好平台数据——精准思想政治教育的实施

要通过静态数据的横向比较和动态数据的纵向分析，挖掘数据中隐匿的信息，要通过信息平台的预警系统，及时发现学生群体和个体存在的隐性问题，研判分析，找准问题，拿出对策，开展精准思想政治教育。如通过学生图书馆借阅图书信息，可以了解学生学习情况、知识结构等方面的特点；学生学习成绩出现异常，上课作息情况发生较大变化，学生校园消费支出情况不正常，背后都有各种各样的原因，可能是厌学或专业意识不强，也可能是个人情感或家庭出现问题，这就需要辅导员深入了解情况，精准分析，查找出隐藏着的原因和问题，精准施策。

5. 提高辅导员综合素质——精准思想政治教育的关键

精准思想政治教育信息平台再好，数据再完善，最后都需要辅导员进行分析，都需要辅导员开展工作，因此，辅导员是精准思想政治教育的关键。在掌握思想政治教育相关内容和相关知识的基础上，辅导员要进一步提高现代信息技术应用能力，本着对学生成长负责、对本职工作负责的态度，把精准思想政治教育做实做细做好，以精准思想政治教育提升学生思想政治教育水平，使高校学生思想政治教育迈上新的台阶。

实践探索篇

第七章

以思想政治教育引领学生成长

习近平总书记指出，"要坚持把立德树人作为中心环节，把思想政治工作贯穿教育教学全过程，实现全程育人、全方位育人"①。学生从踏入大学校门到步入社会，是学生树立远大理想、坚定崇高信念、形成正确价值观的重要时期，也是用习近平新时代中国特色社会主义思想铸魂育人的关键时期。辅导员要把思想政治教育融入学生成长的每一个环节，融入学生成才的每一个步骤，把思想政治教育工作做细做实，实现全过程育人、全方位育人，实现"为党育人、为国育才"的教育目标。

一、上好新生入学教育第一课

习近平总书记指出，"青少年阶段是人生的'拔节孕穗期'"②，要引导学生扣好人生第一粒扣子。高校要以立德树人为根本，以理想信念教育为核心，以社会主义核心价值观为引领，全面提升思想政治工作水平，为实现中华民族伟大复兴的中国梦，培养又红又专、德才兼备、全面发展的中国特色社会主义合格建设者和可靠接班人。这一使命和任务，决定了高校必须高度重视学生思想政治教育工作，把学生思想政治教育融入人才培养工作的方方面面，实现全员育人、全过程育人、全方位育人。新生入学教育是学生进入大学后的第一课，对学生的大学生涯

---

① 习近平. 把思想政治工作贯穿教育教学全过程 开创我国高等教育事业发展新局面 [N]. 人民日报，2016-12-09（01）.

② 习近平. 思政课是落实立德树人根本任务的关键课程 [J]. 求是，2020（17）：4.

起着指导作用，对学生树立正确的世界观、坚定远大理想信念、全面发展至关重要，辅导员要抓住这一机遇，讲好学生大学生活的第一节思想政治教育课。

（一）案例概述——新生入学教育是迎新的重要内容

赵老师是学校刚刚入职的专职辅导员，被安排到物理系工作。系领导让赵老师负责今年新生报到工作，赵老师愉快地接受了任务。忙了两天，一切准备工作就绪，就等第二天新生报到了，赵老师坐在办公室正在考虑还有什么需要准备的，这时系党总支张书记走进辅导员办公室，问询赵老师新生报到的准备情况。赵老师满怀信心，从学生接站到新生宿舍安排，逐一开始汇报。张书记听了之后很满意，表扬赵老师准备工作认真，但要求进一步充实新生入学教育安排的内容，指出新生入学教育是新生大学生涯的第一课，也是对新生进行思想政治教育的第一课，必须高度重视，要动员全系力量把第一课讲实讲细讲好，要让第一课给新生留下终生难忘的印象，帮助新生启航人生新的征程。

（二）案例分析——新生入学教育的主要目的

辅导员要全面把握新生入学准备工作。新生报到是大学生涯的起点，每位新生满怀着对大学生活的美好期盼，走进大学校门，对于怎样度过大学四年的学习生涯，每位新生心中没数，更没有详细的计划，因为他们还不了解大学生活，还不知道学业要求，还没有经历大学校园学习的艰辛，还没有体验大学校园生活的快乐，一切都是空白，这就需要辅导员把新生入学教育搞好，让新生知道他们应该知道的要求，让新生了解他们应该了解的内容，让新生接受他们应该接受的教育，在空白的大学考卷上答好第一道题。新生入学准备工作不仅仅是迎接新生，更重要的是把新生入学教育安排好。

新生入学教育的主要目的是：通过新生入学教育，引导新生顺利完成由中学生向大学生的角色转换，启发学生感受大学精神内涵，领悟大学学习和人生的意义，引导学生尽快适应大学生活。通过校情校史及专业介绍，树立学生爱学校、爱专业的情感，激发学生学习的兴趣和动力。通过讲解学习要求及学生守则，增强学生的学习主动性，强化学生的纪律意识，帮助学生形成良好学风。通过新生入学思想政治教育，帮助学生坚定人生远大理想，正确确定人生航向，努力提高自身修养，不仅要爱校爱同学，更要爱党爱国爱人民，筑牢"四个自信"，成为又红又专、德才兼备、全面发展的中国特色社会主义建设者和接班人。

（三）辅导过程——新生入学教育的基本内容

新生入学教育内容非常丰富，教育范围非常广泛，基本内容可以概括为下述几个方面。

第一，校情校史教育。充分运用学校现有资源，带领新生参观校史馆、图书馆、心理健康教育与咨询中心等设施，学习校训和校歌，了解学校历史和办学特色，了解学校在教学、科研等方面取得的成果，增进新生对学校发展历程和发展前景的认识，培养新生的学校荣誉感和自豪感，帮助新生树立对学校的认同感与归属感，激发新生关心学校、热爱学校、支持学校的强烈情感。

第二，大学适应教育。根据新生特点和需求，从校园环境、角色适应、心理适应、学习适应、社交适应等方面开展教育，辅导员要精心设计新生第一次班会、新老生座谈交流会，精心组织第一次党团建设、宿舍文化建设等活动，帮助新生了解大学生活，掌握大学学习方法，实现角色转变，从高中的被动学习转为大学的主动学习，营造积极向上、团结奋进、和谐融洽的班级氛围和宿舍氛围，构建充满生机的校园生活和丰富多彩的校园文化，帮助新生开启人生难忘的大学生活旅程。

第三，职业发展与规划教育。由二级院系领导、学科带头人、教研室主任、任课教师介绍专业学习要求、专业发展状况、专业市场需求、专业就业前景等内容，参观专业实验室等教学设施，帮助新生树立专业意识，树立将个人发展与地方经济社会发展紧密结合的意识。由二级院系领导、知名专家、杰出校友等进行职业生涯教育，引导新生科学规划自己的职业生涯，做好完成学业任务的心理准备。由辅导员、任课教师讲解学生的创新与实践活动，培养新生科学研究和社会实践能力，提升新生创造性思维、解决实际问题的意识和能力。

第四，宪法法治教育。要通过主题班会、团日活动、专题讲座等多种形式，加强以《中华人民共和国宪法》《中华人民共和国国家安全法》《中华人民共和国民法典》为主要内容的法治宣传教育，组织开展学习原文、案例故事会等多种活动，提升新生的法治意识，教育引导新生自觉尊法守法用法，自觉弘扬法治精神，自觉做遵纪守法的好公民，自觉做遵守校规校纪的好学生。

第五，安全教育。安全教育包括国家安全教育和日常安全教育。国家安全教育以培养总体国家安全观为重点，引导学生增强维护国家安全的意识和能力。日常安全教育包括人身安全、财产安全、饮食安全、交通安全、实验室安全等内容，要通过举办安全常识或专题讲座、开展消防演习、情景剧等多种形式进行安全教育，要教育新生注重防火、防盗、防骗、防交通事故、防网络电信诈骗，树立"安全重于泰山"的理念。要开展警示教育，拒绝"黄赌毒"，远离传销组织。积极开展预防艾滋病、预防新冠肺炎和肺结核等传染疾病活动，教育新生注重饮食卫生，养成文明行为习惯和生活方式，通过 2020 年年初暴发的新冠肺炎疫情案例，引导新生树立健康第一的意识和理念。教育新生树立马克思主义世界观，自觉抵御校园宗教渗透和意识形态领域的各种"杂音"，有效防范利用互联网、手机等现代通信手段进行邪教和敌对势力意识形态的传播活动，确保校园安全稳定。

第六，心理健康教育。通过开展心理健康知识普及、心理测查、心理咨询、团体辅导、专题讲座等系列心理健康教育活动，帮助新生提升对心理健康的认识，提高新生自我调节能力，解决不适应大学、学习困惑、生活受挫等问题，做到心理测查全覆盖。加强挫折教育，增强新生的挫折承受能力和心理适应能力。选好配强新生班级"朋辈导师"和助理，帮助新生提高大学适应能力。通过具体案例开展生命、生存、生活教育，让每一位新生认识生命、尊重生命、珍爱生命，强化生存意志，牢固树立生命至上的理念。

（四）经验启示——新生入学的思想政治教育

思想政治教育贯穿学生大学生活的全过程，对于新生来讲，踏入大学校门后的第一次思想政治教育就是入学教育，这是新生入学教育的核心内容，无论是领导还是辅导员，都必须高度重视。思想政治教育内容丰富，对于新生来说主要包括以下六个方面的内容。

1. 马克思主义教育

高校开设了有关马克思主义基本理论的系列课程，是每一位学生思想政治理论的必修课；高校学科设置中马克思主义是一级学科，是师生学习和研究的一个重要学科，也是推进马克思主义中国化时代化大众化的有力手段。除了思想政治理论课进行教育以外，对学生进行马克思主义教育，也是辅导员的一项重要工作。

首先，重视学生马克思主义教育。马克思主义是关于人类求得彻底解放的学说，由马克思主义哲学、马克思主义政治经济学和科学社会主义组成，是科学的理论、人民的理论、实践的理论、发展的理论，是中国共产党的指导思想，是中国特色社会主义现代化建设的行动指南。"马克思主义不仅深刻改变了世界，也深刻改变了中国。"[1] 百年来中华民族从站起来、富起来到强起来的伟大飞跃，靠的就是马克思主义的真

---

[1] 习近平．在纪念马克思诞辰 200 周年大会上的讲话 [N]．人民日报，2018-05-05 (02)．

理力量，靠的就是对马克思主义的坚定信念。习近平总书记强调："要原原本本学习和研读经典著作，努力把马克思主义哲学作为自己的看家本领，坚定理想信念，坚定正确政治方向，提高战略思维能力、综合决策能力、驾驭全局能力，团结带领人民不断书写改革开放历史新篇章。"①"要教育引导学生多读读马克思主义经典著作、当代中国马克思主义理论著作。"②"要坚持不懈传播马克思主义科学理论，抓好马克思主义理论教育，为学生一生成长奠定科学的思想基础。"③

其次，加强学生习近平新时代中国特色社会主义思想教育。习近平新时代中国特色社会主义思想是马克思主义中国化的最新成果，是21世纪的马克思主义。新生入学的思想政治教育，首先要让新生搞清楚我们举办的大学是中国共产党领导的社会主义大学，是立德树人的地方，是"为党育人、为国育才"的地方，是培养堪当民族复兴重任时代新人的地方。大学要全面贯彻党的教育方针，坚持社会主义办学方向，扎根中国大地办大学，全面贯彻落实习近平新时代中国特色社会主义思想，要用习近平新时代中国特色社会主义思想统领思想政治教育工作，要用习近平新时代中国特色社会主义思想铸魂育人，培养又红又专、德才兼备的社会主义建设者和接班人，这是大学高举的旗帜，是大学亮丽的底色，是大学前进的方向，任何人不能改变。

2. 爱国主义教育

爱国主义是一个人对自己祖国忠诚和热爱的思想，是一个人为自己祖国发展和富强而献身的奋斗精神。爱国主义是中华民族的优良传统和民族精神的核心内容，是中华民族几千年来生生不息的发展动力。爱国

---

① 习近平. 推动全党学习和掌握历史唯物主义 更好认识规律更加能动地推进工作 [N]. 人民日报, 2013-12-05 (01).
② 习近平. 思政课是落实立德树人根本任务的关键课程 [J]. 求是, 2020 (17)：14.
③ 习近平. 把思想政治工作贯穿教育教学全过程 开创我国高等教育事业发展新局面 [N]. 人民日报, 2016-12-09 (01).

主义的基本要求是维护国家的主权、统一和尊严，自觉融入推动国家经济社会发展的实践中。要把爱国主义教育贯穿国民教育和精神文明建设全过程，要教育新时代广大青年热爱伟大祖国。习近平总书记指出："要结合弘扬和践行社会主义核心价值观，在广大青少年中开展深入、持久、生动的爱国主义宣传教育，让爱国主义精神在广大青少年心中牢牢扎根，让广大青少年培养爱国之情、砥砺强国之志、实践报国之行，让爱国主义精神代代相传、发扬光大。"① 中国共产党成立 100 年来，团结带领全国各族人民进行的革命、建设、改革实践，是爱国主义的伟大实践，写下了中华民族爱国主义精神的辉煌篇章。爱国主义精神仍将激励每一个中国人发愤图强，砥砺推进中华民族伟大复兴，如期实现第二个百年奋斗目标。

辅导员要把爱国主义教育融入新生入学教育，引导新生厚植家国情怀，要让新生搞清楚弄明白，爱国主义不是空洞的，是体现在日常学习和生活中的，学生刻苦学习，努力钻研学业，就是爱国主义的具体表现。中国梦不仅是中华民族的梦，也是每个中国人的梦，更是每个大学生的梦。大学生要把"小我"融入"大我"，把个人理想信念与中华民族伟大复兴融合起来，为实现第二个百年奋斗目标努力拼搏，才能实现自我，才能弘扬爱国主义精神。

3. 社会主义核心价值观教育

"新时代中国青年要自觉树立和践行社会主义核心价值观"②，"要在加强品德修养上下功夫，教育引导学生培育和践行社会主义核心价值

---

① 习近平. 大力弘扬伟大爱国主义精神 为实现中国梦提供精神支柱［N］. 人民日报，2015-12-31（01）.

② 习近平. 在纪念五四运动 100 周年大会上的讲话［N］. 人民日报，2019-05-01（02）.

观，踏踏实实修好品德，成为有大爱大德大情怀的人"①。大学是一个大家庭，也是一个大社会，更是一个锤炼品德修养的大舞台。辅导员要用鲜活的事例进行个人品德修养教育，组织新生认真学习《关于培育和践行社会主义核心价值观的意见》，教育引导新生从迈进大学校门的入学教育开始，就推动社会主义核心价值观进学生头脑、进学生行动，让学生自觉践行社会主义核心价值观，遵守社会公德，尊师爱校，热爱集体，友爱互助，诚实守信，努力营造勤奋学习、乐观进取、和谐友善、相互帮助的同学氛围，形成优良的班级和宿舍风气。

4. 中华优秀传统文化教育

文化是一个国家、一个民族的精神家园。一个国家的发展、一个民族的兴旺，是以文化的传承做基础、以文化的繁荣为支撑的。不传承延续优秀传统文化，不发扬光大优秀传统文化，难以赓续发展，每个国家、每个民族概莫能外。习近平总书记指出："优秀传统文化是一个国家、一个民族传承和发展的根本，如果丢掉了，就割断了精神命脉。"②"中国传统思想文化中的优秀成分，对中华文明形成并延续发展几千年而从未中断，对形成和维护中国团结统一的政治局面，对形成和巩固中国多民族和合一体的大家庭，对形成和丰富中华民族精神，对激励中华儿女维护民族独立、反抗外来侵略，对推动中国社会发展进步、促进中国社会利益和社会关系平衡，都发挥了十分重要的作用。"③ 要大力弘扬中华民族优秀传统文化，"特别是要让中华民族文化基因在广大青少年心中生根发芽"④。

---

① 习近平.坚持中国特色社会主义教育发展道路 培养德智体美劳全面发展的社会主义建设者和接班人［N］.人民日报，2018-09-11（01）.
② 习近平谈治国理政（第二卷）［M］.北京：外文出版社，2017：313.
③ 习近平.在纪念孔子诞辰2565周年国际学术研讨会暨国际儒学联合会第五届会员大会开幕会上的讲话［N］.人民日报.2014-09-25（02）.
④ 习近平谈治国理政（第二卷）［M］.北京：外文出版社，2017：324.

从新生入学教育开始，辅导员就要引导新生大力弘扬中华优秀传统文化，把弘扬优秀传统文化和发展新时代文化有机统一起来，在继承中发展，在发展中继承，养成讲仁爱、守诚信、崇正义、尚和合的高尚道德品质和文明行为习惯，建设充满友爱、关系和谐、相互包容的文明宿舍和班集体。引导新生不断提高个人品德修养，做崇德向善向上的模范，刻苦学习，在实践锻造中不断增强做中国人的志气、骨气和底气，成为全面发展的中国特色社会主义合格建设者和可靠接班人。

5. 网络素养教育

随着互联网的快速发展和广泛应用，无处不网、无人不网、无时不网的局面已经形成，网上宣传越来越重要，网络阵地越来越重要。习近平总书记指出，"要加强网上正面宣传，旗帜鲜明坚持正确政治方向、舆论导向、价值取向，用新时代中国特色社会主义思想和党的十九大精神团结、凝聚亿万网民，深入开展理想信念教育，深化新时代中国特色社会主义和中国梦宣传教育，积极培育和践行社会主义核心价值观，推进网上宣传理念、内容、形式、方法、手段等创新"。[①]

辅导员要加强新生网络认知力和网络信息辨别力培养，引导新生学会识别、捕捉和处理网络信息，让网络成为学生学习的助力器。引导新生提升网络自控力和网络道德素养，自觉抵制网上色情、赌博、毒品、迷信等负面影响，传播正能量，守好网络阵地。引导新生学会理性思考问题，提高自我约束力，拒当"水军"，不盲目跟风，不随意跟帖转发，远离网络暴力，不信谣、不传谣，讲好中国故事，用好网络阵地。引导新生学会利用网络丰富知识储备，努力营造积极健康的网络学习环境。

----

① 习近平谈治国理政（第三卷）[M]．北京：外文出版社，2017：306．

6. 劳动教育

习近平总书记指出："要教育孩子们从小热爱劳动、热爱创造，通过劳动和创造播种希望、收获果实，也通过劳动和创造磨炼意志、提高自己。"① 特别是 2018 年 9 月 10 日在全国教育大会上，习近平总书记指出培养什么人，是教育的首要问题，提出"六个下功夫"，强调"要在学生中弘扬劳动精神，教育引导学生崇尚劳动、尊重劳动，懂得劳动最光荣、劳动最崇高、劳动最伟大、劳动最美丽的道理，长大后能够辛勤劳动、诚实劳动、创造性劳动"②。学校要开展以劳动创造幸福为主题的宣传教育，把劳动教育纳入人才培养全过程，贯通大中小学各学段的劳动教育，引导青少年树立以辛勤劳动为荣、以好逸恶劳为耻的劳动观，培养一代又一代热爱劳动、勤于劳动、善于劳动的社会主义劳动者。

辅导员要利用新生入学教育，给新生讲好第一节劳动教育课。在第一次开班会前，要求新生打扫教室，辅导员要借题发挥，从打扫教室卫生开始，讲述劳动的重要性，说明校园劳动的各项内容，包括劳动教育课，还有打扫教室卫生、清洁宿舍环境、校园志愿者、勤工助学、专项劳动等，介绍学校开展的宿舍卫生评比、文明宿舍创建等活动，引导新生形成正确的劳动价值观，从进入大学校园的入学教育开始，就增强劳动观念，深植劳动情怀，锤炼劳动品质，养成劳动习惯，成为德智体美劳全面发展的时代新人。

---

① 习近平. 在庆祝"五一"国际劳动节暨表彰全国劳动模范和先进工作者大会上的讲话 [N]. 人民日报，2015-04-29 (02).
② 习近平. 坚持中国特色社会主义教育发展道路 培养德智体美劳全面发展的社会主义建设者和接班人 [N]. 人民日报，2018-09-11 (01).

二、从学生申请入党谈理想信念教育

中国共产党是中国工人阶级的先锋队，也是中国人民和中华民族的先锋队。只要符合加入党组织的条件，每个要求进步的学生都可以申请加入中国共产党。近年来，申请入党的学生越来越多，积极要求进步，争取早日加入党组织，成为许多大学生在校学习期间的一个心愿。习近平总书记指出："中国共产党始终向青年敞开大门，热情欢迎青年源源不断成为党的新鲜血液。"① 辅导员要利用学生积极入党的热情，积极开展思想政治教育工作，把学生入党培养教育与思想政治教育有机结合起来，以学生入党培养教育推进学生思想政治教育。

（一）案例概述——迫切要求进步但难以如愿

学生刘某勇是大三年级的一名学生干部，在班里担任班长一职，同时他也是系学生会的副主席。作为学生干部的刘某勇，他热爱学生工作，也喜欢为大家服务做贡献，但他学习成绩平平，综合测评在班里一直处于中等偏下。

刘某勇在一年级下半学期就成了班里的入党积极分子，担任学生干部的他一直希望成为一名党员，但班里系里几次推荐拟发展对象都没有刘某勇的名字，原来学校要求二级院系推荐的拟发展对象综合测评必须超过班里50%的同学。因为几次申请都没有入党，刘某勇的态度和行为发生变化，开始对班级和学生组织的各项工作不配合，抱怨多，对老师的态度也悄然发生了变化，表面上对老师尊敬配合，但私下里对老师安排给他的工作和任务，能躲则躲，能推则推。他私下里找学生支部书记和党总支书记都谈过关于入党的事情，但都没有得到满意的答案。

---

① 习近平. 在庆祝中国共产主义青年团成立100周年大会上的讲话［N］. 人民日报，2022-05-11（02）.

辅导员经过了解得知，刘某勇的父母都是党员，在当地的机关部门工作，刘某勇是家里的独子，父母和爷爷奶奶都对他寄予厚望，希望他在大学期间能够入党并多次提醒刘某勇积极入党，毕业后方便在家乡考个公务员或者找个事业单位工作，这导致刘某勇心理压力增大。

（二）案例分析——把党员发展与学生理想信念教育结合起来

1. 学生理想信念教育面临的压力

首先，学生理想信念教育面临外部压力。"中国共产党成立一百年来，始终是有崇高理想和坚定信念的党。这个理想信念，就是马克思主义信仰、共产主义远大理想、中国特色社会主义共同理想。"[①] 学生只有树立了崇高理想和坚定信念，才能具备加入党组织的条件。我国社会风气整体上是健康的、积极向上的，但也存在一些不良的社会现象，直接或间接影响到大学生的理想信念教育。经济社会发展中出现的一些暂时性困难，如发展不平衡带来的贫富差距、就业难度增大等，对大学生的理想信念也产生着巨大的冲击。大学生群体中少数人存在着享乐主义、金钱至上和利己观念；个别大学生入党动机不端正，"加入党组织可以考公务员、可以考选调生，或者可以为谋取一份好工作加分"，这与中国共产党全心全意为人民服务的宗旨相悖。

其次，学生理想信念教育面临内在压力。近年来，高校加强了大学生理想信念教育，但大学生理想信念面临着各种各样的挑战。少数大学生自身定力不强，易受他人的影响；个别学生对马克思主义理解深度不够，政治定力涵养不高；一些学生艰苦奋斗的精神有待增强，择业的标准开始裂变；少数学生理想信念不坚定，有混日子"躺平"的思想；个别学生对学业要求不高，"60分万岁"的思想仍然存在。这些错误认

---

① 习近平. 信念坚定对党忠诚实事求是担当作为 努力成为可堪大用能担重任的栋梁之才［N］. 人民日报，2021-09-02（01）.

识给大学生理想信念教育带来了极大挑战。辅导员要利用学生积极入党的热情和要求，加强学生的理想信念教育，端正学生的入党动机，引导学生坚定理想信念、永远听党话、永远跟党走。

2. 注重学生党员理想信念教育

首先，进一步完善学生党员理想信念教育机制。理想信念教育是一辈子的事情，常讲常新，学生党员是学生群体中的先进分子，是学生群体的"领头羊"，必须加强学生党员的理想信念教育，不是学生入了党就不存在理想信念教育的问题，党员更应该加强理想信念教育。"坚定理想信念不是一阵子而是一辈子的事，要常修常炼、常悟常进，无论顺境逆境都坚贞不渝，经得起大浪淘沙的考验。"① 要完善学生党员理想信念教育机制，要求学生党员自觉捍卫"两个确立"，增强"四个意识"，坚定"四个自信"，做到"两个维护"，强化习近平新时代中国特色社会主义思想的践行意识，提高自觉应用马克思主义立场观点解决实际问题的综合素质和能力，发挥好学生党员的模范带头作用。要让学生党员向优秀党员看齐，与优秀党员对标找差距，激励每一位学生党员争当优秀党员，发挥好学生群体"领头羊"的模范带头作用。

其次，进一步完善学生入党培训教育机制。要"用党的科学理论武装青年，用党的初心使命感召青年，用党的光辉旗帜指引青年，用党的优良作风塑造青年"②。党员发展需要对学生入党积极分子进行培养教育工作，这已成为高校党建工作的一个重要方面，并在近年来取得了很大成绩。学生入党积极分子经过培养教育后，进一步坚定了正确的世界观，进一步强化了崇高的理想信念，对党的理论和政策的理解进一步

---

① 习近平. 筑牢理想信念根基树立践行正确政绩观 在新时代新征程上留下无悔的奋斗足迹［N］. 人民日报，2022-03-02（01）.
② 习近平. 在庆祝中国共产主义青年团成立100周年大会上的讲话［N］. 人民日报，2022-05-11（02）.

深化，党性意识进一步增强，保持了过硬的政治素质和积极进取的精神风貌。要把培训教育成果与学生入党积极分子的实际表现结合起来，重在学生实际表现，只有品学兼优、积极上进、冲锋在先、表现突出的入党积极分子，才能吸收进入党组织，发挥好发展学生党员"风向标"的作用。

（三）辅导过程——进一步做好学生党员发展工作

青年是祖国的希望、祖国的未来。把符合党员条件的优秀青年学生吸收到党组织队伍中来，培养一批又一批具有共产主义远大理想、为共产主义事业奋斗终生的学生新党员，是培养担当民族复兴大任时代新人的迫切需要，是党的事业蓬勃发展的迫切需要。高校党组织高度重视学生党员发展工作，按照"有计划发展、质量第一、入党自愿、个别吸收"的原则发展学生党员，发展程序分为四个基本阶段：培养和教育入党积极分子阶段，确定和集中培训发展对象阶段，确定和审查接收预备党员阶段，审批和继续培养正式党员阶段。近年来，高校党组织发展学生新党员条件严格，程序严谨，质量第一，成熟一个发展一个，学生党员队伍不断发展壮大，在学生学习生活中发挥了党员的先锋模范作用，学生党员远大的理想和崇高的信念也在潜移默化地影响教育着广大学生。

习近平总书记指出："要做好在高校教师和学生中发展党员工作，加强党员队伍教育管理，使每个师生党员都做到在党爱党、在党言党、在党为党。"① 辅导员要在学生新党员发展过程中，一方面要加强学生党员思想政治教育，另一方面要有针对性地对学生开展理想信念教育、马克思主义教育、党章学习教育，通过学生新党员发展工作，有力地推

---

① 习近平. 把思想政治工作贯穿教育教学全过程 开创我国高等教育事业发展新局面 [N]. 人民日报, 2016-12-09（01）.

动学生思想政治教育工作。

（四）经验启示——加强大学生理想信念教育

理想是人们向往和追求的奋斗目标，是前进的强大动力。信念是在一定世界观、人生观、价值观基础上形成的信仰和思想观念，指导着人的社会实践。理想体现着人的信念，信念则是理想的支撑，理想与信念紧密相连。理想信念是一棵参天大树的树干，是一个人挺起的脊梁，是一个人前行的力量，一经确立，就会产生强大的支撑力，就会成为拼搏奋斗的动力源泉。

1. 每个学生要有理想信念

一个政党、一个国家、一个民族，只有确立了共同的理想信念，才会有强大的凝聚力和向心力。无数革命先烈为了中国革命的胜利，抛头颅、洒热血，不怕牺牲，靠的是理想信念。新时代推进中华民族伟大复兴，实现"中国梦"，也离不开理想信念的支撑。习近平总书记指出："信仰、信念、信心，任何时候都至关重要。小到一个人、一个集体，大到一个政党、一个民族、一个国家，只要有信仰、信念、信心，就会愈挫愈奋、愈战愈勇，否则就会不战自败、不打自垮。无论过去、现在还是将来，对马克思主义的信仰，对中国特色社会主义的信念，对实现中华民族伟大复兴中国梦的信心，都是指引和支撑中国人民站起来、富起来、强起来的强大精神力量。"① "要在坚定理想信念上下功夫，教育引导学生树立共产主义远大理想和中国特色社会主义共同理想。"②

2. 广大青少年要志存高远

志不立，天下无可成之事。中国特色社会主义现代化建设已开启实

---

① 习近平. 在庆祝改革开放 40 周年大会上的讲话［N］. 人民日报，2018－12－19（02）.

② 习近平：坚持中国特色社会主义教育发展道路 培养德智体美劳全面发展的社会主义建设者和接班人［N］. 人民日报，2018－09－11（01）.

现第二个百年奋斗目标的新征程，实现中华民族的伟大复兴，需要每个人发奋拼搏、砥砺奋进，更需要每个人坚定理想信念。"在新的长征路上，我们一定要保持理想信念坚定，不论时代如何变化，不论条件如何变化，都风雨如磐不动摇，自觉做共产主义远大理想和中国特色社会主义共同理想的坚定信仰者、忠实实践者，永远为了真理而斗争，永远为了理想而斗争。"① "全国广大青少年，要志存高远，增长知识，锤炼意志，让青春在时代进步中焕发出绚丽的光彩。"② 青年学生要立鸿鹄志，勇做奋斗者。"新时代的中国青年要以实现中华民族伟大复兴为己任，增强做中国人的志气、骨气、底气，不负时代，不负韶华，不负党和人民的殷切期望！"③

3. 进一步完善学生理想信念教育机制

在高校采取有效措施落实立德树人根本任务的背景下，学生理想信念教育得到加强。辅导员要利用学生党员理想信念教育及学生入党积极分子培训教育的机会，与学生的理想信念教育有机融合起来，让学生党员给学生进行理想信念教育，要用学生党员的实际表现对学生进行理想信念教育，让学生共同监督学生党员的言行和表现，把学生特别是学生党员的日常表现与理想信念教育有机融合起来。学生理想信念教育不只是辅导员一个人的事情，也不单单是基层党支部的任务，辅导员要充分利用学校现有的资源，积极开展学生理想信念教育工作，教育引导每个学生"把忠诚书写在党和人民事业中，把青春播撒在民族复兴的征程

---

① 习近平. 在纪念红军长征胜利80周年大会上的讲话 [N]. 人民日报，2016-10-22 (02).

② 习近平. 在第十二届全国人民代表大会第一次会议上的讲话 [N]. 人民日报，2013-03-18 (01).

③ 习近平. 在庆祝中国共产党成立100周年大会上的讲话 [N]. 人民日报，2021-07-02 (02).

上，把光荣镌刻在历史行进的史册里"①。

三、奖助学金伴学生成长

为鼓励品学兼优的学生，帮助家庭经济困难的学生，高校建立了学生奖助学金制度。学生奖助学金制度体现的是党和政府对高校学生的关爱，也是国家发展高等教育事业、建设人才强国的重要举措。奖助学金评定工作本身就是生动的思想政治教育素材，要通过奖助学金评定工作，深化学生思想政治教育工作，让学生感受到党和政府对学生的关怀，勤奋学习，回报祖国，实现习近平总书记所讲的"中国青年的奋斗目标和前行方向归结到一点，就是坚定不移听党话、跟党走，努力成长为堪当民族复兴重任的时代新人"②。

（一）案例概述——学生非常关注奖助学金评定

9月中旬，一年一度奖助学金评定的日子又到了，某高校某系二年级学生有三人在同一天先后找到辅导员周老师。一位学生说自己家庭经济比较困难，希望老师评定奖助学金时予以考虑；另一位学生说母亲今年生病，花了不少钱看病，导致生活困难，希望能评上一等助学金；第三位学生反映同班同宿舍张某同学提供了不符合实际的困难证明材料。辅导员周老师对每一位学生都进行了耐心的说服教育，讲明了奖助学金评比政策，一方面让学生相信奖助学金评定是非常客观公正的，另一方面让学生理性对待奖助学金评比，评上了要更加刻苦学习，评不上也要客观接受，因为班里有许多比自己经济上更困难或学习上更优秀的学生。与此同时，辅导员周老师在想，可能还会有别的学生来谈奖助学金

---

① 习近平. 在庆祝中国共产主义青年团成立 100 周年大会上的讲话 [N]. 人民日报, 2022-05-11（02）.

② 习近平. 坚持党的领导传承红色基因扎根中国大地 走出一条建设中国特色世界一流大学新路 [N]. 人民日报, 2022-04-26（01）.

评定事宜，因为一年级学生评比助学金时是刚入校，有什么情况学生不敢向老师反映，到了二年级，学生在校学习生活一年了，敢向老师反映自己知道的情况了，但对奖助学金评定工作还不是十分了解，所以，辅导员周老师决定开一次主题班会，让学生进一步了解奖助学金评定工作，做好学生的思想政治教育工作。

（二）案例分析——要高度重视奖助学金评定工作

一是要让学生搞清楚奖助学金评定的要求。我国高校奖助学金分为奖学金和助学金两大块。奖学金主要有国家奖学金、国家励志奖学金和学校奖学金，还有部分企业资助的奖学金，其中国家奖学金和学校奖学金是针对品学兼优、全面发展的学生提供的奖励，而国家励志奖学金不仅要求学生学习成绩优异，还对学生家庭经济状况是否困难有一定的要求，受助学生必须是家庭经济困难学生或特殊困难学生；企业奖学金的申请条件因企业不同而各异。助学金主要有国家助学金，一般分为三个级别，最主要的评定标准是学生家庭贫困程度，包括最低保障家庭子女、特困救助供养人员、孤弃学生、残疾学生及残疾人子女、烈士子女等特殊困难学生。由评定内容可知，奖学金评定的主要目的是奖励品学兼优的学生，鼓励学生学业上进，促进学生整体素质的全面提升，而助学金则侧重于对家庭经济困难学生的资助，帮助因家庭经济困难无力缴纳学费、无法完成学业的学生顺利完成学业。不管是奖学金还是助学金，体现的都是党和政府对学生的关爱。

二是要精准确定家庭经济困难学生。奖助学金评定是高校的常规工作，每年一次，在实际操作中确定家庭经济困难学生的难度较大。一方面，我国各地的贫困标准不完全一致，贫困标准线不是每年调整的，相对滞后，特别是2021年我国已实现农村贫困人口全部脱贫的目标，这导致在评定奖助学金时难以确定家庭经济困难学生的标准，特殊困难和一般困难的界线难以划分。近几年，全国学生资助管理中心每年会反馈给高校一份中央数据库贫困学生名单，其中有一部分为建档立卡贫困家庭学生、最低保障家庭子女、特困救助供养人员、孤弃学生、残疾人及残疾人子女、烈士子女等特殊困难学生，需要高校认真摸排，结合实际情况予以国家助学金较高等级：一等或二等资助，要求全覆盖、不遗漏一人。在实际评比工作中，有些家庭很困难的学生没有进入到系统名单中，导致他们"错失"获得一等或二等助学金的机会。另一方面，学生递交的申请一般是由学生家庭户籍所在地民政部门出具的贫困证明，但个别时候，开具证明的工作人员因人情世故不好拒绝，或者疏于审核，导致交到学校的贫困材料可信度不是很高。实际上，个别同学并不十分困难，手里拿着"苹果"手机、穿得好吃得好，但因为有证明材料，获得了助学金，导致一些同学不满意。因此，评定工作的复杂性要求辅导员必须精准确定每一位家庭经济困难学生。奖助学金评定时，不仅要考虑学生是否属于建档立卡家庭、是否属于低保户、是不是残疾人家庭以及家庭子女多少等因素，还要考虑学生直系亲属是否患有重大疾病且承担高额医药费，家里是否需要供养，多个子女上学，学生日常花钱是否比较节省等因素来综合判断。

三是辅导员要高度重视奖助学金评定工作。国家新资助政策颁布之后，高校进行深入学习和研究，制定完善了奖助学金评定依据和评定方式。评定过程大致分为：个人申请——班级评议——二级院系审核——学校审核——上报等环节。班级评定是基础，一般会成立五至七人参加的评议小组，评议小组评议时，主要参考依据是学生个人提交的证明材料、平常消费情况等。辅导员要高度重视学生奖助学金评定工作，做到亲自指导评定，亲自组织评定，亲自审核材料，确保评定工作客观公正公开，确保把党和政府对学生的关爱传送到学生中，确保奖助学金评定不走形、不变样。

(三) 辅导过程——进一步做好奖助学金评定工作

一是做好学生思想政治工作，坚持公平公正的原则。提高学生的思想政治水平，是保障奖助学金评定工作顺利开展的前提。新生入学教育时，老师已向学生讲明奖助学金方面的政策和要求，但在每年学生开始评定奖助学金时，辅导员还有必要再次向学生宣传有关政策，而且要把思想政治教育有关因素融入其中，引导所有学生认真对待奖助学金评定工作，形成积极向上的心态。同时，在具体评定奖助学金时，要坚持公平、公正、公开、客观的原则，不能有人情因素掺入其中。对于家庭经济困难学生，不仅在经济上要给予帮助，还要加强思想政治教育、品德修养教育，大力宣传知恩图报、努力学习的思想，让受资助学生怀揣感恩之心接受国家资助，并通过努力学习，回报社会，回报党和政府。

二是进一步完善奖助学金评定工作。高校奖助学金评定工作进行了多年，高校应按照《国务院关于建立健全普通本科高校高等职业学校和中等职业学校家庭经济困难学生资助政策体系的意见》的要求，进一步完善奖助学金评定工作，建立符合实际情况的家庭经济困难学生调查制度，在学生入学之前，将入学通知书和家庭经济困难学生调查表一同邮寄给学生，学生入学时上交，以便于高校对学生家庭基本情况有一个初步的了解。要进一步完善奖助学金评比制度，在成立师生组成的评议小组的基础上，通过完善资料收集认定、评比审核等程序，让奖助学金评比更加公平合理，使奖助学金能够帮助真正需要资助的学生，发挥好奖助学金资助家庭经济困难学生、激励学生努力学习的功能。

三是加强校地合作。学生生源地政府最了解家庭经济困难学生的家庭情况，学生家里是否有长期服药的病人、家里是否遭受自然灾害、是否遭受重大变故等，当地政府最为清楚，能为高校奖助学金评定工作提供有力的帮助。因此，高校要加强与学生生源地政府的沟通交流，强化合作关系，建立学生生源地政府直接为高校提供家庭经济困难学生名单的制度，每年学生生源地政府更新家庭经济困难学生名单，并在规定时间反馈给高校，帮助高校完善奖助学金评定工作。

四是加强后期管理，多渠道帮助家庭经济困难学生。高校在帮助家庭经济困难学生时，不仅要对学生进行正确的指导，帮助学生树立感恩之情和回报社会的理念，还应建立完善的奖助学金使用监督机制，监督贫困学生是否将奖助学金用来高消费，如购买名牌手机等高档产品，一经发现，以后取消参加奖助学金评比的资格。高校还应为家庭经济困难学生提供更多的勤工助学岗位，让学生在勤工助学中提高自身实践能力，学到更多做人的道理。

（四）经验启示——利用奖助学金评定加强思想政治教育

第一，加强诚信教育。诚实守信是中华民族的传统美德，也是高校思想政治教育的重要内容。奖助学金评定是检验学生是否诚实守信的一个时机，辅导员要利用奖助学金评定加强诚信教育，开展以诚实守信为主题的班团活动，要教育学生严于律己，诚实守信，杜绝提交材料时弄虚作假，客观地提供真实的家庭经济状况材料，坚守最基本的诚信底线，严格禁止"造假"材料，更不能以"拉票"或"疏通关系"的投票方式进行评比，一经发现学生诚信方面的问题，必须进行批评教育，严肃奖助学金评定纪律，培养学生积极向上向善、诚实守信的意识，为今后的学习和生活打下坚实的基础。

第二，加强感恩教育。建立家庭经济困难学生资助政策体系，从制度上解决家庭经济困难学生上得起大学的问题，是免除农村义务教育阶段学生学杂费后促进教育发展、推进教育公平的又一件大事，体现的是党和政府对学生的关爱。在帮助家庭经济困难学生时，辅导员要注重培养获得资助的贫困学生树立感恩意识，知恩图报，通过感恩教育，让受资助学生用实际行动回报学校、回报社会、回报国家。有时可能会出现家庭经济困难学生习惯于接受资助、一味索取、忽视奉献社会的情况。

所以，经济上"扶贫"后，思想上不能落后，对学生的感恩教育要迎头赶上，要让学生知道权利和义务的对等，要让学生了解党和政府对学生的关爱，将知恩图报的理念付诸自觉的行动。

第三，加强励志教育。辅导员要利用奖助学金评比，深入挖掘思想政治教育资源，让学生搞清楚党和政府拿出巨额资金资助学生的事实，让学生搞明白党和政府对学生的关爱。要充分发挥家庭经济困难学生中品学兼优学生的榜样力量和示范作用，利用贫困学生励志图强、奋发向上的真实案例，加强学生的励志教育，加强学生之间的示范效应，实现国家奖学金和励志奖学金以润物无声的方式影响学生、激励学生，实现用身边的事教育身边人的价值目标，在广大学生中产生情感共鸣和思想认同，发奋学习，听党话、跟党走，报效祖国。

四、多渠道拓宽大学毕业生就业途径

每年大学毕业季到来之际，有人欢喜有人愁。欢喜的是许多毕业生奔赴人生新的战场，施展才华，放飞理想，学校老师、学生家长、学生本人都欢喜；发愁的是个别毕业生找不到就业的目标，挑三拣四，让人发愁。辅导员要加强大学毕业生就业教育，把思想政治教育融入其中，用现实社会中创业拼搏的实例教育毕业生，"新时代的中国青年，生逢其时、重任在肩，施展才干的舞台无比广阔，实现梦想的前景无比光明"①。"激励学生自觉把个人的理想追求融入国家和民族的事业中"②，让毕业生搞清楚大学毕业就业不是人生奋斗的终点，而是人生奋斗的新起点，只要努力拼搏，无论到哪里就业都有发展出路，三百六十行，行行有出路，好青年志在四方。

---

① 习近平. 在庆祝中国共产主义青年团成立 100 周年大会上的讲话［N］. 人民日报，2022-05-11（02）.

② 习近平谈治国理政（第二卷）［M］. 北京：外文出版社，2017：378.

（一）案例概述——大学毕业生就业难陷入迷茫

大四年级即将毕业的本科生陈某生，在 5 月的一个上午主动来到学校心理健康教育与咨询中心寻求帮助，老师看到他衣着得体、思维清晰、语言表达流畅，便问他遇到了什么烦心事。陈某生表示，他今年即将毕业，但对于自己的未来依然感到很迷茫，不知如何规划自己的人生，看到同学们有的找到了心仪的工作，有的考上了研究生，有的考取了公务员，有些男生跟自己的女朋友感情稳定，想想自己，没有找到工作，女朋友也没有，真是两手空空。心理咨询老师先了解了陈某生的家庭情况，他出生在一个普通的工人家庭，父亲在一家电厂上班，母亲是一位小学教师，虽然家庭算不上富裕，但也不愁吃穿，日子过得其乐融融。陈某生上大学之前，日常生活学习基本上都由父母安排，遇到什么事都是由父母做主，除了学习，从不为任何事情操心。高考时，父亲建议他报考电力有关专业，毕业后能去父亲所在单位工作，陈某生就报考了学校电力相关专业并被录取。在大学四年里，陈某生学习成绩平平，但也没有挂科，还参加了一些学生社团。对于未来，陈某生一直都有些迷茫，但也是按部就班。一晃四年过去，到了毕业季，之前父亲工作的电厂因为改制正在裁员，经济效益不景气，不准备招聘新人员，这可把陈某生和父母急坏了。陈某生投了一些简历也石沉大海，没有得到任何回音，再看看身边同学，有的已考取公务员，有的考上研究生准备继续深造，甚至有的同学已与就业单位签约准备工作，再看看自己，都不知道该找什么样的工作了，于是陈某生陷入了迷茫和恐惧之中，精神不振。

（二）案例分析——搞清楚为什么大学毕业生就业难

目前高校大学生毕业后，满意的工作比较难找，在一定程度上存在就业难的现象，这是多方面原因所致。

第一，就业市场压力增大。随着高校招生规模日益扩大，毕业生人数逐年上升，由最初的每年几百万名毕业生，到 2022 年已突破 1000 万名毕业生，大学毕业生就业人数总量不断增加，而近几年就业市场需求并没有明显增加，特别是 2020 年年初暴发的新冠肺炎疫情，一定程度上影响到企业发展，就业压力增大，就业需求不稳定，加上回国的留学生逐年增多，大学毕业生就业压力持续加大，我国当前和今后一个时期就业问题主要体现在就业总量压力不减和就业结构性矛盾凸显两个方面。

第二，人才供给与就业市场需要不匹配。人们常常可以看到一种奇怪的就业现象，一方面很多大学毕业生投了就业简历，但多数都石沉大海没有回音；另一方面，许多用人单位招聘不到合适的大学毕业生，出现了大学毕业生难找就业岗位和就业岗位无人胜任并存的现象。也就是说，大学毕业生就业难是一种结构性问题，是由劳动力市场的供给与需求不匹配所导致的。大学毕业生就业困难现象的出现，不是因为没有就业市场需求，而是因为人才供给不符合就业市场的需求。

第三，大学毕业生择业理想与实际有偏差。从大学毕业生择业观来看，现在是高等教育普及化的时代，部分学生忽视了当前严峻的就业现实，不能正确地给自己定位。一些毕业生在择业过程中，常常自视甚高，不甘从事基层工作和常规工作，也不愿意脚踏实地的从基层做起，不能客观地分析个人的优势和不足，搞不清楚自己的职业兴趣，一味追求所谓安逸的高薪工作岗位，这种情况在一些大学毕业生中比较常见。特别是一些大学毕业生看中所谓的"体制内的职业"，不满意"体制外的工作"，学生家长更是希望孩子能找到体制内比较稳定的工作，千军万马都在"抢"数量有限的"铁饭碗"，这势必会造成就业难的局面。

第四，大学毕业生职业能力不理想。有关调查表明，用人单位对大学毕业生的工作态度、专业知识、动手能力、合作精神的总体评价较低。很多大学生只重视书本知识，忽视了同样重要的社会实践锻炼，综合素质不理想，实际能力欠佳，而用人单位最需要的是那些能尽快胜任工作岗位的就业人员，更注重大学毕业生的综合素质和实际能力，尤其是沟通交流能力、动手操作能力、协同合作能力、创新能力等。所以，用人单位喜欢招聘有工作经验的就业人员，而不想招聘没有任何工作经验的刚毕业的大学生，这也在一定程度上造成了大学毕业生就业难的局面。

第五，大学毕业生缺乏对自身的职业生涯规划。学生的职业生涯规划不仅仅关乎到未来的就业方向，更影响着学生的职业发展目标、前进方向，但是一些大学毕业生并不了解什么是职业生涯规划，对自己毕业后的就业抱着"走一步、看一步"的心态，把职业生涯规划简单地等同于找工作，对自己没有明确的规划和实施措施，整体目标不清晰。

（三）辅导过程——多渠道拓宽大学毕业生就业途径

解决大学毕业生就业问题，一方面要从学生自身的就业心态和观念下手，降低过高的期望值，鼓励大学毕业生到基层单位去就业，到需要大学毕业生的岗位就业，树立先就业后择业的就业理念；另一方面高校要调整完善专业人才培养方案，适应就业市场需求，建立职业生涯规划制度。两手都要抓，两手都要硬。社会更要为大学毕业生提供更多的就业渠道。

第一，调整就业心态，走出"舒适圈"。在疫情防控常态化的背景下，大学毕业生的就业压力巨大，家长和学生需要做好充分的心理准备，降低过高的就业期待值，不断提升自己的能力，实现高质量的就业。现在的大学生都是00后群体，大部分学生的生活环境都比较优越，喜欢躺在自己的"舒适圈"，不愿意去尝试新的能锻炼自己的工作岗位。辅导员在学生毕业之际，更应该加强对毕业生的心理疏导，让大学毕业生拥有主动调节心态的能力，更多地去思考人生，规划未来，主动走出生活"舒适圈"，自觉迎接挑战。

第二，转变大学生就业观念，降低期望值。大学生要想就业，就必须调整自己的就业观和期望值，放弃不切实际的想法，正确对待就业。当前所谓的就业难，实质上是找"好"的工作岗位难，一些累、苦、脏、报酬低的岗位没有人愿意去做，因而大学毕业生要理性地看待就业现状，改变那种一心想找效益好、稳定系数高、体制内的单位或岗位，改变渴望"坐在办公室就挣大钱"的心态。当前就业市场最需要的是技术型人才、一线岗位人才，最需要的是能奋斗在一线的技术人员和"蓝领"工人，不需要那么多的"白领"和坐办公室的文职人员。所以，毕业生要想就业，就必须改变传统的就业观念，增强竞争意识，增强吃苦耐劳、不怕苦不怕累的精神，在工作岗位虚心学习，逐步锻炼自己，不断提高自己。

第三，树立大学毕业生先就业后择业的观念。事实上，很多大学生在毕业时都能找到工作，很多中小企业需要人才，需要大学毕业生，但他们"挑三拣四"，不想去中小企业，想"一步到位"，直接找到稳定、待遇好的工作。大学毕业生初入社会，没有工作经验，更没有掌握实用技术和核心技术，很难找到"一步到位"的好工作，辅导员应鼓励大学生先就业后择业，先找到工作，在工作中边干边学，不断提高，在有经验的基础上再"挑选"工作。

第四，建立完善的职业生涯规划制度。职业生涯规划绝不仅仅是在毕业季发挥作用，而是贯穿于学生在校学习的各个阶段，只有在平日积累，不断提升职业生涯规划的合理性，根据学生和实际情况加以调整，才能更好地为大学生个人发展提供支持。高校在培养人才时，注重和鼓励各专业的教师将专业课与职业生涯规划教育结合起来，帮助学生在学习理论知识的同时完成职业生涯规划，并对自身能力水平有一个比较清晰的认知。

第五，高校要培养市场需要的人才，拓宽就业渠道。高校要结合不同专业的就业实际情况，充分考虑不同专业学生的培养目标、就业方向，不断调整完善人才培养方案，培养符合就业市场需要的人才。同时，高校要为毕业生提供更宽更广更多的就业渠道，鼓励毕业生参加"西部计划"，去西部地区就业服务；鼓励毕业生去基层锻炼自己，积极参加"三支一扶"、大学生村官等就业项目。

（四）经验启示——利用大学毕业生就业加大思想政治教育

一是利用就业机会进行思想政治教育。党和政府高度重视大学毕业生就业工作，2013年5月14日至15日，习近平总书记在天津考察时强调，"就业是民生之本，解决就业问题根本要靠发展。要切实做好以高校毕业生为重点的青年就业工作"。习近平总书记勉励当代大学生志存高远、脚踏实地，转变择业观念，坚持从实际出发，勇于到基层一线和艰苦地方去，把人生的路一步步走稳走实，善于在平凡的岗位上创造不平凡的业绩。① 2020年7月22日至24日，习近平总书记在吉林省考察期间指出："各级党委和政府要高度重视高校毕业生就业问题，高校毕业生要转变择业就业观念，只要有志向就会有事业，只要有本事就会有舞台。希望大家找准定位，踏踏实实实现人生理想。"② 辅导员要抓住毕业生就业找工作的机会，对学生进行思想政治教育，让学生了解党和政府对高校毕业生的关爱，鼓励毕业生到祖国最需要的地方就业，施展自己的才华，放飞自己的青春梦想。

二是利用就业机会宣传党和国家的政策。社会主义市场经济条件下，国家就业政策是毕业生自主就业、市场调节就业、国家创造条件鼓励就业创业。为了促进高校毕业生就业，国家出台了一系列支持高校毕

---

① 习近平. 稳中求进推动经济发展 持续努力保障改善民生 [N]. 人民日报，2013-05-16（01）.

② 习近平. 坚持新发展理念深入实施东北振兴战略 加快推动新时代吉林全面振兴全方位振兴 [N]. 人民日报，2020-07-25（01）.

业生就业的优惠政策。近两年我国经济发展下行压力较大，党中央要求扎实做好"六稳"工作，全面落实"六保"任务，"六稳"工作中的第一项是"稳就业"，"六保"任务中的第一项是"保居民就业"。2022年《政府工作报告》指出，要"继续做好'六稳'、'六保'工作，持续改善民生"，2022年发展主要预期目标包括"城镇新增就业1100万人以上，城镇调查失业率全年控制在5.5%以内"。《政府工作报告》指出要强化就业优先政策。"大力拓宽就业渠道，注重通过稳市场主体来稳就业，增强创业带动就业作用。财税、金融等政策都要围绕就业优先实施，加大对企业稳岗扩岗的支持力度。各类专项促就业政策要强化优化，对就业创业的不合理限制要坚决清理取消。各地都要千方百计稳定和扩大就业。"要着力稳市场主体保就业。"落实落细稳就业举措。延续执行降低失业和工伤保险费率等阶段性稳就业政策。对不裁员少裁员的企业，继续实施失业保险稳岗返还政策，明显提高中小微企业返还比例。今年高校毕业生超过1000万人，要加强就业创业指导、政策支持和不断线服务。"①

三是给予大学毕业生更多的关怀和帮助。大学毕业生是一个特殊的群体，承受着完成学业、就业等多重压力，需要得到更多关注。大学毕业生虽然是低年级学生口中的"学长""学姐"，但是对于即将踏入社会的他们来说，是完完全全的新手，难免陷入迷茫、不知所措。所以，辅导员应当密切关注毕业生这个群体，注重加强引导，做好"摆渡人"和"引路人"的角色，多给予他们帮助和支持，在就业政策上加以辅导，在心理压力上加以疏解，让毕业生感受到辅导员工作的"温度"，这也是辅导员思想政治教育工作的一个生动体现。

四是人才培养中融入职业教育因素。有些学生在报考大学选择专业

---

① 李克强. 政府工作报告［EB/OL］.（2022-03-12）［2022-05-06］. http：//www. gov. cn/premier/2022-03/12/content_ 5678750. htm.

的时候，根本不知道自己的特长和兴趣所在，有的完全是遵从父母的愿望，这样会导致他们在以后的学习过程中，发现自己根本就不喜欢所学专业，提不起学习兴趣，更不要说在专业上有所成就了。俗话说"兴趣是最好的老师"，只有学生找到自己的兴趣所在，才能挖掘内在学习潜力，高校要把职业教育因素融入专业教学中，加强对学生职业教育的培养，打开学生职业探索之门，了解所学专业的深刻内涵。

五是高校要适应市场需求，加大课程改革力度。高校要大刀阔斧地进行专业教学改革，取消一些华而不实的课程，增加实践类和操作性强的课程，注重把学习的理论知识付诸实践，强化学生的实践能力。高校要根据专业的特点和发展方向，适当地调整人才培养方案，培养符合市场需要的人才，努力让培养的学生能更好地适应市场需求，使人才培养与市场需求有效接轨，实现高校更好地服务社会、更好地为毕业生就业创造条件的目的。

六是注重校企合作，增加就业机会。高校要发挥校友资源和社会资源的优势条件，为毕业生搭建实习实训平台。利用校企合作的机会，签约更多的校外实习基地，让更多的学生去实习基地实习。在学生实习中，企业能够更多地了解实习学生，可以从中挑选更多的优秀人才；学生也能够学到更多必备的专业技能和实操技术，发现自己的优势和不足，明确自己的定位，为未来就业奠定良好的基础。校企合作对于企业和学生来说都是一件好事，是一种"双赢"的结果。

第八章

把思想政治教育融入学风建设

习近平总书记指出："大学阶段，'恰同学少年，风华正茂'，有老师指点，有同学切磋，有浩瀚的书籍引路，可以心无旁骛求知问学。此时不努力，更待何时？"① 要教育引导学生"把远大抱负落实到实际行动中，让勤奋学习成为青春飞扬的动力，让增长本领成为青春搏击的能量"②。学生在学校的主要任务是学习，通过学习增长才华，增长本领。辅导员做学生思想政治教育工作，要结合学生的实际，首先是紧密结合学生学习的实际，辅导员要把思想政治教育融入学生工作的方方面面，首先是融入学生学业学习方面，要以思想政治教育工作加强学风建设，让学生形成良好学风，让学生勤奋学习，让学生增长为人民服务、为中国共产党治国理政服务、为巩固和发展中国特色社会主义制度服务、为改革开放和社会主义现代化建设服务的本领，争做堪当民族复兴重任的时代新人。

一、学业上一个不能"掉队"

习近平总书记指出："青年人正处于学习的黄金时期，应该把学习作为首要任务，作为一种责任、一种精神追求、一种生活方式，树立梦

---

① 习近平. 青年要自觉践行社会主义核心价值观——在北京大学师生座谈会上的讲话 [N]. 人民日报，2014-05-05（02）.

② 习近平. 把思想政治工作贯穿教育教学全过程 开创我国高等教育事业发展新局面 [N]. 人民日报，2016-12-09（01）.

想从学习开始、事业靠本领成就的观念，让勤奋学习成为青春远航的动力，让增长本领成为青春搏击的能量。"① 勤奋学习、不断进步，是对在校大学生的基本要求。学生只有把专业知识学好，把专业技术学牢，把真本领学到手，走出校园之后才能更好地奉献社会，实现自己人生的梦想。

（一）案例概述——学生家境困难想退学

李某娟是大学三年级的一名女学生，她是家里的老大，还有一个在上初中的弟弟和一个在上高中的妹妹，父亲在当地的一个陶瓷厂里打工，母亲身体一直不好，常年吃药，只能打临时工贴补家用，父母收入微薄，加上三个孩子都在上学，家里是当地的低保户。上大学以来，李某娟每年都获得国家助学金，父母对李某娟的希望是毕业后赶紧找工作，她也是弟弟和妹妹的表率。李某娟性格内向，与班里同学在学习上有一定差距，这天李某娟找到辅导员老师，表示自己不想读书了，觉得自己学习不好，总是学不会，读书没意思又花钱，还不如去打工赚钱，还能减轻父母的压力，因此，李某娟有退学打工的念头。

（二）案例分析——多种原因引发"躺平"心理

首先，多种原因诱发个别学生想"躺平"。随着我国高等教育的发展和高校招生门槛的降低，越来越多的学生踏入高校大门，本科教育基本普及。有些学生认为，完成了高考就是完成了学习阶段的重要目标，进入大学后就没有学业压力了，可以"躺平"松口气了，缺乏学习目标与自我约束，缺乏学习的动力和主动性，导致学业懈怠，学习能力下降，碌碌无为，得过且过，严重者最后连毕业证也拿不到。还有些学生没有完成学习方式的转换，只知道高中基本是指令性他律学习，不知道大学主要是指导性自律学习，不能适应大学的学习方式，没有掌握学习

---

① 习近平. 在同各界优秀青年代表座谈时的讲话［N］. 人民日报，2013-05-05（02）.

技巧，学习效率不高，学习效果不佳，学业成绩落后，直接影响学习的信心。大学毕业后就业压力大，社会上"学习无用论"再次抬头，"60分万岁"仍有生存空间，影响一些学生的奋斗激情。实际生活中存在的家庭教育缺位、家庭教育偏颇、家庭经济状况困难等因素，都直接影响着学生的学习态度，也影响着学生的成长成才和学业成绩。

其次，本案例学生想退学的原因。从本案例概述可以看出，学生李某娟的问题比较突出，她已经产生了退学打工的念头，如果不及时制止，她将付诸实际行动。作为辅导员老师，希望每一个大学生都不要放弃学业。分析案例中李某娟想要退学的原因，主要有以下几点：该生性格内向，有什么心事不愿与他人交流；家里经济条件较差，让她认为既然读不好书，何必浪费家里的钱交学费，还不如出去打工赚钱养家；学习基础较差，和班上同学有一定的差距，学习跟不上，一定程度上的学习困难让她失去学习的信心；家庭氛围给李某娟造成一定压力，她是家里的老大，父母对她寄予希望，希望她尽早工作挣钱，给弟妹做出榜样。上述多种原因导致该学生想退学。辅导员要根据学生的具体情况，开展思想政治教育及说服引导工作。

（三）辅导过程——知识改变命运仍是硬道理

首先，知识改变命运仍是硬道理。当今社会，没有知识就无法生存，教育是走向社会的"通行证"，一个人接受教育的程度决定着一个人的未来前途。许多家长让孩子努力学习，考上大学，也是为了适应社会需要，将来能够找份比较好的工作。从社会视角来分析，学生刻苦学习，掌握知识和技能，提高综合能力，不管找到什么工作岗位，都可以为社会提供服务，都可以为国家做出贡献，对自己对国家都是好事，因此，学生要发奋学习。一个贫寒人家出生的孩子，如果不想重复父辈的生活，只有通过发奋学习提升自己，才能改变自己的命运，知识改变命运仍是硬道理，不能因为眼前的一点小利益就放弃学业，也不能因为生活中出现了一点困难就想退学，任何事情不能阻挡和改变学生对知识的追求。

其次，多种途径帮助学生解决困难。为了帮助家庭经济困难的学生完成学业，国家建立了比较完善的帮扶体系。国家层面有国家助学金，其对象是家庭经济困难的学生，还有励志奖学金，面向品学兼优的家庭经济困难学生；社会层面有助学贷款，免除贷款利息；学校层面有勤工助学帮扶，家庭经济困难的学生可以利用课余时间在学校找一份勤工助学岗位；学生还可以利用课余时间，在社会上找一个兼职打工岗位；班团组织可以进行定向帮扶，在学业上、生活上帮助有困难的学生；辅导员可以联系专业课程教师，帮助辅导学生走出学业上的困境。"一方有困难，八方来支援"能够在高校得到充分彰显。因此，本案例涉事学生要充满信心，完全可以克服目前的暂时困难，努力坚持下去，全力完成学业，才能奔向美好的未来。

（四）经验启示——学业上精准帮扶

一是建立家庭经济困难学生学业帮扶机制。精准扶贫帮助全国农村贫困人口如期实现脱贫目标，目前扶贫任务已转换为乡村振兴战略，总体要求是初心不改、方向不变、力度不减、脚步不停。高校在教育扶贫方面发挥了重要作用，随着任务的转换，高校要根据自身的优势条件，继续重视家庭经济困难学生的帮扶工作，在教育帮扶方面发挥出应有的积极作用。鉴于奖助学金体系比较完善，家庭经济困难学生有多种途径可以得到帮助，高校要聚焦学生的学业帮扶，在学业方面做好家庭经济困难学生的帮扶文章，组建由辅导员、专业教师、学生组成的帮扶队伍，建立家庭经济困难学生学业帮扶机制。当学生学业上出现异常情况时，启动预警机制，帮扶队伍开始介入，将学业预警通知单发给帮扶对象，特别是辅导员要与帮扶对象谈心交流，进行思想政治教育引导；如仍不见效，要启动帮扶机制，全面展开帮扶工作，重点是专业教师、学生在专业学习方面进行帮扶。帮助家庭经济困难学生摆脱学业方面的困难，是时代赋予每所高校和每位专业教师、每位辅导员、每位学生义不容辞的责任和使命，一定要帮扶好、完成好。

二是采取多种措施进行精准帮扶。对于家庭经济困难学生学业上出现的问题，要按照因人而异、因材施教的基本原则，进行精准帮扶，提高帮扶的针对性和有效性。针对缺乏学习动力的学生，通过开设"生涯导航教育""优秀校友帮扶"等活动，激发学生的学习兴趣，挖掘学生的学习潜能，明确学习的目标，注入学习的动力；针对欠缺学习能力的学生，通过学习方法的指导、优秀学生一对一帮扶、优秀教师帮扶等方式，重塑学生学习的自信心，帮助学生完成难度较大课程的学习；针对家庭因素引发问题的学生，通过建立家校联动机制，让家长更多地了解孩子在校表现、课程成绩、奖惩记录、学业预警等情况，让家长配合学校进行帮扶；针对上进心不足的学生，通过"朋辈导师"或学习成绩优秀的高年级学生一对一帮扶，激发学生看齐意识，实现共同进步。

三是注重营造优良的学风。习近平总书记指出："要在增长知识见识上下功夫，教育引导学生珍惜学习时光，心无旁骛求知问学，增长见识，丰富学识，沿着求真理、悟道理、明事理的方向前进。"[①] 优良学风是高校人才培养的重要保障，也是促进学生勤奋学习的重要手段，高校要采取多种途径营造校园优良学风。通过实行晨读和集体晚自习制度，养成学生刻苦学习的自觉行为；通过要求学生上课时间、学习期间手机定点存放，培养学生集中精力学习的良好习惯；通过图书馆、自习室全天候开放服务，为学生提供良好的学习条件；通过组织每周学术讲座、学术报告、学术沙龙等活动，营造浓厚的学术氛围；通过建设文明宿舍，把宿舍建设为学生交流学习的业余课堂；通过提升课堂教学质

---

① 习近平. 坚持中国特色社会主义教育发展道路 培养德智体美劳全面发展的社会主义建设者和接班人 [N]. 人民日报，2018-09-11（01）.

量，提高学生的到课率和"抬头率"；通过改革创新教学方法，发挥学生学习的主动性。只有让优良学风不断熏陶学生，让浓厚学术氛围长期沐浴学生，才能筑牢学生勤奋学习的意识，坚定学生发奋拼搏的意志，形成学生刻苦学习的品质。

四是注重培育良好的班风。班级是高校学生的基本组织形式，是学生自我教育、自我管理、自我服务的主要组织载体，辅导员必须高度重视班级建设，努力培育和形成良好的班风。班风是一个班级稳定的集体风范，是一个班级中大多数学生在学习、思想等方面的共同倾向，是一种无形的力量，直接影响着每位学生的成长。良好的班风包括浓厚的学习风气，积极进取的思想境界，同学之间和睦相处、团结友爱、相互帮助，严明的班级纪律，朝气蓬勃的精神风貌等。良好的班风激励着每位学生勤奋学习，不断上进，相互关心，热爱集体，是辅导员进行思想政治教育的基本平台，是辅导员引导学生践行社会主义核心价值观的有力举措，也是促进学生刻苦学习的有效手段。

二、帮助沉迷网络游戏的学生走出困境

网络是人们获取信息的便捷工具，不是一个人奋斗的事业；网络游戏是人们消遣娱乐的一种方式，不是一个人整天沉迷的舞台，更不是一个人施展才华的空间。紧张学习之余，通过了解网络游戏调整放松一下自己，无可厚非，可以理解，而整日深陷网络游戏、不能自拔，那就是一个危险的信号，就是一个严重的问题，它可以丢掉一个人的学业事业，可以磨掉一个人的远大志向，可以毁掉一个人的光明前途。要给沉迷网络游戏的学生敲响警钟，使其迷途知返，走出"网游"，走进学业，走向光明。

（一）案例概述——沉迷网络游戏耽误学业

在信息化时代，学生经受的诱惑越来越多，个别学生沉迷于网络世

界，导致出现心理和学业问题。王某伟是大学二年级的一名男生，不爱与同学交流，到二年级已经挂科四门课程，平时热衷于玩"王者荣耀"等游戏，最近更是愈演愈烈，经常打游戏到半夜，好几位任课教师跟辅导员张老师反映王某伟经常不上课，几次点名都不在，也没有请假，同宿舍同学也找到辅导员反映王某伟太爱打网络游戏，有些同学半夜醒来还能看到他坐在桌子前盯着电脑、戴着耳机，不断敲击键盘和鼠标，早上大家都起来上课，只有王某伟仍在宿舍睡觉，如此一来，拼命玩网络游戏的王某伟身体受不了，耽误了学业，也打扰了宿舍同学休息，宿舍同学也说过王某伟，但王某伟听不进去，反而责怪舍友，还产生了一些摩擦，导致大家都不愿与王某伟来往。同宿舍同学找到辅导员反映情况，辅导员张老师感觉不太对劲，决定找王某伟谈一谈。王某伟在谈话中透露，他觉得学习压力大又"无趣"，在网络世界中可以逃避现实，可以放松自己，可以忘却生活中的不愉快，久而久之如此逃避，王某伟变得更孤僻，不想跟同学们接触，最后课都不经常去上了，学业也落下了。辅导员张老师跟王某伟的几次谈话都收效甚微，于是想到一个"妙招"。

平日从不玩网络游戏的张老师，为了王某伟之事，特意申请了一个"王者荣耀"账号，简单学习了基础玩法，通过向其他同学打听王某伟上线时间，跟王某伟同一时间进入虚拟世界打开网络游戏，几次游戏下来，张老师与"网友"王某伟熟悉了起来，相互添加了QQ号。在与王某伟聊天中，辅导员张老师"假装"自己也曾是"问题"学生，但有次看到母亲在外面辛苦挣钱打扫卫生，一把年纪腰都直不起来了，还被公司经理大声训斥，心中觉得无比难过自责，愧对养育自己的母亲，于是下定决心好好学习。王某伟感同身受，因为他的家庭也不富裕，父母身体也不好，都靠打工赚钱。就这样，通过几次聊天，王某伟开始转变，很少玩网络游戏了，也补上了落下的学业。后来王某伟知道了事情的经过，想到辅导员老师为了挽救他，乔装成"网友"，很受感动，更加刻苦学习。

（二）案例分析——换个角度做学生工作

首先，个别学生对大学学习的目的不明确。高中时，同学们都朝着考大学的方向努力，学习目标明确，学校和家长都齐心协力，但是考上大学后，个别学生觉得完成了"目标"，可以放松了，一下就"松散"下来，紧张的学习生活成了身外事。大学是步入社会、与社会接轨的一个重要阶梯，不是拿着家里给的钱享受生活的地方，所以，个别学生对于大学学习的定位不准确，上了大学以后没有明确的目标和规划，从而放松了自我，不发奋努力学习，耽误了学业。

其次，换个角度做学生工作。沉迷于网络世界的现象在大学生中经常见到，尤其是个别男生。对于此现象，辅导员老师不要一味地批评指责，而是要搞清楚学生沉迷于网络世界的真实原因，要抓住学生的"弱点"，对症下药。所有的孩子都是心疼父母的，尤其是家庭经济状况不太好的学生，父母供孩子上学读书不容易，可能家里还有几个孩子都要供养上学，从体谅父母含辛茹苦赚钱养家供孩子上学的角度去说服学生，换个角度做学生思想教育工作，可能有更好的教育效果。

（三）辅导过程——加强学生学业管理

第一，及时发现问题，尽早解决问题。对于存在"问题"的学生，辅导员要及时发现，尽早解决问题，这就需要辅导员平日和学生、班干部、任课教师多多沟通"搞好关系"。同学之间相处最多的是宿舍和班级同学，他们上课、吃饭、睡觉都在一起，相互之间最了解。辅导员要建立"宿舍—班级—辅导员"三级信息沟通机制，宿舍是指"问题"学生所在的宿舍，班级是指"问题"学生所在的班级，通过宿舍同学、班干部、学生党员，建立全方位、多层级的信息沟通机制。辅导员要有自己的信息员，密切关注"问题"学生的情况，传递一些班里同学的动态信息，及时掌握异常或者特殊同学的情况。任课教师最了解学生的学业情况，辅导员要跟任课教师多联系，多了解学生的学习情况，掌握学生的学习动态。

第二，摸底调查，建立台账。面对众多性格各异的学生，辅导员一定要建立一套班级学生管理台账，按照学业预警、心理预警、家庭经济困难等类型建立学生信息库，以便掌握每一个学生的情况和特点，针对不同问题类型的学生开展工作。手头准备一份学生家长的联系方式和家庭住址等信息，方便紧急情况时联系学生家长。辅导员要将学生每年的心理测试结果记入台账，再根据平日掌握的情况，了解那些确有问题但心理测试没有筛查出问题的学生，及时将需要特别关注的"问题"学生进行标注，以便后续跟踪了解，开展思想教育和正确引导工作。

第三，及时进行学业预警。辅导员要关心学生的学习情况，每个学期结束后，对"挂科"比较多或累计"挂科"多门课程的学生，要进行学业预警，了解他们"挂科"的真正原因，将学校的学位授予规定告知学生，提醒学生"挂科"多少门或学分不够，就拿不到学位证或毕业证。针对学业预警的学生，辅导员要开展一对一帮扶工作，及时进行思想政治教育，指定党员学生帮扶学业困难的同学，或者联系任课教师进行帮扶。对于"挂科"比较多的学生，辅导员要主动联系家长，与学生家长进行沟通，确保家长知晓此事，并配合学校一起进行学生的帮扶工作。

（四）经验启示——掌握好沟通的艺术

第一，不过分责怪，认真倾听。要想顺利开展学生思想政治教育工作，需要辅导员深入了解学生的情况，掌握学生的思想动态。对于犯错误的学生，辅导员不能一味指责，要认真倾听学生的想法，深入了解学生的内心世界，知道他是哪里出了问题，不过分责怪或批评，过分指责和批评只能让学生封闭自己，不想把真实情况告知老师。做一个耐心的倾听者，倾听之后再拿出指导和帮助学生的具体计划，使思想政治教育更具有针对性和可行性。

第二，创新与学生沟通的方式。沟通是一门艺术，掌握了这门艺术，沟通事半功倍。随着社会的进步，当代学生所接触的新生事物越来越多，辅导员要不断学习理论知识，不断了解新生事物，采用多种沟通技巧和不同方式与学生进行交流，要找到最适合的路径与不同的学生进行沟通。可以转换交流角色，利用"同辈朋友"的身份对学生进行引导，有时"同辈朋友"的话比老师的话更有效果、更有说服力。与学生沟通的地点不一定是人员比较多的办公室，可以找一个安静的空间，可以在食堂、操场等地方。可以与学生坐下来交谈，还可以是"散步式"的谈心。沟通的方式不能只停留在批评、说教，可以用学生能接受且能内化入心的"朋友交心"的方式进行。

第三，重视与学生家长沟通。学生在校学习期间，可以建立与学生家长沟通的机制，如定期将学生的学业成绩单让学生转交通报家长，一般情况下辅导员不直接与学生家长联系沟通，但学生有了问题的"先兆"或出现了问题，必须及时与学生家长联系沟通。在与学生家长沟通的时候，辅导员要注意自己的言谈举止，尽可能从"为了孩子的长远发展"这一角度进行沟通，要让家长从内心感到辅导员是为孩子着想。沟通要诚恳，不能盛气凌人，要掌握好沟通的度，对于学生在校不好的表现"点到为止"，对于敏感问题，如学生身体健康出现异常情况等，要仔细说明。要告知学生家长与孩子的沟通方式，不能老师一联系家长，家长就指责孩子，只有家长与辅导员共同掌握好沟通方式，才能有利于做好学生的教育工作。

三、科学引导要转专业的学生

专业没有好坏之分，也没有高低之别，三百六十行，行行出状元。

人们认为的所谓好专业或热门专业，学习的人多了，竞争更激烈，就业更难，可能会由"好"变"坏"、由"热"变"冷"；所谓不好的专业或冷门专业，学习的人比较少，更容易就业，更容易发展，可能会由"坏"变"好"、由"冷"变"热"。任何事物都是发展变化的，学生要用辩证的思维分析问题，要有长远发展的眼光，不能随意"跟风"转专业，要学一行爱一行，要树立牢固的专业思想。

（一）案例概述——学生想转入热门专业

刘老师是一年级新生的辅导员，学校刚刚发布了一则转专业的通知，刘老师所带的班级有 7 位同学找到她，表明有转专业的意愿。这可把辅导员刘老师愁坏了，她所带的班级总共 40 名学生，有 17.5% 的学生有转专业的想法，这个比例在学校都算比较高的。怎么办？刘老师计划单独做这 7 位同学的思想工作，了解他们的真实想法，于是把这几位同学找来，一个一个单独地谈话，其中有两名同学在刘老师的指导和劝说下，打消了转专业的念头，但其他 5 人仍然坚持，刘老师决定就专业问题召开一次主题班会，与学生进行沟通和交流。

（二）案例分析——了解学生转专业的动因

学生对所学专业不感兴趣，要求调换到其他专业，有多种原因。

第一，对所学专业不感兴趣。学习兴趣是最好的老师，学习兴趣直接关系着学习的动力和效率，没有学习兴趣，会导致学生对所学专业没有认同感。学生高考时可以填报多所学校多个专业，录取时按照第一、第二、第三志愿的顺序进行录取，如果第一志愿没有录取，就看第二志愿，还有一项"是否服从调剂"的选项，很多考生和家长担心不服从调剂所报学校就无法录取，所以在填报志愿时大多数考生都选择了"服从调剂"这一项，考分没有太多优势的学生被调剂到他们"没有报、不太喜欢、时下不流行"的专业。高校有转专业的相关政策，学生进入大学学习后，有了转专业的机会，由于对所学专业不感兴趣，专业认同感不高，许多学生提出转专业申请，以期通过转专业进入心仪的专业。调查发现，高考第一志愿录取学生比率约50%，非第一志愿录取的学生占比也高达50%，几乎与第一志愿录取学生的人数相当，这一状况导致了入学后要求转专业的学生增多。

第二，对专业就业前景的考虑。随着高校的扩招，每年大学毕业生人数不断增加，就业的压力逐年增大，能否就业和就业前景成为大学生越来越看中的事情，学生也越来越重视专业的选择。如近两年受新冠肺炎疫情的影响，旅游市场持续走低，报考旅游管理专业的学生越来越少，而大数据、软件开发、财务管理、会计、金融类专业就业前景较好，报考的学生越来越多，也成为学生转专业的热门首选。调查显示，65%以上的学生因为原专业就业前景不理想，想转入就业前景比较好或者比较好就业的专业。

第三，一定程度上存在跟风现象。部分学生转专业存在一定的盲目性，当他们看到周围同学都在为转专业忙碌时，自己也盲目地跟从，实际上他们对自己想要转入的专业并不十分了解，只是随大溜盲目地提出转专业申请。有的学生跟随潮流，觉得时下计算机网络、大数据专业很流行，也想转入这些所谓的"热门"专业学习。不考虑自身特点盲目跟风，这种心态是转专业学生中常见的现象。

第四，受父母的影响。现在的大学生基本都是独生子女，学习生活方面大多是父母包办。许多学生父母从自己的思维模式来规划子女的未来，有的学生父母自己当年没有完成的梦想，就想着让孩子努力"替自己圆梦"，有的学生父母则希望子女继承自己的衣钵，从事他们所从事的行业，自己多年的职场经验也能在一定程度上帮助子女未来就业。受父母的影响，也是学生转专业的重要原因之一。

（三）辅导过程——帮助学生筑牢专业思想

一是做好学生的思想工作。转专业政策的实施，是学生又一次选择专业的机会，是高校"以学生为中心"教育理念的重要体现。对于学生申请转专业，辅导员不能一味阻拦，而要了解学生申请转专业的真正原因，是对所学专业没有兴趣，还是考虑专业就业前景不乐观，是盲目跟风转专业，还是父母要求的。要根据每位学生不同的特点和具体情况，分析所学专业和想转入专业的优劣势，对症下药。对于说服后不转专业的学生，要加强对他们的心理疏导，使他们尽快平复心情，重新认识专业，提高专业兴趣和认同，进一步引导他们树立专业信心，安心学习，完成好本专业的学习任务。

二是劝导学生认真做出决定。学生转专业后会出现一些预想不到的问题，如学生对专业的认识不深，对专业的感知和期待与现实有差距，转专业后学习基础不好无法适应等。因此，辅导员在与申请转专业学生交流时，要劝导学生认真考虑转专业后的一系列问题，如自身是否具有转入专业学习的基础、转专业后从哪个年级开始读、落下的课程和学分能否补上、转入专业未来发展走向和就业形势、转专业后宿舍的调换、能否适应新的同学和班级等，要求学生与家长沟通后，再认真做出决定，不要一时冲动。对于商定转专业的学生，辅导员要努力帮助尽快完成。

三是树立新生专业认同感。每年新生入学时，要做好新生专业教育工作，帮助学生初步了解所学专业的基本情况、人才培养方案、课程设置、就业前景等，组织开展二级院系名师"第一堂课"、优秀校友事迹报告会等活动，通过展示专业成绩、优秀校友现身说法、讲述励志校友故事等，加深新生对所学专业的认同感，了解所学专业的发展优势与特色、就业率与升学率，初步树立专业思想。要让学生搞清楚社会发展需要各行各业的人才，哪个行业和专业都需要人才，专业不分高低贵贱好坏，只有学科和专业类型之分，只要专业知识扎实、专业技能熟练，不管哪个专业都有发展前途。三百六十行，行行出状元。

四是深化学生对专业的热爱。在学生培养过程中，要构建专业教师为主体、二级院系负责人、优秀校友、辅导员等共同组成的专业思想教育体系，通过专业教学、课程渗透、专题讲座、校友座谈、社会实践等形式，深化学生对所学专业的认识，筑牢学生的专业思想，激发学生对所学专业的热爱，让学生从职业探索和职业规划入手，深入了解社会，深入了解所学专业的职业要求、发展状况、市场需求、就业前景等，思考自己未来职业发展方向，构建专业知识、专业技能、通识知识、综合能力所组成的学业体系，努力提升自己，更好适应未来社会发展的需要。

（四）经验启示——提高人才培养质量

第一，健全学生合理转专业机制。高校要根据本校的专业设置、教学条件、管理规定等实际情况，制定学生转专业的相关政策，在转专业人数和要求上做出明确规定，确保学生科学合理地转出转入各专业，确保人才培养质量，确保专业师资、教学设备等条件与学生人数的比例在合理范围内。要做好转专业政策的宣传，加强对各专业的介绍，学生如果对转专业政策不了解，对转入、转出专业没有清晰的认识，容易出现盲目跟风转专业以及转专业后不适应又后悔的情况。

第二，提高专业建设质量。打铁还需自身硬，要从源头上解决学生转专业的问题，必须加强专业建设，提高专业建设的质量。高校要根据社会发展的变化，主动改革专业结构，调整专业设置。二级院校要完善专业人才培养方案，突出专业的办学特色，努力打造专业特色，增强专业课程的实用性，使专业更加适应社会发展的需要，增强学生的就业能力，拓宽学生的就业方向。各专业要加强师资队伍建设，培养双师型、多师型导师。不断深化课程改革，打造线上、线下"金课"。注重综合型、实用型人才的培养，注重学生实践创新能力的培养，加强创新创业引导，培养本领过硬、符合行业发展需求的高素质人才。

第三，建立完善主辅修专业培养模式①。2019 年 9 月颁布的《教育部关于深化本科教育教学改革 全面提高人才培养质量的意见》明确规定："推进辅修专业制度改革。促进复合型人才培养，逐步推行辅修专业制度，支持学有余力的全日制本科学生辅修其它本科专业。"② 主辅修专业培养模式有助于发挥学生学习潜力，让学生获得更好的发展机会，增强学生就业的适应性。许多高校建立了本科生主辅修专业制度，允许学生在完成主修专业课的同时，辅修一个相关专业。对于不能成功实现转专业的学生，学校可以通过主辅修专业培养模式，实现学生的梦想。通过主辅修专业培养模式，既可以对学生的专业爱好加以正确引导，拓宽学生的专业视野，又可以培养复合型人才，增强学生的就业能力，帮助学生更好地实现就业。

四、创业不急在一时

在就业压力趋于增大的情况下，创业可以带动就业，可以扩大就业，还可以促进创新，因此，国家鼓励人们创业，更鼓励大学毕业生就业时积极创业。对于在校学生，主要任务是学习，尽管有在校学生创业的相关规定，实践中老师都是鼓励学生在校园创业园区进行创业活动。学生可以在不影响学业的前提下尝试参与社会创业活动，但要站得高看

---

① 主辅修专业制度与第二学士学位教育不同，主辅修制度是指在校本科生在学习主修专业的同时，辅修一个相关专业；而第二学士学位教育属于大学本科后教育，招生对象为本科毕业之后进行跨专业学习的人员。主辅修专业制度与双学士学位也不相同，2019 年 9 月颁布的《教育部关于深化本科教育教学改革 全面提高人才培养质量的意见》明确指出，开展双学士学位人才培养项目试点。支持符合条件的高校创新人才培养模式，开展双学士学位人才培养项目试点，为学生提供跨学科学习、多样化发展机会。本科毕业并达到学士学位要求的，可授予双学士学位。双学士学位只发放一本学位证书，所授两个学位应在证书中予以注明。

② 教育部. 教育部关于深化本科教育教学改革 全面提高人才培养质量的意见 [EB/OL]. (2019-10-12) [2022-05-06]. http：//www. gov. cn/xinwen/2019-10/12/content_ 5438706. htm.

得远，要有长远眼光，不能因为一时的创业而耽误了终身的学业。

（一）案例概述——学生在校学习期间想创业

赵某强在班里的学习成绩一直排在中等偏后，在大学三年级刚开始的一个月，有几位代课教师向辅导员反映赵某强最近总是不上课，几次点名都不在，作业也不交。得知这一情况后，辅导员向班长和几位班干部了解有关情况，事情果真如此。几位同学反映赵某强好像在创业，弄了点"小生意"。辅导员随即找来赵某强谈话，了解具体情况，赵某强在谈话过程中表示，在学校每天上课没什么意思，老师讲的都是教材上有的内容，都是以后工作用不到的东西，不想把时间浪费在学这些知识上。现在国家鼓励大众创业，万众创新，他想毕业后自己创业，所以现在出去锻炼锻炼，看看能干点什么。赵某强还说，自己在学校附近租了个门店，准备开个小花店，卖一些大学生喜欢在宿舍摆放的盆栽和多肉植物，因为最近刚租下门店，店铺要进货，比较忙，所以没有时间上课。辅导员问他为什么不上课没有请假，赵某强不好意思地向老师道歉，表示自己投资了所有积蓄1万元，如果店开不下去就血本无归，他不能让钱打了水漂，所以忙着"做生意"，就没有来上课，但表示以后有什么事一定请假，不会无故旷课。

（二）案例分析——学生不能因创业而耽误学业

首先，国家政策鼓励大众创业，但要区分时间和身份。大众创业、万众创新出自2014年9月第八届夏季达沃斯论坛上李克强总理的致辞讲话，李克强总理提出要在960万平方千米土地上掀起"大众创业""草根创业"的新浪潮，形成"万众创新""人人创新"的新态势[①]；2015年李克强总理在《政府工作报告》中又提出"推动大众创业，万

---

① 李克强. 紧紧依靠改革创新 增强经济发展新动力——在第八届夏季达沃斯论坛上的致辞 [EB/OL]. (2014-09-11) [2022-05-06]. http://www.gov.cn/guowuyuan/2014-09/11/content_ 2748703. htm.

众创新"。但是创业要分时间和身份，要看具体情况。老师、学校、社会都鼓励大学生毕业后勇于创业，但目前赵某强才是大学三年级的在校学生，正是专业课学习的关键时期，此时创业难免会影响学业，时间节点和在校学生的身份都不适合创业。

其次，要肯定学生想创业的想法，但绝对不能因此耽误学业。对于赵某强想要自己创业开店的想法，辅导员要给予肯定，这一想法说明他努力进取，思维新颖独特，勇于创新，但同时还要跟他强调，绝对不能因为创业而耽误学业，不能顾此失彼。以旷课的形式到外面创业，学校是不允许的，学校有严格规定，学生旷课达到规定学时，就不能参加课程的期末考试，辅导员要把学生管理规定再告知学生一次。如果几门课程"挂科"没有学分，就拿不到毕业证和学位证，这更是学生的终身大事。学生只能利用课余时间或假期进行创业，不能"逃课"创业，如果实在忙不过来，可以申请休学创业，现在国家有明确政策，"支持大学生保留学籍休学创业"①，但学生要认真考虑后谨慎决定。

（三）辅导过程——利用好校内外创新创业实践平台

首先，鼓励在校大学生提升创新创业能力，支持高校毕业生创业就业。2021年9月颁布的《国务院办公厅关于进一步支持大学生创新创业的指导意见》指出，"大学生是大众创业万众创新的生力军"，"支持在校大学生提升创新创业能力，支持高校毕业生创业就业"②。因此，要鼓励大学生在校期间认真学习，掌握实践技能，提升创新创业能力。本案例中学生有创业的想法，说明他是一位有主意、有魄力的大学生，

---

① 国务院. 国务院关于大力推进大众创业万众创新若干政策措施的意见 ［EB/OL］. (2015-10-16) ［2022-05-06］. http://www.gov.cn/zhengce/content/2015-06/16/content_ 9855. htm.

② 国务院办公厅. 国务院办公厅关于进一步支持大学生创新创业的指导意见 ［EB/OL］. (2021-10-12) ［2022-05-06］. http://www.gov.cn/zhengce/content/2021-10/12/content_ 5642037. htm.

相比之下，许多大学生"敢想不敢为"，甚至连想都不敢想自己创业，该学生还找到了具体的创业点，动了脑筋，值得肯定。但在校大学生的主要任务是学习，没有足够时间，也不能放下学业而一心扑在创业上，更没有资金来源，生活费和学费都是父母提供的。在校大学生没有任何创业实际经验，社会经验少，只是看到一些创业成功者表面的光鲜亮丽，殊不知创业者背后付出的辛勤与汗水，那是付出了多少日日夜夜的努力才得到的回报，如果创业投资失败，先前投入的资金血本无归，那对于普通家庭的大学生来说打击更大。因此，建议在校大学生努力提升创新创业能力，等毕业时有了足够的时间和精力再进行创业就业。

其次，充分利用校内外创新创业实践平台。建议大学生毕业后进行创业，不是否定提升大学生创新创业的能力，而是要为大学生提供提升创新创业能力的机会，强化提升创新创业能力的培养。实践教学、创新能力培养是高校教学的重要组成部分，是在校大学生的不足和短板，是高校办学着重努力的方向。许多高校建立了大学生创业孵化基地、大学生创业园、大学生创客空间等创业实践基地，面向在校大学生免费开放；许多高校开展了大学生创新创业孵化服务及一系列大学生创新创业实践活动，与企业共同建立了校外实习、实践基地，专业实践课中有学生见习、毕业实习的要求，目的就是让创新创业在大学生实践中落地生根，培养和提升大学生创新创业的能力。这些举措都为大学生提供了展示自己、施展才华、增长实践能力的平台，大学生要充分利用好这些基地和平台，提高自己创新创业的能力，为毕业后创新创业做好准备。

（四）经验启示——加强创新创业实践能力培养

第一，高度重视学生创新创业能力培养工作。培养具有创新创业能力的人才，是促进经济社会高质量发展的迫切需要，是提升我国国际竞争力的迫切需要。国家对于创新创业高度重视，国务院出台了《关于大力推进大众创业万众创新若干政策措施的意见》，人力资源社会保障部印发了《关于支持和鼓励事业单位专业技术人员创新创业的指导意见》，国务院办公厅印发了《关于进一步支持大学生创新创业的指导意见》，为推进创新创业创造了条件。高校作为人才培养的摇篮，一定要高度重视学生创新创业能力培养工作，加强学生创新创业能力的培养，把创新创业教育融入人才培养的全过程全方面，力求做实做细做好做出成效。

第二，加强学生创新创业教育。高校要加强学生创新创业教育，强化创业就业指导专职教师队伍建设，通过派出专职教师到企业挂职锻炼等途径，提高创新创业教育的师资水平；开设创新创业课程，讲授好创新创业的基本知识、基本技能和基本要求，宣讲好国家创新创业的有关政策；聘请知名企业家、成功创业者等优秀人才，担任创新创业课指导教师，对学生进行创新创业指导；通过创新创业的具体事例，教育引导学生树立创新创业的意识，增强学生创新创业的理念。

第三，加强学生创新创业实践能力培养。要增强学生见习实践、毕业实习实践的针对性，不让实践教学流于形式和走过场；要搭建好校内学生创新创业平台，出台优惠政策和措施，鼓励学生在校内创新创业平台"试一试"，增加学生创新创业的体验和经历，培养学生创新创业的精神，对自主创业的学生实行持续帮扶、全程指导、一站式服务；要加强校内创新创业示范基地建设，形成持续发展的学校创新创业高地，打造具有鲜明特点的学校创新创业品牌，发挥示范基地的引导作用；要积极开展多种形式的创新创业大赛等实践活动，要求二级院系的创新创业实践活动实现全覆盖，每位学生都要参与，校级层面的创新创业实践活动有亮点、有特色、有成效，发挥好示范作用；要充分利用校外实践基地的优势条件，采取"请进来"和"走出去"的形式，让学生接触社会、了解社会，加强学生社会实践能力的培养。

第九章

把思想政治教育融入学生生活

习近平总书记指出:"思想政治工作从根本上说是做人的工作,必须围绕学生、关照学生、服务学生,不断提高学生思想水平、政治觉悟、道德品质、文化素养,让学生成为德才兼备、全面发展的人才。"① "我们要关注青年所思、所忧、所盼,帮助青年解决好他们在毕业求职、创新创业、社会融入、婚恋交友、老人赡养、子女教育等方面的操心事、烦心事,努力为青年创造良好发展条件,让他们感受到关爱就在身边、关怀就在眼前。"② 学生学习生活在校园,校园日常生活看似小事,不起眼、不重要,但辅导员要是抓住了这些看似不起眼、不重要的小事,把学生思想政治教育融入这些生活小事,学生生活就是思想政治教育的大舞台、大阵地,大有可为。辅导员只有把思想政治教育融入学生生活,才能把思想政治教育做细做实做好,才能实现围绕学生、关照学生、服务学生开展思想政治教育,才能实现春风化雨润物无声的教育效果。

一、学生宿舍里的风波

宿舍是学生在校园的"家"。学生学习累了,可以在宿舍休息。学

---

① 习近平. 把思想政治工作贯穿教育教学全过程 开创我国高等教育事业发展新局面 [N]. 人民日报, 2016-12-09 (01).

② 习近平. 在纪念五四运动 100 周年大会上的讲话 [N]. 人民日报, 2019-05-01 (02).

生心中有什么要讲的话,可以找宿舍同学谈。学生除了在教室上课、图书馆看书,有许多时间是在宿舍度过的。宿舍学习氛围浓,有助于学生上进。宿舍同学关系融洽,学生生活得开心舒心。要加强学生宿舍文化建设,注重学生宿舍管理,让宿舍成为学生"温馨的家",让宿舍成为学生学习的重要课堂。

(一)案例概述——关系不和谐要求调换宿舍

一天下午,二年级女生李某敏来到辅导员办公室,表示想调换宿舍,辅导员问起原因。李某敏是南方的孩子,每天晚上 11 点熄灯准时睡觉,早上 6 点半起床开始学习英语,生活习惯很好,但起床洗漱声音大,影响大家休息。宿舍其他同学一般晚上 11 点躺下后继续玩一会儿手机,或者是在床上开一小时左右的"卧谈会",睡得比较晚,导致早上一般都到 7 点半才能起来,彼此之间生活习惯相差很大。而且南方人喜欢每天都洗个澡再睡觉,但宿舍没有单独的厕所,只在楼道里有公共的洗漱间,所以李某敏每天打一盆热水在宿舍的阳台上擦洗,在洗漱的过程中难免洒到地上一些水,宿舍其他几位女生都是北方姑娘,对此很不能理解,时间一长,彼此之间因为生活琐事,矛盾越积越多。

(二)案例分析——构建和谐宿舍是校园稳定的需要

第一,宿舍人际关系是学生面对的一个现实问题。随着社会的进步,人们的生活水平不断提高,物质生活越加丰富,一大批生活条件较为优越、养尊处优的 00 后学生走进了大学校园。这些同学来自不同的地区,有的是南方人,有的是北方人,他们的性格习惯、文化观念、作息规律以及语言方言不尽相同。生活习惯也不完全相同,有些同学勤快爱干净,喜欢把自己的卫生和宿舍卫生打扫得干干净净,每天注意保持宿舍卫生;有些同学不是很注意,个人的衣物随意堆放,桌面食物护肤品洗漱用品乱放成一堆,很少主动打扫宿舍卫生,时间一长,难免引起宿舍同学之间的矛盾,对于原来一直住家、没有住校经历的同学也是一种挑战。所以，处理好大学生宿舍人际关系，是辅导员和学生不得不面对的一个共性问题。

第二，构建和谐宿舍是大学生普遍而强烈的诉求。美国心理学家马斯洛在20世纪50年代提出需要层次论，把人的需要分为五个层次，分别是生理需求、安全需求、社交需求、尊重需求和自我实现需求，在同一时期，个体存在着多种需求，而最占主体地位的需求支配着个体的意识。对于大学生而言，在接受高等教育的时期，生理需求和安全需求已不占支配地位，更高层次的社交需求、被他人尊重的需求和自我实现的需求突显出来。而宿舍是大学生每天生活的最基本空间，同学们在宿舍有社交需求，渴望在宿舍得到归属感、幸福感，渴望得到其他宿舍成员的认同和接纳，渴望得到相互尊重与认可。因此，构建和谐宿舍是大学生普遍而强烈的诉求。

第三，构建和谐宿舍人际关系是校园稳定的需要。宿舍是大学生学习、交往的主要场所，是大学生思想最活跃的地方，宿舍安全稳定、积极向上，学生们才会团结一致、乐观向上，校园才能和谐稳定。近年来高校出现的不少恶性事件，如云南大学马加爵宿舍杀人事件、复旦大学林森浩投毒案等，充分暴露了部分大学生与宿舍人际关系冲突所导致的心理问题，足以引起高校对宿舍人际关系和心理问题的高度重视。构建和谐宿舍，构建和谐宿舍人际关系，是解决大学生宿舍人际关系冲突的关键所在，也是维护校园稳定、构建和谐校园的迫切需要。

第四，构建和谐宿舍人际关系是大学生完善自我意识的需要。自我意识是人对自身的认识以及自己与他人关系的认识。大学生正处于自我意识迅速发展并趋于成熟稳定的时期，在这一时期，所遇到的人和事，自己与周围人相处的关系，自己在集体中的位置与作用，都直接影响他们自我意识的形成，而和谐的宿舍人际关系可以帮助大学生正确地认识和评价自我，完善自我意识，发展健全人格。因此，构建和谐宿舍人际关系是大学生完善自我意识的需要。

（三）辅导过程——注重学生宿舍建设

一是辅导员要多深入宿舍了解情况。辅导员要经常深入学生宿舍了解情况，学生们说的是一个样子，可能深入宿舍又会发现同学们没有告诉老师的一些"小秘密"。辅导员要在没有事先通知大家的情况下，以"检查卫生"或"找某位学生有事"为由，去学生宿舍实地走访看一看，这是辅导员应尽的工作职责，也是辅导员做学生工作的一个技巧。在本案例走访宿舍的过程中，辅导员发现学生李某敏确实是很爱干净的，桌子和床收拾得整整齐齐，相比之下其他人的东西都是随意堆放。辅导员也发现了"小心机"，在门后的值日安排中，李某敏值日的次数也是最多的。

二是单独沟通与团体辅导。辅导员找来宿舍其他几位学生了解情况，这几人反映李某敏说的情况属实，她们的作息规律和生活习惯确实不一样，又跟这几人单独了解，其中性格比较张扬的两人表示不想跟李某敏住在一个宿舍，也想把她调换出去，其他人并没有明确表示，认为是小矛盾可以调解。辅导员抓住他们的矛盾点单独辅导交流思想，随后采用团体辅导的形式打开宿舍成员之间的心结，让宿舍成员之间相互理解、相互包容，化解矛盾。

三是注重宿舍文化建设。首先是完善学生宿舍管理制度，包括宿舍长选拔制度、卫生制度、安全制度、晚点名制度、学习帮扶制度等，让宿舍每个学生参与制度的制定，并自觉遵守制度。其次是重视精神层面的宿舍文化建设，辅导员要把学生宿舍人际关系列入宿舍管理议事日程，定期组织学生开展宿舍文化主题活动，宣传温馨宿舍、特色宿舍、"学霸"宿舍、卫生宿舍等，营造积极健康向上的宿舍文化氛围。

四是发挥好宿舍长的带头作用。宿舍长是学生宿舍的灵魂人物，学生宿舍状况怎样，关键是要有一名优秀的宿舍长。辅导员在宿舍长的选拔上要选用敢担当能作为的学生担任宿舍长，要对宿舍长进行必要的教育培训和引导，提高宿舍长的应有地位。要建立宿舍长责任制，明确宿舍长的职责，增强宿舍长的责任心和任务感。宿舍长要了解宿舍成员之间的人际关系，及时发现并协调解决宿舍中存在的问题，遇到重大事项，及时向辅导员报告。只有发挥好宿舍长的带头作用，才能有力推进和谐宿舍的建设工作。

（四）经验启示——以宿舍文化建设提升学生品行修养

第一，共建宿舍美好家园。宿舍是大学生校园生活的"家"，大学生至少有三分之一的时间都是在宿舍度过的，宿舍关系是大学阶段最基础的人际关系。宿舍关系融洽，大家心情舒畅，不仅有利于学习，还有利于同学们的身心健康发展。每年学校里都会出现一些优秀宿舍，如某宿舍六位同学都考取研究生、某宿舍八位同学都考入编制就业单位、某宿舍文化建设突出等。反之，宿舍关系紧张，则会给宿舍每个同学带来一定负面影响，如每天不想回宿舍、因为与宿舍同学的一些矛盾导致无法专心学习等。学生都希望生活在一个文明、健康、温馨的宿舍环境中，而宿舍关系的相处之道，关键在于宿舍成员之间要像家人一样，相互包容，相互关爱，共同进步。

第二，以宿舍文化建设提升学生品行修养。辅导员在处理宿舍问题上，应及时安抚学生的情绪，调解矛盾，防止矛盾激化，让每名同学从调换宿舍风波中吸取教训，增长为人处世的经验，个人素养得到提高，让申请调换宿舍的同学也明白，要学会适应大学生活，学会与宿舍同学和平相处，只有相互包容、和谐相处，才是解决问题的关键。辅导员要利用调换宿舍一事，对学生进行个人品行修养教育，进行弘扬社会主义核心价值观和中华优秀传统文化教育，要让学生明白宿舍看似小事一桩，实则折射出学生的个人素养，是学生步入社会的第一课、"第一关"，宿舍同学关系都融洽不了，对同学都不能包容一点，以后在社会中更无法生存。

第三，做细做实心理健康教育。学生宿舍之所以有矛盾，很大程度上反映出学生心理的不健康，主要表现在小肚鸡肠、斤斤计较，什么事情都不愿意多做，生怕自己吃亏，只维护自己的利益，攀比心理严重，价值取向错位，这些心理上的不健康直接体现在行为上。因此，辅导员要不断加强学生心理健康教育和心理疏导，把思想政治教育与心理健康教育有机结合起来，用真人真事真故事教育引导学生，解决学生心理和思想上的问题，通过和谐宿舍建设活动，培养和造就心理健康、品格健全、修养高尚的人才。

二、帮助大学生树立正确的恋爱观

如何正确对待大学校园里的恋爱，是每个大学生大学生活中遇到的现实问题，难以绕过去。作为辅导员老师，不能鼓励学生学习期间谈恋爱，要用具体的学生事例加强教育，给予学生正确引导。"有信念、有梦想、有奋斗、有奉献的人生，才是有意义的人生。"① 学生要珍惜大学时光，把主要精力聚焦在学业上，不负韶华，不负理想，不能因为恋爱问题影响学业，更不能因为恋爱问题而出现什么意外。对于恋爱受挫的学生，要多关爱、多疏导，帮助学生走出情感困境。

（一）案例概述——因为恋爱受挫想轻生

周某莲是大三年级的一名女生，平时成绩一般，在班里属于默默无闻的学生，既不做出格的事，表现也不突出。10 月的一个黄昏，周某莲母亲一个急促的电话打给了辅导员张老师，周某莲母亲在电话里心急火燎地说孩子刚才给发了一个"奇怪"的短信，内容大致是感谢母亲

---

① 习近平. 青年要自觉践行社会主义核心价值观——在北京大学师生座谈会上的讲话 [N]. 人民日报，2014-05-05（02）.

的抚养之恩，说今生无以回报，只能来生再报，并嘱咐母亲和父亲两人要多保重身体。母亲一看信息内容就慌了神，像临终遗言，感觉不妙的周母立马拨通了孩子的电话，但电话无人接听，一连打了好几次电话都没有接通，周母想来想去还是拨通了辅导员张老师的电话。

张老师接到电话后，立即组织班里同学、学生干部和党员在宿舍、教学楼、自习室、食堂和校园里开始寻找周某莲，并给院系领导打电话汇报了情况，同时联系宿舍同学了解情况。宿舍同学说中午周某莲还回宿舍休息了一会儿，下午没课，周某莲表示要去教室学习；张老师询问起周某莲最近的状况。原来周某莲高中时交往了一个男朋友，是当时同班的一位男生，后来周某莲考上大学离开了家乡，而男生因为学习不好没能考上大学留在家乡，家里帮忙安排了工作就去上班了。在周某莲上大学的两年多时间里，两人一直保持电话视频聊天，假期回家经常见面，感情也维持得不错，周某莲也计划毕业以后回到家乡找份稳定工作，两人好团聚。但没想到就在前两天，交往了五年的男朋友忽然提出要分手，原因是家里给他安排了相亲，相亲的两人相处不错，男生家里又催得紧，表示"等不了"以前相好的人了，所以提出分手，准备和相亲对象筹办婚礼。周某莲接受不了这个现实，觉得男友平常和自己相亲相爱，怎么就不能等她回去，越想越觉得难受，才有了开头给母亲发手机信息的一幕。

张老师一边了解情况，一边安排学生在校园里寻找周某莲，最后在校园的湖边找到了周某莲，该学生坐在湖边哭得很伤心，辅导员和学生赶到湖边后，赶紧让两位女生一左一右拉住周某莲的手和胳膊，防止其有自杀行为，并安抚周某莲的情绪，之后与周母沟通说找到周某莲了，让家里人不要过于担心，等待周某莲心情平复后再与父母交流。

（二）案例分析——正确对待学生恋爱问题

首先，大学生恋爱是正常现象。人非草木，孰能无情。学生到了

20多岁的年龄后开始谈恋爱，是很自然和正常的事情，但要有良好的恋爱心态，对恋爱有一个正确的认识。学生恋爱中有许多不确定因素，很可能恋爱中会发生一些变化，这都会使学生产生忧虑情绪。反之，良好的恋爱心理能促进学生学业的发展，具有积极的影响。当代00后大学生想法独到，独往独来，案例中的周某莲就是最好的一个例子。周某莲对于感情执着付出，觉得没有得到应有的回报，她想不明白男友为什么会背叛她，越想越钻"牛角尖"，所以才有了案例开始的一幕。

其次，大学生恋爱受挫容易出现情绪波动。大学生生活圈子相对比较单一，生活空间也相对单纯，他们的主要任务是面对学业，没有妥善处理人际关系的丰富经验，因此，面对人际关系出现紧张状况时，多数学生不懂得如何妥善处理与自我调节。同时，学生抵抗受挫能力也较差，在遇到心情不愉快的事情或遇到心理压力较大的事情时，特别是当情感受到挫折时，容易出现情绪波动，会处于紧张的情绪状态，甚至会产生敌对或憎恨的态度，从而导致攻击自身或他人的行为，损害身心健康。

（三）辅导过程——帮助学生走出情感困境

第一，辅导员要主动关心学生，认真聆听学生倾诉。学生恋爱关系中如果遇到分手的问题，往往是被动的一方会比较痛苦。在学生个人情感出现危机的关键时刻，辅导员要学会与学生交流，倾听她内心的感受，充分了解事情的前因后果，才能客观地判断事情的本质，从而帮助学生缓解心理压力。所以，当事件发生后，等到学生心情平复时，辅导员要与学生进行面对面的深入交流和谈心谈话，关心和关爱学生，让学生放下戒备心理，愿意吐露心声，辅导员则可以列举正能量的有关案例，说清楚事情的利与弊，正面引导学生，正向疏导学生，传播正能量，让学生换个角度看待问题，重建自信心。

第二，学生要学会释放，处理好个人恋爱关系。大学生要学会珍

惜，珍惜自己现有的美好生活，珍惜关爱自己的家人。大学生还要学会
释放，将自己的不良情绪和悲伤以正确的渠道释放出来，比如跟同宿舍
好友倾诉心声，锻炼身体出汗释放，或者以听音乐来释放情绪，只有释
放出不良情绪和悲伤，才能减缓心理压力。同时，学生要用积极的心理
规划自己的未来，处理好学业和感情之间的关系，及时调整心理状态，
重新找回自我，认清恋爱分手的利与弊，避免因感情问题而出现不良的
后果。

第三，发挥好宿舍同学和学生干部的积极作用。宿舍是大学生活很
重要的组成部分，学生有三分之一以上的在校时间是在宿舍度过的，辅
导员要发挥好宿舍这个小集体的积极作用。上述案例发生后，辅导员要
私下找学生宿舍长或者值得信任的学生帮助观察涉事学生的一举一动，
轮流陪同涉事学生吃饭、学习、外出等，不让涉事学生一人落单。同辈
朋友的帮助有时比辅导员更有效，因此，辅导员要安排班里的学生干部
一对一地进行帮扶，随时观察涉事学生的异常举动，如有特殊情况第一
时间上报，避免发生意外情况。

第四，联系专业教师做好心理辅导工作。现在的大学生都是在长辈
呵护下长大的，抵抗挫折能力较弱，时常会因为一些小事情出现人际交
往的纠纷，对于同学之间吵架、朋友之间分手等事情，会产生心理积
怨，造成严重的心理伤害，有时会出现报复心理，或者出现自杀等不正
确的极端方式，影响自身学习和生活，因此，学生需要学会调整心态的
方法。辅导员要主动与学校心理健康教育与咨询中心教师联系，简要说
明情况后推荐涉事学生与专业咨询教师进行交流，帮助学生转变错误观
念，提高学生抵抗挫折的能力，让学生学会接纳自我。

第五，帮助学生转移注意力，规划好未来人生。学生因个人情感问
题心理受到挫伤后，辅导员要有意识地引导学生转移注意力，把学生的
注意力和精力转移到学业上，转移到其他有意义的事情上。要帮助学生

规划好未来生活，规划好职业生涯，帮助学生重塑未来。要积极引导学生参与校园活动，发挥校园活动育人的优势，充实学生的校园生活。要以真实的励志故事教育引导学生，让学生对未来充满希望，增强学生的安全意识和责任感，顺利完成大学学业。

第六，家校联合，共创美好未来。大学生一般都是离开家乡在外地学习，学生父母不一定了解孩子的在校情况，辅导员要及时与学生家长联系，让学生家长知晓学生在学校的情况，并提醒学生家长要关心学生的学业，还要多关心学生的心理健康，对孩子不要总是批评，要多鼓励、多理解。辅导员对学生也不能一味地纵容，事态严重时可以联系学生家长，把学生带回家进行休整，情节严重者还要去医院做相关检查，要把学生身心健康放在第一位。留得青山在，不怕没柴烧，只要学生安然无事，就有希望，就可以创造美好未来。

（四）经验启示——教育引导学生树立正确恋爱观

一是正确认识大学生恋爱问题。青春岁月的大学生，虽然年龄上已经满 18 岁，应该是成年人了，但心理、意识、行为发展方面还处于懵懂阶段。学生同在校园里生活学习，在异性交往中萌发出恋爱的"小心思"，实属正常现象，但是他们缺少社会实践以及生活的阅历，不了解生活的本质和生命的可贵，不知道学业比起恋爱更为重要，对待恋爱的态度也具有不稳定因素，抵抗受挫能力弱，所以，帮助大学生树立正向的人生观、价值观、恋爱观，帮助大学生正确处理个人情感问题，也是一项重要的思想政治教育工作。

二是大学生要树立正确的恋爱观。大学生刚刚步入校园，青春萌动，遇到相互欣赏喜欢的同学，两人彼此帮助、相互扶持、共同进步是最佳的状态，如果能达到这样的效果，学生彼此要学会珍惜，也要学会感恩。当感情不再继续之时，学生要学会主动放手。对于学生在校恋爱问题，总的原则是不鼓励不提倡，更不能让学生把过多精力投入在个人恋爱问题上。作为辅导员，要及时了解学生的动向，予以学生积极的行之有效的帮助。辅导员要帮助大学生认识爱情的本质，树立正确的恋爱观，要引导学生正确看待自己的生活，恋爱只是生活的一部分，不是一个人生活的全部，要把学生的注意力、关注点转移到学业上来，为自己的梦想而奋斗。另外，社会要注重性健康教育，学生要学会自我保护，控制自己的情感，避免造成不良后果。目前，网络运用感情诈骗的案例很多，辅导员要教育引导大学生提高鉴别能力，提高警惕性，避免上当受骗。

三是鼓励大学生励志成才。大学生正处于学习阶段，情感丰富，做事容易冲动，也是发生心理问题的高危阶段，面对挫折，就会出现心情烦躁，或者出现情绪失控状态，尤其是面对情感挫折问题，随之而来的后果是影响学生学业、影响学生生活，如不能有效地调节心理状态，将会带来严重的后果。在日常的学生工作中，辅导员要注重引导大学生树立奋斗目标，做好学业规划，鼓励学生要用长远的眼光看问题，积极参加学校组织的各项活动和专业比赛，充分利用好学校丰富的学习资源，抓住每一个机会提高自己，提升自我，锻炼意志，磨炼本领，励志成才。

四是建立学生心理危机预警和筛查机制。目前大学生各种心理问题比较多，因感情问题发生意外情况也不罕见，辅导员要适应形势的发展变化，终身学习，不断提高综合能力。辅导员要善于收集学生的案例，仔细分析与整理，进行总结与思考，配合学生心理健康教育与咨询中心的有关工作，建立大学生心理危机预警体系，从排查到筛选，对情感问题出现心理危机的学生，要及时有效地进行干预。要潜移默化地引导学生，预防为主，把问题解决于萌芽状态，建立宿舍、班委、二级院系学生一体化服务管理体系，建立与学生家长沟通联系机制，让家长了解孩子在校情况。要发挥好同学的作用，让宿舍同学和班委干部共同发力，同向同行，陪伴出现心理危机的学生渡过难关，帮助具有心理危机的学生走出困境。

三、学生要"少干一杯"

大学生还未步入社会，主要任务是学习，不提倡学生饮酒。每逢过年过节，家人在一起团聚，学生作为家中的一员少量饮酒，这是在家中，无可厚非，但学生在校园不能饮酒，这是无形的纪律，也是大学生的自律，更是大学生的形象，因为饮酒不利于学生学习，也不符合大学校园风貌，更是违反校园纪律。对于有饮酒习惯的学生，辅导员老师要多加教育引导，多加关注这些学生，要给学生提个醒、有个约定，引导学生自觉践行社会主义核心价值观，自觉弘扬中华优秀传统文化，让学生远离饮酒，杜绝因饮酒引发各种异常情况。

（一）案例概述——多喝一杯酒折腾大半夜

大三年级第二学期的期末考试刚刚结束，男生周某杰宿舍六位同学打算聚一聚，庆祝考完试马上就要放假了。晚上六位同学相约一起在学校周边的烧烤摊点吃烧烤并喝酒，宿舍的六人中有两人以前就喝酒，有三个人能少喝一点，剩下周某杰一个人肠胃不好，常年吃胃药，一直不喝酒。六位同学越吃越高兴，几个喝了酒的同学在酒精的催化下开始相互"劝酒"，又劝说周某杰也喝点，周某杰抵不过大家的劝说，就喝了两杯酒。大家吃完饭喝完酒，晚上 10 点多才回到宿舍休息。半夜周某杰胃痛不止，浑身冒汗，宿舍同学联系了辅导员老师，辅导员老师联系值班教师，值班教师赶来和同学一起把周某杰送到了医院。医院大夫诊断周某杰并无大碍，是老毛病胃病又犯了，开了点药。第二天辅导员老师把这个宿舍的同学都叫到办公室，对他们进行了教育。

（二）案例分析——搞清楚学生饮酒原因

影响大学生产生饮酒行为的因素是多方面的，包括传统文化、家庭和同伴这些外在因素的影响，还受自身的心理压力和个体主观认知差异的影响。

一是社会习俗的影响。我国酒文化源远流长，历史上游牧民族受生活方式、生活环境的影响，以饮酒作为取暖的生存方式，而饮酒作为一种民族习俗和文化，世世代代流传下来。"以酒会友"慢慢成为男生之间"情感交流"的方式，大学生走入校园，必然要经历与社会融合的过程，从而产生饮酒行为，有些大学生为了在特定场合得到证明和认可也会饮酒。

二是同伴行为的影响。同伴喝酒行为，特别是同学的喝酒行为，很大程度上影响着大学生对饮酒的判断。大学生进入校园广泛交友，朋友之间交往形式更加自由，有些学生由于受到同伴的影响，看到同伴有饮酒行为时，他们会效仿同伴的行为而一起饮酒，有些同学则为了更好地"融入集体"，在同伴们的怂恿下尝试喝酒，表明自己很合群。

三是心理压力的影响。大学生饮酒行为与本人心理状态有着密不可分的联系。大学生在大学期间面临许多问题和压力，饮酒成为处理问题和缓解压力的一种手段。现在的大学生多为 00 后独生子女，个性张扬，他们在父母的保护下长大，遇到问题与挫折时经验不足，无法正确化解面对的问题和压力，当心身压力积累到一定程度出现心理失衡时，容易产生烦闷、忧愁、焦虑、自责以及空虚等不良情绪，"借酒消愁"就成为大学生化解压力的一种方法。饮酒后酒精的刺激、兴奋、释放、麻痹作用，极大地满足了大学生宣泄情绪的需要。

四是个体主观认知差异的影响。大学生的个体主观认知不同，其饮酒行为也有所差异。有的学生认为，饮酒是享受生活的一种方式，适当饮酒可以消除疲劳、放松心情，有助于身心健康；而有的学生则认为，饮酒容易上瘾，产生酒精依赖，对大学生身心健康会产生伤害。从医学和心理学的角度来讲，适当饮酒有助于人的身心健康，但过度饮酒对人的身心健康负面影响很大。大学生正处于身心未成熟向成熟发展的过渡阶段，对饮酒行为很难把握好"度"，把握不好"度"就容易出现喝多酒危害身体健康和产生危害性行为。

（三）辅导过程——多管齐下营造良好校园氛围

第一，学生干部和宿舍长要以身作则。大学生喝酒经常以宿舍或班级聚会的形式出现，在喝酒的过程中如果有人能站出来劝解大家，会及时避免大家过度饮酒。学生基本是在老师不知情、不在场的情况下饮酒的，这时学生干部和宿舍长的作用就尤为重要。学生干部和宿舍长要以身作则，发挥好带头作用，自己不饮酒，而且要以适当的方式督促大家遵守学生纪律，约束大家的饮酒行为，及时劝解大家不喝酒或少喝酒。

第二，营造良好的校园氛围。校园是大学生学习生活的地方，校园里有良好的学习氛围或学习氛围浓厚，对学生饮酒行为会产生无形的约束和限制，对大学生产生积极的引导作用，很大程度上会减少大学生饮酒行为。丰富的校园生活也能在一定程度上减少学生的饮酒行为，平日里各种各样的文体活动，丰富多彩的社团生活，不同层级的专业竞赛，广泛的志愿者服务活动，这些都能极大丰富学生的课余生活，生活丰富了，学生的饮酒行为在一定程度上也会减少。

第三，掌握正确的解压方法。大学生饮酒行为大多与心理压力有关，寻找缓解压力与情绪的方法也可以减少饮酒的机会。体育锻炼可以宣泄情绪，通过体育锻炼用汗水把压力排出体外，运动过后会感觉身心轻松。除此之外，听音乐、看电影，都对放松压力、舒缓情绪很有帮助。面对压力和情绪，最好的方法就是面对它，把压力和情绪释放出来，心里的烦闷就会减轻。所以，学生要掌握正确排解压力的方式。

第四，学会调节自身身心状态。拥有规律的作息和良好的生活习惯，对大学生一辈子的生活和发展都十分重要。学生要有良好的作息安排，要学会调节自身身心状态，让自己保持良好的学习生活规律，养成良好的生活习惯，全力以赴搞好学业。同时，学生保持充足的营养和持续的锻炼也是非常必要的，充足的营养和足够的运动都能提高学生身体素质，调节身心状态，杜绝过度饮酒行为，展现大学生良好的社会形象。

（四）经验启示——培养学生健康的生活方式

第一，管理有规定，学生要遵守。教育部颁布的《普通高等学校学生管理规定》明确规定，学生要"自觉遵守学校管理制度，创造和维护文明、整洁、优美、安全的学习和生活环境"，"学生不得有酗酒、打架斗殴、赌博、吸毒，传播、复制、贩卖非法书刊和音像制品等违法行为"，"不得从事或者参与有损大学生形象、有悖社会公序良俗的活动"①。在列举的违法行为中，酗酒被排在第一位，学生不得酗酒，不得从事或者参与有损大学生形象的活动，这是明文规定。学生要心中有戒、行之有度，坚决遵守学生管理规定，坚决不做违法之事，坚决不做有损大学生形象的事，自觉维护文明校园环境。

第二，加强正确的心理疏导，帮助学生养成健康的生活方式。当前，大学生群体中发生过度饮酒或饮酒后发生危害事件的情况时有发生，有时甚至危害到大学生的生命健康安全，这必须引起辅导员的高度重视。辅导员要积极开展健康教育，用鲜活的实例教育学生，加大学生心理疏导力度，用正确的渠道排解学生压力，宣泄学生烦恼，帮助学生养成健康的生活方式。

第三，帮助学生树立正确的饮酒观。中国有源远流长的酒文化，每逢过年过节或喜庆日子，家人或朋友饮酒以示祝贺，这是在家中，是在社会，不是在校园。在日常教育管理中，辅导员要注重教育引导大学生

---

① 教育部. 普通高等学校学生管理规定［EB/OL］. (2017-02-16)［2022-05-06］. ht-tp://www.moe.gov.cn/srcsite/A02/s5911/moe_621/201702/t20170216_296385.html.

正确认识中国的酒文化和相关知识，让他们知晓酒精依赖的危害性以及过度饮酒会危害健康乃至生命，让他们清楚学校不同于社会和家里，让他们明白学生在校不能饮酒，更不能在校酗酒或醉酒，这不仅是大学生形象的要求，也是学生纪律的要求，要树立正确的饮酒观。辅导员要准确掌握经常饮酒或过度饮酒的学生情况，多与他们沟通交流，多加强心理疏导，有效避免学生在校饮酒，坚决杜绝学生在校酗酒或醉酒行为的发生。

第四，父母注意言传身教，做学生的好榜样。心理学研究表明，孩子的行为习惯容易受到父母言行的影响。部分大学生在没有进入大学之前，可能已经开始有饮酒的习惯了，主要原因就是受到父母饮酒行为潜移默化的影响。言传身教，父母是孩子的第一任教师，父母的饮酒行为对子女饮酒行为的影响很大，尤其是对于男生。这就要求父母要注意自身的言行，以身作则，不能在孩子面前酗酒或醉酒，严格要求未成年孩子不能饮酒，培养孩子良好的行为习惯和健康的生活方式。

第五，提高个体主观认知，培养大学生自我控制能力。养成不饮酒或少饮酒的行为习惯，最关键的环节是提高大学生个体的主观认知。只有把社会、学校、家庭等外在条件内化为大学生内在的自觉行为，才能真正形成学生的健康生活方式，避免酗酒或醉酒的发生。作为新时代的大学生，更要提高对饮酒行为的认知度，正确看待和对待饮酒行为，切实了解过度饮酒或酗酒对自身和他人的伤害，提高自身定力和自我把控能力，不受他人"劝酒"的影响，真正做到在校不饮酒、在家少饮酒，不断提高自身的综合素养，自觉抵制酗酒或醉酒的陋习，为营造良好社会风气尽自己的一点绵薄之力。

四、让青春绽放在祖国需要的地方

海阔凭鱼跃，天高任鸟飞。到祖国最困难的地方去，到祖国最需要的地方去，这曾是老一辈大学毕业生的豪言壮语，也应是新时代大学生的精神风貌和理想壮志。习近平总书记指出，"奋斗是青春最亮丽的底色，行动是青年最有效的磨砺"，广大青年要"勇做新时代的弄潮儿，自觉听从党和人民召唤，胸怀'国之大者'，担当使命任务，到新时代新天地中去施展抱负、建功立业，争当伟大理想的追梦人，争做伟大事业的生力军，让青春在祖国和人民最需要的地方绽放绚丽之花!"① 在当今大学毕业生逐年增多和就业困难的情况下，大学毕业生要立鸿鹄志，做奋斗者，到祖国需要的地方去就业，到基层的单位去发展，到困难的地方去磨炼，才能走出闪光的精彩人生。

（一）案例概述——家长不同意孩子参加"西部计划"

每年 5 月，校团委都要举办"西部计划"② 专场宣讲会。韩某红是一名即将毕业的四年级学生，她等待这一天已经很久了。韩某红一直梦想到祖国西部去看看，终于等来了"西部计划"专场宣讲会，便第一个报名参加。宣讲会上，韩某红听着学姐学长们讲述他们在西部的故事，越听越是向往西部。随后韩某红通过学校的笔试、面试等层层考察，终于如愿以偿获得了服务"西部计划"的机会。但是，当她把这个好消息告诉家里时，遭到了母亲的反对，母亲认为女孩子孤身一人跑

---

① 习近平. 在庆祝中国共产主义青年团成立 100 周年大会上的讲话［N］. 人民日报，2022-05-11（02）.

② "西部计划"全称为大学生志愿服务西部计划。2003 年，共青团中央、教育部、财政部、人力资源社会保障部根据国务院常务会议和全国高校毕业生就业工作会议精神，联合实施大学生志愿服务西部计划，简称"西部计划"。"西部计划"按照公开招募、自愿报名、组织选拔、集中派遣的方式，每年招募一定数量的普通高等学校应届毕业生或在读研究生，到西部基层开展为期 1~3 年的志愿服务工作，内容分为基础教育、服务三农、医疗卫生、基层青年工作、基层社会管理、服务新疆、服务西藏七个专项，鼓励志愿者服务期满后扎根当地就业创业。"西部计划"实施 20 年来，已累计选派 40 多万名大学生志愿者到中西部 22 个省区市及新疆生产建设兵团的 2100 多个县市区旗等服务，成效突出。 （资料来源：西部计划志愿者官网 http：//xibu. youth. cn／）

到那么远的地方去干什么，回到家乡找个工作、结婚生子才是正道。韩某红一看母亲强烈反对，一颗向往西部热乎乎的心顿时凉了半截儿，她找到辅导员王老师诉说了自己的烦恼。现在的她很犹豫，不知道该怎么说服母亲，也不知道该不该坚持自己的梦想。

（二）案例分析——做好家长的说服和支持工作

第一，鼓励毕业生到基层就业。"西部计划"不仅拓宽了毕业生就业途径，减缓了就业压力，而且引导和鼓励高校毕业生面向基层就业，引导和鼓励高校毕业生到祖国最需要的地方锻炼自己，书写人生奋斗的篇章，现实意义重大。近年来，"西部计划"的成效非常显著，已成为高校毕业生到基层、到西部、到祖国最需要的地方历练人生的一个品牌项目。引导和鼓励高校毕业生到基层就业，不是一时之需，也不是权宜之计，而是长久之策，是长期坚持的战略举措。目前就业压力比较大，但基层单位、偏远地区、落后地区需要大量人才，毕业生到基层单位、偏远地区、落后地区工作，符合国家和社会的需要，也能充分施展毕业生的才华，是天高任鸟飞的好机会，更是人生奋斗的好战场。辅导员要教育引导高校毕业生树立到基层工作的理念，树立到祖国最需要的地方拼搏奋斗、建功立业的理想。

第二，悉心向家长介绍服务基层的政策。现在越来越多的学生有服务基层的意愿，家长不想让孩子去，尤其是西部地区，因为他们担心这些地区条件差，既偏远又危险，孩子一人到那里工作遇到的困难多，生活没人照顾，孩子要吃苦。父母的担心是出于对孩子的关爱，也是传统观念的折射，更表明他们对"西部计划"及目前的就业政策、就业形势不十分了解。毕业生要想参加"西部计划"，必须做好父母的说服和支持工作。要让父母了解服务基层的具体政策优势，要让他们知道现在西部地区经济社会发展很快、社会治安形势很好、交通也比较便利，没有他们想象的有那么多困难和危险。要让父母知道到西部地区工作有组织的帮助，能锻炼孩子的实践能力，是孩子发展自己、做出成绩的理想之地，服务基层的经验和经历对孩子一生的成长都大有益处。必要时，辅导员老师可以跟家长直接沟通，仔细讲解政策细则，说服家长，赢得支持。

第三，鼓励高校毕业生不忘初心、实现梦想。毕业生志愿参加"西部计划"的想法和精神是值得老师肯定、值得学生学习的，在实现梦想的过程中难免会遇到一些困难，可能还有家长的阻力，但只要坚定信心和决心，做好思想准备，发扬不怕苦、不怕难的精神，梦想之花定能绽放。辅导员老师要鼓励有服务"西部计划"梦想的毕业生不忘初心、坚持梦想，帮助他们解决一些力所能及的困难，引导他们踏上"西部计划"的征程，绽放人生的精彩。

（三）辅导过程——鼓励毕业生实现人生梦想

首先，毕业生就业压力加大，国家推出一系列有力举措。近年来大学毕业人数逐年增加，2022 年突破 1000 万人，就业压力逐步加大，就业形势不容乐观。与此同时，西部开发、乡村振兴战略等发展规划和战略部署陆续出台，偏远地区、农村地区、基层单位对人才的需求持续增加。在此形势下，国家采取有力举措，相继实施农村义务教育阶段学校教师特设岗位计划、选聘高校毕业生到村任职工作、"三支一扶"①"西部计划"等一系列专项工作，吸引高校毕业生到偏远地区、到农村地区、到基层单位就业的专项工作如火如荼地展开，成为帮助大学毕业生就业的有效途径，是大学毕业生奋斗发展的很好出路，也是促进落后地

---

① "三支一扶"全称为"三支一扶"计划，是指高校毕业生到农村基层从事支农、支教、支医和扶贫工作（现为帮扶乡村振兴）。"三支一扶"计划自 2006 年实施以来，已累计选派 40 多万名高校毕业生到基层服务。2021 年 5 月 28 日，中共中央组织部、人力资源社会保障部、教育部、财政部、水利部、农业农村部、国家卫生健康委、国家乡村振兴局、国家林草局、共青团中央决定，实施第四轮（2021—2025 年）高校毕业生"三支一扶"计划。（资料来源：《中共中央组织部 人力资源社会保障部等十部门关于实施第四轮高校毕业生"三支一扶"计划的通知》，http：//www. gov. cn/zhengce/zhengceku/2021-06/04/content_ 5615404. htm）

区经济社会发展、振兴乡村的有力举措。

其次，加大宣传力度，营造良好舆论氛围。搞好宣传、扩大影响，是做好毕业生参加基层就业服务专项工作的重要前提。对于这些基层就业服务专项工作，大学毕业生基本人人皆知，但在社会上了解的人不是很多，了解得也很不全面。要加大基层就业服务专项工作的宣传力度，充分利用各种媒体，宣传毕业生扎根西部、无私奉献的模范事迹和先进典型，教育引导高校毕业生树立人生远大理想，唱响到基层建功立业的主旋律，积极参加基层就业服务专项工作。在做好校园宣传工作的基础上，进一步扩大宣传面，做好社会宣传工作，加大宣传基层就业服务专项工作的目的、意义、内容、要求及程序，促进全社会对此项工作的认知和理解，让学生家长知道这些就业专项工作，了解有关政策，支持孩子参加这些就业专项工作，努力营造全社会关心、理解、支持高校毕业生参加基层就业服务专项工作的良好氛围。

（四）经验启示——加强毕业生思想政治教育

第一，加强毕业生思想政治教育。树立正确的就业观念，需要加强对毕业生的思想政治教育。要广泛开展形势教育，让毕业生全面了解国情和省情，全面了解国家的就业形势，引导他们准确把握自己的就业能力，调整自己的就业期望，确定自己的就业目标，增强创业意识，转变就业观念，拓宽择业视野，树立行行可建功、处处可立业的就业观，踏踏实实从基层干起、从小事做起，用勤劳和智慧开创美好未来。要深入开展爱国主义教育，增强毕业生的民族自豪感和对祖国、对社会的责任感，树立正确的人生观、世界观、价值观，确立胸怀祖国、服务人民的远大志向，激发毕业生到西部、到基层、到农村、到祖国最需要的地方施展才华，实现豪情壮志。

第二，进一步完善毕业生基层就业政策。对不同地区基层就业服务的分析表明，毕业生基层就业政策越明确、越细化，政策优惠力度越大，对毕业生基层就业的促进作用就越大，毕业生基层就业的情况就越好。各级政府应进一步完善毕业生基层就业政策，进一步加强服务期满后的后续服务工作，解决人才留在基层后的发展问题，细化到基层就业的具体优惠举措，降低到基层就业的政策性风险，消除基层和非基层地区之间流动和职业转换的制度性障碍，消除毕业生心中存有的担忧和顾虑，减少他们基层就业后发展的不确定性，增强他们基层就业后个人事业发展的信心。

第三，抓好政策落实。各部门要高度重视毕业生到基层就业的工作，密切配合，通力合作，狠抓落实，确保各项工作顺利完成。要结合实际情况，不断研究工作中出现的新情况，探索解决问题的新办法，把毕业生面向基层就业的积极性引导好、保护好、发挥好，进一步推进毕业生基层就业工作向制度化、规范化方向发展。要为毕业生到基层就业提供良好的工作环境，加强毕业生基层工作期间的日常管理、组织考核和考察工作，作为组织任用的重要依据，确保毕业生能够下得去、派得进、留得住、干得好、流得动、发展快、信心足、希望大。

第十章

心理疏导中彰显思想政治教育

　　心理健康教育是提高大学生心理素质、促进大学生身心健康、实现和谐发展的教育，是高校人才培养体系的重要组成部分，也是高校思想政治工作的重要内容。学生心理健康教育要"爱"字领先。习近平总书记指出："教育是一门'仁而爱人'的事业，有爱才有责任。"广大教师要"把自己的温暖和情感倾注到每一个学生身上，让每一个学生都健康成长，让每一个孩子都有人生出彩的机会"①。教育事业是充满爱心的事业，学生成长需要关爱，有心理障碍的学生更需要关爱。关爱是学生心理疏导的阳光，是学生健康成长的雨露，也是思想政治教育的润滑剂。关爱本身就是一种思想政治教育，每个学生能够感受到它，能够体会到它。辅导员在学生心理疏导中一定要注重把关爱融入其中，把思想政治教育的温度体现出来，把思想政治教育的力度发挥出来，让每一个学生在思想政治教育的雨润中茁壮成长，成长为身心健康、全面发展的社会主义建设者和接班人。

一、关爱大学生中的特殊群体

　　在高校大学生中有一个特殊的群体，那就是残疾学生。残疾人是指心理、生理或人体结构上，某种组织、功能丧失或者不正常，全部或部

---

　　① 习近平. 坚持党的领导传承红色基因扎根中国大地 走出一条建设中国特色世界一流大学新路 [N]. 人民日报，2022-04-26 (01).

分丧失以正常方式从事活动能力的人，残疾包括视力残疾、听力残疾、言语残疾、肢体残疾、智力残疾、精神残疾、多重残疾等。《中华人民共和国残疾人保障法》规定，"全社会应当发扬人道主义精神，理解、尊重、关心、帮助残疾人"，"应当依法履行职责，努力为残疾人服务"。① 残疾学生由于生理方面的缺陷，与其他健康大学生相比，承受着学业方面的压力，还或多或少地承受着心理压力，导致在学习、生活、人际交往等方面容易陷入困境。辅导员要关爱每一个学生，关心每一个学生的成长，更要关爱残疾学生，关心残疾学生的成长，让残疾学生健康快乐地成长，拼搏出自己精彩的人生。

（一）案例概述——自卑与孤独的残疾学生

又是一年新生报到时，辅导员赵老师这学期带大一新生。在大一新生刚报到时，赵老师注意到一个"特殊的学生"，她叫王某慧。王某慧是位残疾学生，天生患有小儿麻痹症，生活可以自理，但是身高比同龄同学矮一截，走路一瘸一拐。赵老师看到王某慧就主动问起了情况，王某慧较为内向，但还算开朗乐观，赵老师询问王某慧是否行动不便需要帮忙申请比较方便的宿舍，王某慧表示自己能行，不需要特殊关照。在往后的日子里，赵老师私下一直关注王某慧，并叮嘱班干部也多帮助王某慧。在刚报到的两个月里，王某慧表现正常，出勤率高，和同学们关系融洽，但渐渐地赵老师发现王某慧总是独自一人，变得不像以前爱说话了。赵老师找来王某慧"闲聊"，王某慧表示自己有点无法适应大学生活，和同学相处起来总有些自卑感，总是想一个人独处。

（二）案例分析——消除残疾学生的心理障碍

与普通大学生相比，残疾大学生更容易出现心理问题，主要表现有

---

① 中国政府网. 中华人民共和国残疾人保障法 [EB/OL]. (2008-04-24) [2022-05-06]. http://www.gov.cn/jrzg/2008-04/24/content_ 953439.htm.

以下几个方面：

一是自卑与孤独。残疾大学生由于生理缺陷，在思想层面往往容易产生自卑、不自信等心理问题，这种自卑表现为情绪低落、不愿谈吐、少开笑颜、不想出现在公众场合等，他们自尊心又很强，导致他们经常回避学校和班级活动，不参与学业方面的竞争，采取自我逃避的处世方法，而这种处世方法又会让他们远离人群，和同学们接触越来越少，从而变得越发孤独。

二是敏感与多疑。残疾大学生身体的特殊性，使他们不可避免地受到部分人异样的眼光，使他会过度关注别人对自己的态度，变得异常敏感，不自觉地会认为别人在关注自己、在讨论自己身体的缺陷，这使得他们内心会变得更加多疑，甚至会认为有人在故意嘲讽和挖苦自己，所以，残疾大学生易于敏感与多疑。

三是焦虑与不安。与其他学生相比，残疾大学生对知识的渴求、对美好生活的向往、对成功的期盼更为强烈，他们急切地想要证明自己的价值，但往往需要付出比平常人数倍的努力，才能达到与其他人一样的高度，有时这些努力如果得不到应有的回报，就会导致残疾学生产生焦虑与不安的情绪。同时，他们还要面对与异性朋友交往困难、就业困难等社会现实问题。现实与理想的差距，让残疾大学生对自己的未来感到焦虑与不安，甚至对任何事情都没有兴趣，整日心情抑郁，笑脸很少显现。

（三）辅导过程——多种途径帮助残疾学生

第一，引导残疾学生进行自我调节。对于残疾大学生而言，要想改变自身的自卑、焦虑与不安，首先要完全接纳自己的残缺，这就需要辅导员加强引导残疾学生自我调节，让他们发自内心地正视自己的不足，接受自己。自我调节主要建立在"自我肯定""自我教育"和"自我调节"的基础上。"自我肯定"就是让学生多发掘自己的长处，学会自我欣赏、自我肯定，建立强大的内心力量：我能行，我是最棒的，树立战胜困难的决心和信心。"自我教育"就是在充分发挥自己自觉性、积极性的条件下，坚持自己正确的言行，善于改进自己的不足，培养自我醒悟、自我认识的能力。"自我调节"就是遇到麻烦或困难时，要及时进行自我调节、自我治愈。

第二，老师和学校进行心理帮扶。学校可以为残疾大学生专门开设心理健康辅导课，通过课堂讲解帮助他们充分自我认知，适应自身心理和生理的变化过程，消除因生理缺陷而产生的负面情绪和不健康心理。学校的心理健康教育与咨询中心要为残疾大学生建立一对一的帮扶机制，定期或定点为残疾大学生进行心理辅导和咨询，及时对有心理困惑的残疾大学生加以引导，帮助他们树立"自尊、自信、自立、自强"的残疾人精神，促进人格的正常发展。辅导员在日常生活中要多关心、多帮助、多支持残疾学生，也要利用学生帮扶残疾学生的机会，对学生进行思想政治教育，把思想政治教育渗透于帮扶活动中。

第三，学生要践行扶残助残的理念。生活在学校大集体中，同学之间要相互关爱，相互帮助，这是对学生最基本的要求。对于残疾学生，同学们更要给予更多的关爱和帮助，要树立扶残助残的理念，这不仅是残疾学生身心方面的迫切需要，更是学生弘扬社会主义核心价值观、光大中华传统美德、履行《中华人民共和国残疾人保障法》的必然要求。辅导员要善于抓住帮扶残疾学生的机会，一方面要安排学生轮流帮助残疾学生，与残疾学生交流学业，切实解决残疾学生学习和生活方面的一些困难；另一方面要通过学生帮扶，磨炼学生的思想意志，让学生更加牢固地树立助人为乐的理念，让学生更加自觉地践行社会主义核心价值观，更加自觉地弘扬中华民族优秀传统文化。

第四，需要家庭关爱和社会支持。高校是大学生思想政治教育的主阵地，但是单靠学校一方面是远远不够的，还需要家庭和社会一起形成合力共同帮助残疾大学生。残疾大学生的生理残缺会引起一系列连带问题，诸如婚恋问题、就业问题等。家庭作为残疾大学生的主要力量源泉，应给予孩子更多的关心和关怀，也需要更多地与孩子进行沟通交流，及时了解孩子的心理状态。全社会要落实好《中华人民共和国残疾人保障法》，把该法中"禁止基于残疾的歧视""对残疾人给予特别扶助"的有关规定落到实处，在劳动就业、工资待遇等方面对残疾学生一视同仁，减轻残疾学生就业、生存等方面的心理压力。

（四）经验启示——引导残疾学生成长成才

一是加强残疾大学生的心理引导。残疾大学生之所以是一个特殊的群体，就在于他们除了要承受身体残疾带来的疼痛，还要承受着更大的心理压力，更需要给予心理沟通和引导。辅导员必须根据残疾大学生的自身特点，充分利用教育资源，对残疾大学生开展积极有效的心理疏导，通过一对一的辅导谈心、专业心理咨询教师的辅导、心理健康课程等途径，帮助残疾学生正确地看待自身缺陷，克服和消除不正常的心理状态。

二是要给予残疾学生更多的关爱。多数残疾学生在心理上都有些自卑感，在与他人交往方面具有一定程度的胆怯害怕心理，阻碍了同学之间的人际交往。一方面，辅导员、同学要给予残疾学生更多的友爱、关心、尊重和帮助，让每一个残疾学生都融入校园和班集体当中，让他们切实感受到师生的情和爱，缓解和排除心理障碍。另一方面，辅导员要在"全国助残日"① 开展主题教育和实践活动，在班里有目的地组织一些适合残疾学生参加的各类娱乐活动，鼓励他们参加活动，进而丰富他们的精神世界，消除因生理缺陷而产生的自我封闭等消极影响，充满自

---

① "全国助残日"为每年 5 月的第三个星期日，从 1991 年开始进行，每年有不同的宣传主题，2022 年宣传主题为"促进残疾人就业、保障残疾人权益"。

信，充满阳光，乐观地与他人交往。

三是提升残疾学生的素质与能力。辅导员要善于用残疾人自强奋斗的具体事例，引导残疾学生树立"自尊、自强、自立、自信"的精神，要正视自己的残疾，对身心进行自我调节，不要一味沉浸在悲观、失望之中，要把自己的不足当成强大的动力，鞭策自己，激励自己，振作精神，鼓足勇气，百折不挠，树立远大的理想信念，在日常的学习生活中注重全面提高自己的综合素质与能力，掌握与专业学习相关的技能，拼搏出自己精彩的人生。

二、不放弃每一个学生

心理健康是指人在成长发展过程中，认知合理、情绪稳定、行为适当、人际和谐、适应变化的一种完好状态。随着生活节奏的加快和各种压力的加大，各类心理健康问题逐步增多，个体心理行为问题及其引发的社会问题日益凸显，心理疾病越来越突出，包括强迫症、抑郁症、恐惧症、焦虑症、精神病等，这给高校敲响了警钟，一定要高度重视心理健康问题。学生心理健康是学生健康的重要组成部分，关系到学生的日常生活、学业学习和全面发展。辅导员要加强学生心理健康教育，关爱每一位学生，关心每一位学生的健康成长，特别是关爱有精神疾病的学生，是培养学生健全人格、促进学生顺利完成学业、成功走向社会的重要保障，是建设"健康中国"的迫切需要。

（一）案例概述——学生精神疾病愈加严重

一位学生来到办公室向辅导员王老师反映情况，说昨天半夜舍友张某霞忽然大吼大叫，把宿舍的所有同学从睡梦中吓醒，王老师询问以前有没有类似现象，同学表示张某霞之前在宿舍里经常自言自语，有时会毫无原因地谩骂宿舍其他同学，感觉有些不正常。王老师多方了解，找来了系里一位张某霞的高中同班校友，校友说张某霞有一些精神疾病，高中时就发生过类似的情况，还因此休学一年。王老师一方面安排宿舍长及班里团支书密切观察张某霞的日常表现，另一方面自己也多留意该生的情况，向系里负责学生工作的领导做了汇报，并且与该生家长取得了联系，说明了相关情况。王老师咨询了学校心理健康教育与咨询中心的心理专家，心理专家根据学生的举止表现，初步判定该学生为精神分裂症。此后，张某霞精神疾病不但没有好转，反而愈加严重，举止表现极不正常，上课时经常踢桌子、摔打东西，有时老师在上面讲课，她在台下自言自语大声说话，考试时扰乱考场秩序，甚至对身边同学有过激行为，严重影响了班级和宿舍其他同学正常的学习和生活。本着对学生负责的态度，经多次与学生家长沟通协商，学校决定该生休学回家治疗。一年后该生病情好转，返校继续学习，其间得到了老师和同学们的更多关爱和帮助，顺利完成学业。

（二）案例分析——积极治疗是正确选择

首先，了解精神疾病的有关常识。当今社会，有心理问题或心理疾病的人逐步增多，但精神疾病只是个例。精神疾病一般有两种病因，由遗传因素或社会心理因素引起。精神疾病有多种表现，也有轻重之分，重型精神病，如精神分裂症，会严重影响到患者及他人的生活。精神疾病治疗在医学界是个难题，症状的改善是一个相对缓慢的过程，服药剂量一般偏大，如果患者得不到及时、正确的诊断和治疗，会逐步趋于严重，影响患者正常的生活和工作，给患者及其家庭都带来巨大的痛苦和负担。

其次，积极治疗精神疾病是正确选择。本案例中的学生患者高中时期就已经出现精神疾病，并为此休学，后来由于家长认识不足，总想让孩子跟着普通同学一起往前走，不要掉队，加之家里经济条件比较差，就中断了治疗，并长时间隐瞒该生患病的具体情况。随着大学生活学业压力的增大以及集体生活的不适应性，该生病情越来越严重，导致经常会歇斯底里地大叫或以异常的举动来发泄情绪。特别是该生属于精神分裂症，比较严重，不是仅仅靠老师同学们的关心和帮助就能治愈或渡过难关的，需要到医院进行治疗，休学回家治疗是正确选择，于己于人都有好处。

最后，学生患有精神疾病要进行预警干预。精神疾病属于比较严重的心理疾病，如果辅导员发现学生中有精神疾病患者，要妥善应对，进行预警干预。要想方设法通过家长、同班学生、患病学生等多种途径，摸清患病学生的具体情况，包括患病的可能原因、病历情况、病情程度、是否正在治疗等；要把患病学生作为重点关注对象，经常了解情况；要定期与学生家长沟通或面谈，说明有关情况；要向系有关领导汇报具体情况，让系有关领导知道此事；要及时做好患病学生的台账记录工作，做到有据可查。只有把工作做细，做到有关心、有沟通、有汇报、有记录，才能以防患病学生出现意外情况。

（三）辅导过程——多方面关爱患病学生

一是学校要关爱患病学生。学校要在力所能及的范围内，对患病学生提供尽可能多的人文关怀，体现学校对患病学生的关爱。本案例中鉴于患病学生心理压力大，不适应宿舍集体生活，经多方面协商，同意患病学生在校外附近租房生活。考虑到患病学生家庭经济困难，经申请批准，学校为患病学生母亲在校内安排了一个临时工岗位，一方面照顾孩子，另一方面减轻家庭经济压力。系领导要给专业任课教师说明情况，要求在教学中给予患病学生更多的帮助，不要让学业"压垮"了患病学生。在评定学生助学金时，学校向患病学生给予大力倾斜。学校协调心理健康教育与咨询中心老师对患病学生提供专门心理健康服务，从心理帮扶方面帮助学生渡过难关。

二是辅导员要关爱患病学生。对于患有精神疾病的学生，辅导员更要有一颗爱心，在学业和生活方面给予患病学生更多的关心和帮助。辅导员平时要有意识地多接触患病学生，"多聊聊天"，让学生减少顾虑和压力，让学生体会到老师关爱的温度。辅导员要与家长多沟通，劝说家长不能因为经济紧张就放弃治疗。"好老师要用爱培育爱、激发爱、传播爱"①，辅导员要在回避患病学生的前提下，专门召开主题班会或班团干部会议，对此事做出专门安排，让全体同学共同关爱患病学生。

三是同学要关爱患病学生。辅导员要利用班里有特殊学生的实际情况，对学生开展思想政治教育工作，对学生加以正确引导，加强学生践行社会主义核心价值观的教育，要求同学要学会包容，学会理解，要多多帮助患病学生，在学习和生活中把关爱传递给患病学生。学生这一帮扶过程，本身就是最好的个人品行修养教育，就是最好的思想政治教育。

（四）经验启示——做好学生心理健康工作

首先，要加强学生心理健康教育。学生心理行为异常，个人极端情绪引发的学生恶性事件时有发生，成为影响学校稳定的潜在危险因素。辅导员在思想上要高度重视学生心理健康教育，坚持问题导向，增强责任意识，自觉履行促进学生心理健康的义务。要鼓励学生选修《心理健康教育》课程，组织开展"世界精神卫生日"② 及心理健康相关主题活动，组织开展心理健康科普教育宣传。要利用学生微信群、手机客户端等平台，传播心理健康知识，倡导健康生活方式，提升学生心理健康素养。要把"每个学生是自己心理健康第一责任人"的理念融入学生

---

① 习近平. 做党和人民满意的好老师——同北京师范大学师生代表座谈时的讲话 [N]. 人民日报，2014-09-10（02）.

② "世界精神卫生日"是由世界精神病学协会 1992 年发起的，时间是每年 10 月 10 日，目的是提高政府部门、社会各界对精神卫生重要性和迫切性的认识，普及精神卫生知识和对精神发育障碍疾病研究的认识。1996 年 9 月 10 日，原国家卫生部印发《关于开展 1996 年"世界精神卫生日"宣传教育活动的通知》，要求全国各地开展形式多样的"世界精神卫生日"活动。

日常校园生活中，引导学生有意识地营造积极心态，预防不良心态，学会调适情绪困扰与心理压力。落实好原国家卫生和计划生育委员会等22个部门印发的《关于加强心理健康服务的指导意见》，积极开展学生心理疏导工作。

其次，要把每个学生培养为社会有用人才。辅导员要提高自身素质，学习掌握精神疾病有关知识，提高应对学生各种复杂情况的能力和水平，为学生提供更为周到体贴的服务。辅导员要通过专题讲座、专家咨询、版面主题宣传等多种形式，组织学生学习《中华人民共和国精神卫生法》等有关常识，让学生了解有关精神疾病的常识。对于患有精神疾病的学生，辅导员要更加关爱，而且要引导学生树立关爱的意识、践行关爱的精神，在学生成长过程中不放弃每一位学生，把所有学生培养成为社会有用人才。

三、用爱呵护学生

习近平总书记指出："爱心是学生打开知识之门、启迪心智的开始，爱心能够滋润浇开学生美丽的心灵之花。老师的爱，既包括爱岗位、爱学生，也包括爱一切美好的事物。"[①] 教育事业是爱满天下的事业，思想政治教育也不例外。辅导员进行思想政治教育时，要让思想政治教育充满人间大爱，对于每一个学生，无论是处于"逆境"还是心理上存在"问题"，不管是学习上"后进"还是品学"优秀"，辅导员都要用爱来呵护，用爱来教育，把爱与思想政治教育融合起来，增强思想政治教育的情感性和实效性。

（一）案例概述——单亲学生家中的烦心事

宋某彤是大学三年级的一名学生，自幼父母离异，之后父亲又因病

---

① 习近平. 做党和人民满意的好老师——同北京师范大学师生代表座谈时的讲话[N]. 人民日报，2014-09-10（02）.

去世，母亲改嫁，宋某彤一直跟随着年迈的爷爷奶奶生活，母亲很少提供帮助，平时几乎不联系。一天下午，宋某彤宿舍的一位同学来到辅导员王老师办公室，告诉辅导员说宋某彤最近表现"不太对劲"，不怎么跟同学说话，情绪很低落，几次表示"活着没意思"，辅导员追问原因，宿舍同学说可能是因为家里的事情，具体情况不是十分清楚。得知这一情况后，王老师第一时间找到了宋某彤，进行面对面的沟通与交谈，了解具体情况。原来宋某彤家里的房子最近要拆迁了，很少联系的母亲突然带着现任丈夫回来了，要求分得房子拆迁的房款。这让宋某彤心烦意乱，陷入了深深的痛苦，更不能安心学习。辅导员安抚了宋某彤的情绪，决定帮助她走出困境，重拾生活的信心。

（二）案例分析——重塑学生对生活的信心

一是帮助学生调整心态，防止发生过激行为。学生因家中烦心事影响到了学业，不能安心学习，辅导员老师必须介入，特别是宋某彤同学属于单亲家庭，家庭情况比较特殊，辅导员老师更要多关心。辅导员王老师几次与宋某彤谈心谈话，做她的知心朋友，对她进行心理辅导，帮助她平复凌乱的心情，劝导她打开心结与母亲进行沟通，不要过于操心家中的烦心事，要通过法律正规渠道来解决。辅导员安排宿舍长和班干部随时观察该生的状态，防止出现过激行为发生意外，还与宋某彤的母亲进行了联系，将孩子的状态告之，希望母亲按照法律要求尽到教育和关心孩子的义务，同时希望妥善处理房子拆迁事宜。

二是帮助学生正确对待生活磨难，重塑生活的信心。在与该生谈话中，辅导员王老师鼓励宋某彤同学把学习放在首位，安心学习，多与同学交流，多参加集体活动，多培养兴趣爱好，让学校生活变得充实起来。在宋某彤同意的情况下，辅导员与学校心理健康教育与咨询中心的老师联络，对宋某彤同学进行心理干预，共同做好宋某彤的心理调整工作，帮助该生走出家庭留下的心理阴影，让该生感受到同学、老师、学校对她的关爱，帮助该生正确认识生活中遇到的种种磨难，妥善处理各种矛盾和问题，重塑对未来生活的信心。

（三）辅导过程——用爱心帮助学生走出困境

首先，主动约谈，传递温暖。本案例中，学生向辅导员王老师反映了情况后，辅导员第一时间约见涉事学生，看见学生情绪低落、满脸愁容，便知道学生心里很痛苦。学生见到辅导员后，起初不愿意提起家里的事，后来辅导员与其耐心地交谈，学生才打开心扉开始述说她家里的事、她的愤怒、她的痛楚，而且一股脑儿地宣泄出来。辅导员老师耐心地倾听，不断点头给予安慰和鼓励，用眼神传递关心与关爱，让学生有足够的安全感和信任感。经过一个多小时的哭诉，学生逐渐平静下来。辅导员老师理解学生的心情，设身处地地为学生的处境和困难着想，讲述了自己身边类似的案例，与学生共同探讨解决问题的办法。经过与辅导员老师交谈，学生认识到家里的事虽然让人烦心，但当下最重要的事情是安心学习，完成学业，顺利拿到毕业证和学位证，用自己学到的本领和掌握的技能走向社会。

其次，让爱包围，走出困境。"好老师对学生的教育和引导应该是充满爱心和信任的。"[①] 辅导员老师主动与学生谈心，几次过问并进行安抚，帮助学生拿主意想办法解决困难，表明了辅导员对学生的关心和爱心；心理咨询老师对学生进行心理疏导，帮助学生缓解心理危机，显示了老师的责任心和同情心；班干部和宿舍同学及时提供必要帮助，耐心守护，凸显了同学之间的友情和关爱。所有这些让该学生感受到了学校大家庭的温暖和爱护，感受到了学校师生的情和爱。正是这种关心与爱护、信任与默契铸成了无形的合力，共同帮助该学生走出了困境，消

---

① 习近平. 做党和人民满意的好老师——同北京师范大学师生代表座谈时的讲话 [N]. 人民日报，2014-09-10（02）.

除了烦恼，彰显了爱心在学生教育工作中的重要作用。

（四）经验与启示——加强学生心理健康教育

一是用爱心助力学生思想政治教育。教育事业是爱满天下的事业，没有爱心就没有教育。辅导员要热爱每一位学生，就像热爱自己的孩子一样，关心他们，教育他们，要求他们，激励他们，对于处于"逆境"的学生要给予更多关怀，对于心理上存在"问题"的学生要帮助消除障碍，对于学习上"后进"的学生要帮助转化赶上，对于品学"优秀"的学生要多加引导，无论是参天大树还是无名小草，都要给予充足的阳光和养分，用爱心沐浴学生的心田。只有辅导员对教育充满爱、对学生充满爱，才能做好学生思想工作，才能使思想政治教育成为充满爱的教育。

二是加强学生心理健康教育。加强学生心理健康教育，是促进学生健康成长的重要途径，是加强学生思想政治教育的重要举措，也是培养堪当民族复兴重任时代新人的重要任务。辅导员要重视学生心理健康教育，把心理健康教育贯穿于学生成长的全过程，把心理健康教育融入学生专业学习和日常生活中，教育学生树立心理健康意识。辅导员要引导学生掌握心理调适方法，学会自我心理调适，有效消除心理困惑，提高应对挫折的承受能力，提高社会生活的适应能力。辅导员要引导学生珍爱生命、关心集体，悦纳自己、善待他人，磨炼学生养成良好的心理品质和坚韧不拔的意志，自尊、自爱、自律、自强，成为人格健全、品格优良、积极向上、努力拼搏的新时代青年。

第十一章

突发事件处置中突出思想政治教育

习近平总书记指出："做好高校思想政治工作，要因事而化、因时而进、因势而新。"① "宣传思想工作要把握大势，做到因势而谋、应势而动、顺势而为。"② 学生成长过程不是一帆风顺的，会出现各种各样的情况，会发生各种各样的事情，会遇到各种各样的挑战，也会突发各种各样的事件。在处置学生突发事件过程中，辅导员要应势而动、因势而新，沉着应对，果断出手，不仅要妥善处置好突发事件，还要做好思想政治教育工作，通过突发事件的处置对学生进行思想政治教育，把思想政治教育渗透到突发事件处置过程中，让学生在风雨中经受锻炼，在磨炼中接受思想政治教育，厚植学生爱党爱国爱人民的情怀，培养学生顽强拼搏、勇于进取的奋斗精神。

一、校园战"疫"故事

新冠肺炎疫情是百年来全球发生的最严重的传染病大流行，是新中国成立以来传染速度最快、感染范围最广、防控难度最大的一次重大公共卫生事件。面对疫情，以习近平同志为核心的党中央把人民生命和身体健康放在第一位，果断决策，采取有效措施，有效控制住了疫情蔓延扩散的势头。目前全国疫情防控工作进入常态化防控阶段，各地统筹疫

---

① 习近平. 把思想政治工作贯穿教育教学全过程 开创我国高等教育事业发展新局面 [N]. 人民日报, 2016-12-09 (01).
② 习近平谈治国理政（第三卷）[M]. 北京：外文出版社，2020：317.

情防控和经济社会发展，一手抓疫情常态化防控，一手抓经济社会高质量发展，保持经济运行在合理区间，保持社会大局稳定，迎接党的二十大胜利召开。疫情防控工作是一场战斗，也是一次大考，更是一堂鲜活的思想政治教育课。

（一）案例概述——学生突然成为"密切接触者"

2022年2月底，全国各地疫情基本得到有效控制，大多数高校按时开学。王某强是山西省省会太原市某高校的一名学生，家在河北省邯郸市，由于太原市和邯郸市两地都没有出现严重疫情，属于低风险防控区，学校按时开学，学生按时返校。王某强坐上火车按规定的时间返校，到学校宿舍时已是下午6点多。王某强到学生食堂吃了顿便餐，便回到宿舍，开始打扫宿舍卫生，等待宿舍其他两位同学的到来。

正在这时，电话突然响起，王某强接到家里急促的电话，得到一个让人"心跳"的消息，家人昨天的核酸检测结果出来了，一人为"阳性"，初步诊断为新冠肺炎无症状感染者。尽管疫情延续了两年多，大家天天防控，出现疫情不是什么新消息，但事情轮到自己头上，还是"吓人一跳"。怎么办？王某强身上冒出冷汗，自己是确诊者的"密切接触者"。王某强马上意识到要赶紧把这一情况告诉老师，学校有上万名学生，要是出现疫情可不得了。王某强拨通了辅导员李老师的电话，把情况一一讲明。"疫情就是命令，防控就是责任。"李老师在通话中要求王某强待在宿舍，并立刻向学校反映情况。学校马上启动疫情防控应急预案，该隔离的人员立即隔离，该消毒的地方立即消毒，一个人不漏，一个地方不漏，师生志愿者马上到位提供服务，全校进入了"战时状态"。王某强在等待疫情防控医务人员到来之前的空隙时间里，不随意走动，自觉待在宿舍，而且拨通了宿舍两位同学的电话，同学说刚刚接到学校疫情防控办公室的电话，知道情况了，暂时不回宿舍。两周后，经过多轮核酸检测，包括王某强在内的全校师生检测结果均为

"阴性"，真是有惊无险。校园没有出现新冠肺炎病例，学校恢复了正常运行。

（二）案例分析——学生主动报告值得"点赞"

一方面，学生的表现值得肯定。在近两年的疫情防控中，人们听到了许多感人的"战'疫'故事"，看到了许多动人的"战'疫'事迹"，也听到了个别人故意隐瞒行程、故意隐瞒活动轨迹造成多人感染及生活小区"封闭防控"的报道。本案例中涉事同学在知道自己是"密切接触者"的情况下，明白有可能造成严重后果的道理，第一时间主动报告，把自己的情况及活动轨迹一一说清，而且主动提醒未到的宿舍同学，积极配合防控工作，在等待医务人员到来的时间里不随意走动，显示出一个人在疫情期间应该具备的基本警惕心和防控责任感，也展示出当代大学生在疫情防控中的精神风貌和高尚品质，值得"点赞"，值得肯定。

另一方面，老师和学校的工作到位。近两年国内新冠肺炎疫情多变复杂，防控形势非常严峻，高校按照要求加大疫情防控力度，疫情防控常态化条件下毫不放松，各项防控工作周密部署，实行师生健康情况"日报告""零报告"制度，做好宿舍和教室消毒、通风等工作，落实早晚测体温制度，严格执行戴口罩、勤洗手等防控措施，严格落实早发现、早报告、早隔离、早治疗的疫情防控预案。在本案例中，辅导员工作到位，责任到位；学校疫情防控预案到位，防控措施到位，责任到位；志愿者发挥出应有的作用，责任到位。正是有这么多的"到位"，才使疫情防控工作有效推进。也正是由于有老师和同学们的这么多"到位"，才能保障学校各项教育工作稳步推进，才能保证培养堪当民族复兴重任时代新人的工作不跑偏、不走样、不变形。辅导员要以我国疫情防控和本事件为生动案例，教育引导学生树立爱国的情怀，树立对工作精益求精、对工作高度负责的敬业精神。

（三）辅导过程——以疫情防控进行思想政治教育

首先，我国疫情的有效防控彰显出中国特色社会主义制度的强大优势。中国特色社会主义制度是马克思主义基本原理与当今中国具体实践相结合的产物，具有无比的优越性，其中之一就是坚持全国一盘棋，调动各方面积极性，集中力量办大事的显著优势①。在战"疫"中，一方有难，八方支援，哪里出现疫情，"逆行者""白衣天使""战疫"物资就往哪里去，一切战"疫"要素围绕战"疫"点展开，这是集中力量办大事的生动体现。辅导员要以国内外疫情防控的明显差异为具体内容，对学生进行思想政治教育，让学生亲身感受到中国特色社会主义制度的显著优势，坚定学生的"四个自信"，坚定学生听党话、跟党走的决心。

其次，疫情防控是一堂生动的思想政治教育课。在疫情防控中，以习近平同志为核心的党中央把人民群众生命安全和身体健康放在第一位，彰显了人民至上、以人民为中心的发展理念。各级党政领导干部坚守岗位、靠前指挥，守土有责、守土尽责，外防输入、内防反弹、动态清零，充分体现了我们党对人民健康高度负责的情怀与担当。"逆行者""白衣天使"、志愿者动人的故事层出不穷，感人至深。对疫情期间封闭管理的居民，各级政府保障生活物资供应，提供居民所需的各项服务，努力践行为人民服务的思想。高校统筹推进疫情防控和教育事业高质量发展，坚决守好疫情防控阵地，关心关爱学生的学习和生活，疫情无情人有情，采取多项措施提高网课教学质量。疫情期间，各地依法防控、科学防控，广大居民积极配合，每个人都在默默地贡献着自己的一份力量。这些都是鲜活的思想政治教育素材，辅导员要把这些鲜活的

① 中共中央关于坚持和完善中国特色社会主义制度　推进国家治理体系和治理能力现代化若干重大问题的决定［N］人民日报，2019-11-06（01）．

素材融入学生思想政治教育中，要把疫情防控当作一堂生动的思想政治教育课，提高思想政治教育的针对性和实效性。

（四）经验启示——加强法治教育和舆情教育

1. 利用疫情防控加强法治教育

为了预防、控制和消除传染病的发生与流行，保障人体健康和公共卫生，《中华人民共和国传染病防治法》明确规定，在中华人民共和国领域内的一切单位和个人，在疾病预防和控制过程中，必须"如实提供有关情况"；"单位和个人违反本法规定，导致传染病传播、流行，给他人人身、财产造成损害的，应当依法承担民事责任"。① 而在全国人民同心协力共同抗"疫"的过程中，个别不文明甚至违法的行为时有发生，社会上有，高校也有。福建某高校一名大学生存在故意隐瞒活动轨迹、编造虚假信息的违法行为，安徽某高校一名大学生在校园封闭管理期间多次翻墙出入学校，四川某高校一名大学生伪造通行码、隐瞒行程等，这些行为都受到法律的应有制裁以及学校的纪律处分。辅导员要利用这些真实的人、真实的事对学生进行法治教育，提高学生学法尊法守法的自觉性。

2. 利用疫情防控加强舆情教育

根据有关法律规定，疫情期间指定机构按照法律规定发布疫情及有关信息，这是人们获取疫情信息的正规渠道，也是真实的消息，而社会上个别"惹是生非"甚至"别有用心"的人"无事生非"，恶意编造、故意传播有关疫情防控方面的虚假信息，扭曲事实，混淆视听，很容易引起社会恐慌，影响社会稳定。辅导员要利用疫情期间发生的一些典型虚假信息案例，对学生进行舆情教育，要求学生尊法守法，提高对是非

---

① 全国人民代表大会常务委员会. 中华人民共和国传染病防治法 [EB/OL]. (2005-05-25) [2022-05-06]. http://www.gov.cn/banshi/2005/05/25/content_ 971.htm.

曲直的辨别力，不能编造任何虚假信息，不能轻信谣言，也不能传播谣言，要坚守好自己的思想防线，要传播正能量，要传递好声音，要讲好中国故事。正如习近平总书记所指出的那样，"广大青年要做社会主义核心价值观的坚定信仰者、积极传播者、模范践行者"①。

3. 利用疫情防控加强爱国主义教育

弘扬爱国主义精神是社会主义核心价值观的一个组成部分，是思想政治教育的重要内容，也是每一个中国公民应具备的品质。习近平总书记指出："爱国，是人世间最深层、最持久的情感。""做人要有气节、要有人格。气节也好，人格也好，爱国是第一位的。"②"对每一个中国人来说，爱国是本分，也是职责。"③ 爱国主义是中华民族精神的核心，激励着一代又一代中华儿女为祖国发展繁荣而不懈奋斗。当代中国，爱国主义的本质就是坚持爱国和爱党、爱社会主义的高度统一。疫情防控不仅彰显出中国特色社会主义制度的强大优势，而且彰显出中国的强大力量。疫情防控中出现一些"杂音"，辅导员要抓住我国疫情防控的显著成效，利用国家对每个公民高度负责的精神，加强对学生进行爱国主义教育，让学生认识到只有国家这个"大家"安全了，自己的"小家"才能有保障，只有守好国家这个"大家"，自己的"小家"才能有幸福。教育学生要热爱祖国，忠于祖国，忠于人民；要立鸿鹄志，做奋斗者；要为祖国争光、为人民造福，让中华民族伟大复兴在青年人的奋斗中梦想成真！

---

① 习近平. 坚持党的领导传承红色基因扎根中国大地 走出一条建设中国特色世界一流大学新路 [N]. 人民日报，2022-04-26（01）.

② 习近平. 在北京大学师生座谈会上的讲话 [N]. 人民日报，2018-05-03（02）.

③ 习近平. 在纪念五四运动 100 周年大会上的讲话 [N]. 人民日报，2019-05-01（02）.

二、安全责任重于泰山

安全是学生完成学业的重要保证，是学生健康成长的基本条件。学校安全无小事，安全责任重于泰山。近年来高校学生安全工作总体趋于好转，但安全隐患仍然不少，作为学生工作第一线的辅导员，要始终绷紧安全这根弦，紧紧围绕学生安全隐患的重点展开工作，预防为主，加强学生安全教育，落实好安全责任制，把各项安全工作做细做实，防患于未然，确保校园不发生安全事故，为学生健康成长和学校教书育人营造良好的环境。要通过安全教育，让学生感受到学校、老师对学生高度负责的精神，对学生的关爱，这实际上就是思想政治教育。

（一）案例概述——学生发现宿舍火灾险情

已是下午 5 点多，在宿舍里学习了一下午的三年级学生王某军和张某生准备一起到学校大操场活动一会儿。两人走出宿舍，路过隔壁的宿舍时闻到一股烧焦东西的味道，两人慢下脚步，王某军喊道："不好，这里有烟冒出来！"张某生顺着王某军手指的方向看去，只见浓烟从宿舍门缝中钻出来，两人敲宿舍门，没有人答应，再仔细看看，浓烟越来越厉害。两人相视一下，张某生说"报警吧！"王某军回应道"好！"于是拨响了火警报警电话 119。通话中两人一一说清了学校名称、宿舍楼号、楼层及宿舍房间号等关键信息，报完警，两人快步从 3 层跑到 1 层宿舍管理员办公室，气喘吁吁地说明了情况。宿舍管理员老师立即拿上宿舍钥匙，跑步冲向学生宿舍，边跑边大声喊叫："宿舍里的同学赶紧离开宿舍下楼！有火情，快！"由于当时是下午 5 点多钟，大多数同学在上课或在图书馆自习，整个宿舍楼里没有几位学生。当楼里学生全部到了楼外时，从火情宿舍里冒出的浓烟变得更大更剧烈，这时两辆消防车响着警笛快速赶到，几名消防队员迅速冲上楼，扑灭了宿舍里的浓烟，避免了火灾的发生，只是涉事学生床上的被褥被烤焦一多半。

（二）案例分析——麻痹大意埋下火灾隐患

首先，搞清火灾隐患的原因。事后经消防部门调查，当天下午涉事宿舍的一名学生手机没有电了，正好下午有四节课，因为带上手机充电不方便，该学生便把手机放到床上充电后去上课了；本次火灾隐患是由于手机长时间放置在床上充电，加上手机和充电设备老化，使床上的被褥被烤焦，导致浓烟，埋下火灾隐患。如果没有及时报警并得到及时处置，很有可能引发宿舍火灾，其后果不堪设想。

其次，对报警学生给予表扬。本案例发生的当天晚上，辅导员老师带着班干部对学生宿舍安全事项进行了全面排查，将安全隐患一一记下，要求学生马上整改，消除安全隐患。之后辅导员又组织学生召开了安全主题班会，向学生说明了事情的经过及火灾隐患的原因，再次向学生进行安全教育。对于及时报警的两名学生，因其警惕性高、尽了应尽的义务，辅导员在班会上给予表扬，而且向学生介绍了各类安全事项报警的关键要素；对于涉事学生，辅导员老师没有在班会上直接批评，而是让他直接给同学们讲感受，以真人真事对同学们进行深刻的安全教育。

（三）辅导过程——消防安全重于泰山

高校是人员比较密集的场所，教室上课的学生多，宿舍里休息的学生多，要高度重视这些公共区域的消防安全，每位师生要牢固树立"消防安全重于泰山、消防安全人人有责"的理念，把消防安全工作落到实处。《中华人民共和国消防法》明确规定，学校"应当将消防知识纳入教育、教学、培训的内容"，"消防工作贯彻预防为主、防消结合的方针"，"任何单位和个人都有维护消防安全、保护消防设施、预防火灾、报告火警的义务。任何单位和成年人都有参加有组织的灭火工作的义务"。① 因此，学校消防工作不仅仅是安全部门的事情，还与每位老师和学生都有关系。辅导员作为学生管理一线工作人员，要承担起消防安全的责任，对于学生消防安全问题要常抓不懈，还要教育学生把消防安全放在心上、抓在手上，要预防为主、防患于未然。

（四）经验启示——强化学生安全教育

第一，高度重视学生安全教育。为加强对中小学生的安全教育，将每年3月最后一周的星期一定为"全国中小学生安全教育日"。大学生20岁左右，已是成年人了，但多数大学生离开家乡，离开父母，在校园学习和生活，学校不仅要对大学生的学业负责，还要对大学生的安全负责。大学生的校园安全事项非常广泛，有人身安全、财产安全、卫生安全、饮食安全、消防安全、交通安全、网络信息安全、预防电信诈骗、防止校园欺凌等。对大学生进行安全教育，是校园安全工作的有机组成部分，也是确保学生安全的重要措施。在学校广泛进行安全教育的基础上，辅导员要时刻不忘学生校园安全，通过主题班会、安全知识竞赛、警示教育、媒体平台推送安全教育视频等形式，对学生开展安全教育，普及安全常识，筑牢学生的安全理念，完善学生校园安全责任制，做好各项预防工作。

第二，安全教育内容广泛。排在首位的是人身安全教育，人身安全是指人的生命、健康等没有危险、不受威胁、不出意外，辅导员要教育学生珍惜生命，学会防火、防电、防溺水、防煤气中毒、防交通事故、防人身伤害、防毒害等，特别是要确保实验室安全、学生校外实习安全。其次是个人财产安全，近几年校园电信诈骗时有发生，要做好学生防诈骗、防盗窃的教育工作，要求学生不接陌生电话、不信陌生人的

---

① 全国人民代表大会常务委员会. 中华人民共和国消防法 [EB/OL]. (2008-10-29) [2022-05-06]. http://www.gov.cn/flfg/2008-10/29/content_ 1134208.htm.

话、不随意将身份证号和存款密码等告知他人。最后还有公共安全，包括食品安全、公共卫生安全、设施安全、节假日安全等，要求学生做好防食物中毒、防传染疾病、防踩踏事故、防地震、防水灾等工作。

第三，有效应对校园学生突发事件。"我国各类事故隐患和安全风险交织叠加、易发多发，影响公共安全的因素日益增多。加强应急管理体系和能力建设，既是一项紧迫任务，又是一项长期任务。"① 校园学生突发事件是指校园内突然发生的严重影响或者可能严重影响学生安全和正常学习生活的需要采取应急措施予以应对的事情、事故或事件。辅导员在应对校园学生突发事件中扮演着重要角色，不仅因为辅导员要对学生进行安全教育，积极预防是应对突发事件的前提，而且因为辅导员对学生情况最为了解，突发事件发生时辅导员可能最先获得有关信息，突发事件发生后需要辅导员负责或配合进行解决。辅导员要想有效应对校园学生突发事件，不仅自己要掌握学生各类突发事件应对的关键要素，掌握完备的学生信息，而且要教育学生学会如何应对突发事件，如有火情、刑事案件要立即报警，发现学生发生意外事件要第一时间报告老师等。只有师生思想上共同绷紧安全这根弦，共同努力，群策群力，群防群治，才能有效应对校园学生突发事件。

第四，安全教育中渗透思想政治教育。学校出台众多安全事项规定，学校采取众多安全措施，辅导员不断对学生进行安全教育，可以说是"千叮咛、万嘱咐"，目的就是确保学生不发生任何意外，校园不出现任何学生安全事故。关心学生的生命安全，关爱学生的健康成长，对每一位学生负责，这实际上就是对学生进行思想政治教育，因为从安全教育中可以让学生感受到学校对工作极为认真的态度，老师对学生高度负责的精神，让学生体验到学校的关心和老师的关爱。

---

① 习近平. 充分发挥我国应急管理体系特色和优势 积极推进我国应急管理体系和能力现代化 [N]. 人民日报，2019-12-01（01）.

三、不信谣不传谣不造谣

习近平总书记指出："网络空间是亿万民众共同的精神家园。网络空间天朗气清、生态良好，符合人民利益。网络空间乌烟瘴气、生态恶化，不符合人民利益。"① 高校学生无人不网、无处不网、无时不网的生活状态已经形成，网络空间对学生的影响越来越大，对学生成长越来越重要。高校要把网络舆论作为宣传思想工作的重中之重，运用新型传播手段创新思想政治教育工作，把网络思想政治教育融入学校工作全过程，体现在学校工作各方面，落实到学校全体教师，牢牢掌握网络舆论主动权。

（一）案例概述——歪曲事实真相的网络谣言

一天早上，一条"两女生为一男生打架致死"的网络消息在校园不胫而走，搞得沸沸扬扬。有网友称，昨天有两女生为一男生打架，其中一人被打死，看到"有救护车将学生拉走"，并附有简短视频。事件一出，学校立即成立调查小组展开调查，启动应急预案。经查证，某日两名女生因生活琐事发生口角，彼此之间有轻微的肢体冲突，一名女生将一盆水泼到另一名女生身上，这名女生正值生理期，肚子疼痛难忍，加上心中的怒火，就拨打急救电话120叫来了救护车，被抬下楼，上了救护车，医院诊断双方均未造成任何身体伤害，完全没有"打架致死"这样的事情，此消息为虚假信息，系里对两名学生进行了严肃批评教育。这条虚假网络消息被转发上万次，在社会上给学校造成了一定的不良影响，对于编造虚假信息的学生，学校将通过法律途径予以解决。

（二）案例分析——学生网络舆情的内容和特点

首先，学生网络舆情的主要内容。当今学生对网络的关注度越来

---

① 习近平谈治国理政（第二卷）［M］. 北京：外文出版社，2017：336.

高，获取信息的渠道多半是通过网络。学生关注的网络舆情主要有三类。一是社会热点问题，包括娱乐新闻、热播影视剧等娱乐类信息，热搜、今日头条等媒体客户端推送的疫情防控相关信息，冬季奥运会，全国"两会"，突发的重大事件等。二是与自身发展相关的信息，包括专业发展动态、就业信息、创业政策、考研动态等，还包括"西部计划""三支一扶"等各种就业途径，这些都与学业和未来发展息息相关。三是关注校园生活，包括与自身利益相关的宿舍、饮食等生活权益问题，还包括道德行为、社会公德、教师素质、分享学习经验、共享学习资料等学习交流议题。

其次，学生网络舆情的主要特点。学生网络舆情的主要特点表现在下述三个方面：

一是表达的主观性与非理性。大学生的思想及心理尚处于发展阶段，还未达到成熟程度，在网络上的表达也呈现出主观性与非理性的特征。一方面，他们往往从自身的主观意识出发，发表一些想法、意见或建议，发表的言论极具个人主观态度和评价色彩。另一方面，大学生社会阅历不足，看待问题相对片面，缺乏对问题的准确分析判断，面对虚拟网络世界的言论自由，人云亦云，少数偏激的学生还会借助互联网的便利，发泄自己内心的压抑和不良情绪，这些不良网络信息可能会演变为"网络暴力"，也可能会对某些特定群体造成极大的影响。

二是传播的迅速性和自由性。大学生是网络舆情的有力推动者，一旦出现他们所关注的网络事件，会用吸引网民眼球的标题，再"艾特"一些知名度高的"网络大V"①。他们点击关注，跟帖转发，甚至发表一些个人观点"添油加醋"，会迅速形成大规模的网络舆情。他们不在

---

① "网络大V"是指在微博上十分活跃、又有着大群粉丝的"公众人物"，通常把"粉丝"在50万人以上的称为"网络大V"。"V"源于VIP，原指贵宾账户，全称为Very Important Person。

乎事情的真与假，不在乎事情的对与错，只是在"博眼球"和"博关注"，不仅传播网络舆情的速度快，而且自由度也比较大。

三是影响的扩散性和强大性。大学生操作网络的技术比较娴熟，任何人动动手指随意转发跟帖的一条信息，引发的网络舆情的扩散效果就如同蝴蝶效应①一般，"一触即发"，可能会在一夜之间发酵扩散，变成"家喻户晓"的大新闻、大事件，也可能会在无意之间将舆论导向指向某些特定人群或个体，严重干扰他们的心理和生活，甚至会引发一定的群体行为，扩散性极强，影响力极大，网络舆情在网络新媒体时代下已成为一把舞动着的"双刃剑"。

（三）辅导过程——牢牢掌握网络舆论主动权

1. 增强学生网络法治意识

网络空间的基本特征是虚拟性和开放性，虚拟不是虚幻，也不是虚假，更不是对现实生活的简单数字化模拟；开放不是无序，也不是无法，更不是可以随意乱来。网络不是法外之地，不是个人发泄牢骚的便利，更不是个人发泄不满的工具，网络有法律的强制性硬约束，还有民众的道德性软约束，每个人在网络空间必须谨言慎行，做到网下和网上一个样、网络空间外和网络空间内一个样。个别学生由于法治观念不强，责任意识淡化，道德修养不高，在脑子发热或一时冲动的情况下，可能在网络空间发表一些不理智、不负责任的言论，甚至做出违反道德、触碰法律的行为，扰乱网络秩序，进而影响社会稳定，这些都需要承担法律责任。辅导员要通过学生在互联网上的违法案例，普及网络法律知识，将法律意识内化成学生的自觉行为，加快法治校园建设，增强学生网络守法意识，自觉践行网络守法行为。

---

① 蝴蝶效应（The Butterfly Effect）是气象学家洛伦兹 1963 年提出的，是指在一个动力系统中，初始条件下微小的变化能带动整个系统的长期的巨大的连锁反应，说明了任何事物发展均存在定数与变数。

2. 高度重视学生网络思想政治教育

党的十八大以来，以习近平同志为核心的党中央高度重视网络文化建设和网络思想政治教育工作。习近平总书记强调："要运用新媒体新技术使工作活起来，推动思想政治工作传统优势同信息技术高度融合，增强时代感和吸引力。"① "人在哪儿，宣传思想工作的重点就在哪儿，网络空间已经成为人们生产生活的新空间，那就也应该成为我们党凝聚共识的新空间。"② 现在学生人人都有手机，人人手机随身带，人人随时可以上网，网络无处不在、无所不及、无人不用，网络应该成为辅导员对学生进行思想政治教育的关注点和聚焦点。辅导员要从思想上高度重视学生网络思想政治教育工作，把爱国主义教育、理想信念教育、社会主义核心价值观教育贯穿于学生日常网络学习和生活的全过程，筑牢学生网络思想政治教育阵地。

3. 要以网络思想政治教育掌握网络舆论主动权

"网络是一把双刃剑，一张图、一段视频经由全媒体几个小时就能形成爆发式传播，对舆论场造成很大影响。这种影响力，用好了造福国家和人民，用不好就可能带来难以预见的危害。"③ 辅导员要加强网络形势政策教育活动，通过班团组织开展网上形势政策互动讨论活动，提高学生辨别是非曲直的能力；强化网络红色主题教育活动，在重大节庆日、重要纪念日期间，把革命传统教育和爱国主义教育资源展示在班团媒体平台；通过网络汇聚优质专业教学资源，助力学生专业学习需求；通过网络整合精品文化资源，满足学生精神文化需求；通过网络丰富就业创业资源，提供学生未来发展需求；通过网络推送日常便利生活资

---

① 习近平. 把思想政治工作贯穿教育教学全过程 开创我国高等教育事业发展新局面 [N]. 人民日报，2016-12-09 (01).

② 习近平谈治国理政（第三卷）[M]. 北京：外文出版社，2020：318.

③ 习近平谈治国理政（第三卷）[M]. 北京：外文出版社，2020：319.

源，服务学生日常生活需求。通过强化网络思想政治教育，加强学生网络思想政治教育阵地建设，牢牢掌握学生网络思想政治教育主动权，牢牢掌握学生网络舆论主动权。

（四）经验启示——教育学生自觉遵守法规

1. 加强学生宪法法治教育

开展宪法法治教育，增强全体公民特别是青年学生的法律意识和法治观念，全民尊法学法知法守法，是全面依法治国的重要基础，是思想政治教育不可或缺的有机组成部分。习近平总书记指出：要"不断提升全体公民法治意识和法治素养，使法治成为社会共识和基本准则"，"特别是要加强青少年法治教育"①。"要坚持法治教育从娃娃抓起，把法治教育纳入国民教育体系和精神文明创建内容，由易到难、循序渐进不断增强青少年的规则意识。"②《中华人民共和国民法典》是我国法律体系中条文最多、体量最大、编章结构最复杂的一部法律。"要广泛开展民法典普法工作，将其作为'十四五'时期普法工作的重点来抓，引导群众认识到民法典既是保护自身权益的法典，也是全体社会成员都必须遵循的规范，养成自觉守法的意识，形成遇事找法的习惯，培养解决问题靠法的意识和能力。要把民法典纳入国民教育体系，加强对青少年民法典教育。"③

2. 加强学生网络法规教育

2017 年 6 月 1 日起施行的《中华人民共和国网络安全法》第十二条规定："任何个人和组织使用网络应当遵守宪法法律，遵守公共秩序，尊重社会公德，不得危害网络安全，不得利用网络从事危害国家安

---

① 习近平. 坚定不移走中国特色社会主义法治道路 为全面建设社会主义现代化国家提供有力法治保障 [J]. 求是, 2021 (05)：12-13.

② 习近平谈治国理政（第二卷）[M]. 北京：外文出版社, 2017：122.

③ 习近平. 充分认识颁布实施民法典重大意义 依法更好保障人民合法权益 [J]. 求是, 2020 (12)：9.

全、荣誉和利益，煽动颠覆国家政权、推翻社会主义制度，煽动分裂国家、破坏国家统一，宣扬恐怖主义、极端主义，宣扬民族仇恨、民族歧视，传播暴力、淫秽色情信息，编造、传播虚假信息扰乱经济秩序和社会秩序，以及侵害他人名誉、隐私、知识产权和其他合法权益等活动。"第四十六条中指出，"任何个人和组织应当对其使用网络的行为负责"①。辅导员要主动指导学生加强网络法规学习，让学生明白网络空间不是法外之地，同样受到法律监督，触犯网络法规要承担严重后果，要避免因网络违法行为影响自己的前途命运。学生要对自己网上的言行承担法律责任，遵守国家网络法规，做到网上不造谣、网上不信谣、网上不传谣、网上不跟风、网上不凑热闹，自觉净化网络空间，发挥网络的正能量，传递网络的好声音，弘扬网络的主旋律。

3. 学生要自觉守法

党的十八大以来，以习近平同志为核心的党中央明确提出全面依法治国，将其纳入"四个全面"战略布局予以有力推进，全面依法治国总体格局基本形成。全民自觉守法是全面依法治国的重要组成部分。习近平总书记指出："全面依法治国最广泛、最深厚的基础是人民"，"全民守法是法治社会的基础工程"。"保证人民依法享有广泛的权利和自由、承担应尽的义务。""坚持全面推进科学立法、严格执法、公正司法、全民守法。"② 学生不仅要学法懂法，树立法治意识，更要自觉守法，用法律规范自己的言行。

---

① 全国人民代表大会常务委员会. 中华人民共和国网络安全法［EB/OL］. (2016-11-07)［2022-05-06］. http：//www. cac. gov. cn/2016-11/07/c_ 1119867116. htm.

② 习近平. 坚定不移走中国特色社会主义法治道路 为全面建设社会主义现代化国家提供有力法治保障［J］. 求是，2021（05）：4-15.

四、别让"间谍"钻了空子

习近平总书记指出:"我们党要巩固执政地位,要团结带领人民坚持和发展中国特色社会主义,保证国家安全是头等大事。"① 说到国家安全,很多人想到的是"情报""间谍"等一类似乎只在电视剧中才有的情节,然而随着国际环境的巨大变化和科技革命的深入发展,国家安全形势趋于严峻,各种可以预见和难以预见的风险因素明显增多。2014年11月1日通过的《中华人民共和国反间谍法》,是维护国家安全的一部重要法律,也是中国特色社会主义法律体系中第一部全面规范和保障反间谍工作的专门法律,每年的4月15日为"全民国家安全教育日"。大学生的国家安全教育是思想政治教育的重要内容,一方面要注重日常安全教育,树立国家安全人人有责的意识;另一方面要从自身做起,从每一件事做起,确保国家安全,维护国家利益。

(一)案例概述——观景途中邂逅的两个"陌生人"

王某宇是某高校土地资源管理专业的学生,学习非常刻苦,科研能力也强,放暑假回家跟几个朋友相约在当地附近爬山,一边欣赏风景,一边锻炼身体。王某宇家乡所在的县城,风景宜人,矿产资源丰富,有几个大型煤炭企业。爬山当天,晴空万里,上山下山的人很多。爬山期间,同伴们讨论起土壤和地质问题,王某宇正好学过相关课程,就滔滔不绝地给伙伴们讲了起来,路过的两位中年男子听到,也围了过来,问起王某宇当地的地形和矿产资源分布情况,王某宇知无不言、言无不尽,自豪地夸赞起自己的家乡。两名男子感慨王某宇"真厉害",懂得这么多专业知识,声称他们来当地旅游几天,提议与王某宇加上微信,

---

① 习近平. 坚持总体国家安全观 走中国特色国家安全道路 [N]. 人民日报,2014-04-16 (01).

方便请教当地的一些情况，王某宇看到几个人聊得这么投缘，就同意了。随后的几天，两名男子一直与王某宇微信联系，还询问起是否有当地的地理资源地形图，王某宇正好帮老师做科研项目，制作出了地理资源地形图草图。王某宇想了想对方是来旅游的，应该没有其他目的，发给对方正好宣传当地的旅游业，就将地理资源地形图草图发给了对方。过了些日子，学校开学，王某宇返校，在学校组织的学习《中华人民共和国国家安全法》和《中华人民共和国反间谍法》活动中，忽然想起自己碰见的那两个中年男子，翻了翻对方的朋友圈，越想越不对劲，觉得自己有可能被间谍"利用"了，就把事情的完整经过报告给辅导员。辅导员听后立即联系有关部门，进行妥善处理。

（二）案例分析——几个巧合提供了"可乘之机"

首先，要时刻提高警惕。《中华人民共和国国家安全法》明确规定，中华人民共和国公民、一切政府机构、企业事业组织和其他组织，都有维护国家安全的责任和义务。王某宇学习的是土地资源管理专业，该专业涉及资源方面的许多资料，有一定的价值或特定用途，有可能成为"间谍"寻找的"目标"。王某宇是入学不到一年的学生，没有基本的国家安全意识，对于陌生人没有防备心，对"间谍"的识别能力不强，为"间谍"可能"钻空子"提供了可乘之机。王某宇是在家乡爬山观景过程中把一些可能有"价值"的资料给了"陌生人"，事发的时间地点不是"军事区"或"敏感区"，都是人们不关注的节点，容易让人放松警惕。

其次，要识破可能的"别有用心"。敌对势力深知从正规途径获取有价值的"情报"是根本不可能的，于是靠"钻空子"寻找"可乘之机"。"可乘之机"多种多样，包括瞄准的"目标"，还包括利用中国人的善良之心，利用大学生乐于助人的心理，使用"夸奖"的方式让人放松警惕，以达到"获取"的目的，等等。本案例中两个中年男子就是利用这些因素，瞄准了"目标"，使用了不断"夸赞"的方式让"目标"放松了本来就不强的防备心，以"顺手牵羊"的方式拿到了有价值的"东西"。

（三）辅导过程——树立多角度的安全意识

首先，肯定涉事学生主动报告相关情况的行为。涉事学生在学习相关法律中意识到自己很有可能被间谍"利用"了，主动上报辅导员，让事件得到妥善解决，其自我反省的觉悟和主动上报的行为，值得肯定。有些人在意识到可能被间谍"利用"的情况下，害怕惹来麻烦，不敢报告，想"瞒"下去，这是侥幸心理，绝对不可取。辅导员利用此案例教育学生，要让学生清楚"纸是包不住火的"，发现被"利用"后马上报告，不能有任何犹豫，"亡羊补牢，犹未为晚"，这是每个中国人应具备的法律意识，也是每个中国人应尽的法律责任。

其次，教育学生树立国家安全意识。本案例中，涉事学生在不清楚对方来历的情况下，添加对方的微信，本身就将个人信息泄露给了对方，是自我保护意识不强的突出表现。不仅如此，涉事学生还将与老师合作的科研成果，在不征求指导教师意见的情况下，发送给了对方，某种程度上"泄露了"老师辛辛苦苦做出来的科研成果，这是错上加错。再进一步，这个科研成果是当地地理资源地形图，是很有价值的"东西"，很可能是敌对势力的"目标"。辅导员要利用此案件告诫学生科学研究的"规矩"，让学生认识到科学研究的严谨性和严肃性，更要让学生树立国家安全意识，自觉维护国家安全。

（四）经验启示——自觉践行总体国家安全观

首先，加强大学生国家安全教育。国家安全是指国家政权、主权、统一和领土完整、人民福祉、经济社会可持续发展和国家其他重大利益相对处于没有危险和不受内外威胁的状态，包括政治安全、经济安全、国土安全、社会安全、网络安全等众多方面。国家安全教育是每个公民的必修课，更是大学生的必修课。辅导员要重视大学生的国家安全教育，把国家安全教育贯穿于学生成长的全过程，渗透于学生教育的方方面面，通过观看视频、主题班会、专题讲座等多种形式，加强以《中华人民共和国国家安全法》《中华人民共和国反间谍法》《中华人民共和国民法典》为主要内容的法治宣传教育，每年组织学生开展"全民国家安全教育日"专题活动，拓展学生的法律知识，增强学生的法治意识，了解"间谍"的极大危险性，培养具有一定识别能力和"反间谍"能力、自觉践行总体国家安全观的新时代大学生。

其次，牢固树立和践行总体国家安全观。党的十八大以来，习近平总书记从人类发展大潮流、世界变化大格局、中国发展大历史的高度和视野，深刻指出世界百年未有之大变局进入加速演变期、中华民族伟大复兴进入关键时期，必须牢固树立和践行总体国家安全观，强调"实现中华民族伟大复兴的中国梦，保证人民安居乐业，国家安全是头等大事"①。辅导员要通过国家安全教育，让学生了解总体国家安全观的基本精神、基本内容、基本方法、基本要求，让学生懂得"间谍"也许就在你身边，让学生清醒地认识到，"新形势下我国国家安全和社会安定面临的威胁和挑战增多，特别是各种威胁和挑战联动效应明显。我们必须保持清醒头脑、强化底线思维，有效防范、管理、处理国家安全风险，有力应对、处置、化解社会安定挑战"②。增强大学生的保密意识和维护国家安全的使命感，为实现中华民族伟大复兴的第二个百年奋斗目标做出积极的贡献。

---

① 习近平. 在首个全民国家安全教育日之际作出重要指示 [N]. 人民日报，2016-04-15（01）.
② 习近平. 切实维护国家安全和社会安定 为实现奋斗目标营造良好社会环境 [N]. 人民日报，2014-04-27（01）.

主要参考文献

［1］习近平谈治国理政（第一卷）［M］. 北京：外文出版社，2014.

［2］习近平谈治国理政（第二卷）［M］. 北京：外文出版社，2017.

［3］习近平谈治国理政（第三卷）［M］. 北京：外文出版社，2020.

［4］习近平. 论中国共产党历史［M］. 北京：中央文献出版社，2021.

［5］习近平. 在庆祝中国共产主义青年团成立100周年大会上的讲话［N］. 人民日报，2022-05-11（02）.

［6］习近平. 坚持党的领导传承红色基因扎根中国大地 走出一条建设中国特色世界一流大学新路［N］. 人民日报，2022-04-26（01）.

［7］习近平. 在庆祝中国共产党成立100周年大会上的讲话［N］. 人民日报，2021-07-02（02）.

［8］习近平. 坚定不移走中国特色社会主义法治道路 为全面建设社会主义现代化国家提供有力法治保障［J］. 求是，2021（05）：4-15.

［9］习近平. 学党史悟思想办实事开新局 以优异成绩迎接建党一百周年［N］. 人民日报，2021-02-21（01）.

［10］习近平. 以史为镜、以史明志 知史爱党、知史爱国［J］. 求是，2021（12）：4-12.

［11］习近平. 在全国劳动模范和先进工作者表彰大会上的讲话

[N]．人民日报，2020-11-25（02）．

[12] 习近平．思政课是落实立德树人根本任务的关键课程［J］．求是，2020（17）：4-16.

[13] 习近平．在纪念五四运动100周年大会上的讲话［N］．人民日报，2019-05-01（02）．

[14] 习近平．坚持中国特色社会主义教育发展道路 培养德智体美劳全面发展的社会主义建设者和接班人［N］．人民日报，2018-09-11（01）．

[15] 习近平．在纪念马克思诞辰200周年大会上的讲话［N］．人民日报，2018-05-05（02）．

[16] 习近平．在北京大学师生座谈会上的讲话［N］．人民日报，2018-05-03（02）．

[17] 习近平：深刻认识马克思主义时代意义和现实意义 继续推进马克思主义中国化时代化大众化［N］．人民日报，2017-09-30（01）．

[18] 习近平．把思想政治工作贯穿教育教学全过程 开创我国高等教育事业发展新局面［N］．人民日报，2016-12-09（01）．

[19] 习近平．大力弘扬伟大爱国主义精神 为实现中国梦提供精神支柱［N］．人民日报，2015-12-31（01）．

[20] 习近平．在纪念孔子诞辰2565周年国际学术研讨会暨国际儒学联合会第五届会员大会开幕会上的讲话［N］．人民日报，2014-09-25（02）．

[21] 习近平．青年要自觉践行社会主义核心价值观——在北京大学师生座谈会上的讲话［N］．人民日报，2014-05-05（02）．

[22] 习近平．把培育和弘扬社会主义核心价值观作为凝魂聚气强基固本的基础工程［N］．人民日报，2014-02-26（01）．

[23] 习近平．在纪念毛泽东同志诞辰120周年座谈会上的讲话

[N]. 人民日报, 2013-12-27 (02).

[24] 习近平. 在同各界优秀青年代表座谈时的讲话 [N]. 人民日报, 2013-05-05 (02).

[25] 本书编写组. 党的十九届六中全会《决议》学习辅导百问 [M]. 北京：党建读物出版社, 学习出版社, 2021.

[26] 中共中央宣传部. 习近平新时代中国特色社会主义思想学习问答 [M]. 北京：学习出版社, 人民出版社, 2021.

[27] 中共中央国务院印发《关于新时代加强和改进思想政治工作的意见》[N]. 人民日报, 2021-07-13 (01).

[28] 中共中央国务院印发《关于加强和改进新形势下高校思想政治工作的意见》[N]. 人民日报, 2017-02-28 (01).

[29] 中共中央国务院印发《新时代公民道德建设实施纲要》[N]. 人民日报, 2019-10-28 (01).

[30] 中共中央国务院印发《新时代爱国主义教育实施纲要》[N]. 人民日报, 2019-11-13 (06).

[31] 中共中央办公厅, 国务院办公厅. 关于进一步加强和改进新形势下高校宣传思想工作的意见 [EB/OL]. (2015-01-15) [2022-05-06]. http://www. gov. cn/xinwen/2015-01/19/content_ 2806397. htm.

[32] 中共中央办公厅, 国务院办公厅. 关于深化新时代学校思想政治理论课改革创新的若干意见 [EB/OL]. (2019-08-14) [2022-05-06]. http://www. gov. cn/zhengce/2019-08/14/content_ 5421252. htm.

[33] 中共中央宣传部, 教育部. 新时代学校思想政治理论课改革创新实施方案 [EB/OL]. (2021-01-01) [2022-05-06]. http://www. gov. cn/zhengce/zhengceku/2021-01/01/content_ 5576046. htm.

[34] 教育部等. 关于加快构建高校思想政治工作体系的意见 [EB/OL]. (2020-05-15) [2022-05-06]. http://www. gov. cn/

zhengce/zhengceku/2020-05/15/content_ 5511831. htm.

　　[35] 教育部. 高校思想政治工作质量提升工程实施纲要 [EB/OL]. (2017-12-06)［2022-05-06］. http：//www. moe. gov. cn/srcsite/A12/s7060/201712/t20171206_ 320698. html.

　　[36] 教育部. 普通高等学校辅导员队伍建设规定 [EB/OL]. (2017-09-29)［2022-05-06］. http：//www. moe. gov. cn/srcsite/A02/s5911/moe_ 621/201709/t20170929_ 315781. html.

　　[37] 杨晓慧. 习近平总书记教育重要论述讲义 [M]. 北京：高等教育出版社, 2020.

　　[38] 肖贵清. 习近平新时代中国特色社会主义思想的新概括 [J]. 马克思主义理论学科研究, 2022 (01)：17-25.

　　[39] 王永友, 冯波. 坚持用习近平新时代中国特色社会主义思想教育大学生 [J]. 高校辅导员, 2022 (1)：17-22.

　　[40] 宇文利, 金德楠. 党的十八大以来思想政治教育研究述评 [J]. 思想政治工作研究, 2022 (05)：32-36.

　　[41] 唐开荣. 坚定不移做好新时代意识形态工作 [J]. 社会主义论坛, 2022 (02)：30-31.

　　[42] 谭妤晗. 为什么说"归根到底是因为马克思主义行" [N]. 经济日报, 2021-09-13 (10).

　　[43] 范宝舟, 赵蔚. 论思想政治教育与立德树人的辩证关系 [J]. 思想教育研究, 2021 (06)：50-56.

　　[44] 董雅华. 中国共产党思想政治教育的时代品质 [J]. 思想理论教育, 2021 (11)：47-53.

　　[45] 马成瑶. 论辅导员在高校思想政治工作体系中的职能定位及价值体现 [J]. 思想理论教育, 2021 (05)：107-111.

　　[46] 黄日干, 苏平富. 新时代高校辅导员开展主流意识形态教育

研究［M］.北京：光明日报出版社，2021.

［47］霍世平，赵怡.师者的思与言——写给大学生的信［M］.北京：光明日报出版社，2021.

［48］李礼.构建全媒体时代宣传思想工作新格局探赜［J］.思想理论教育，2020（02）：100-105.

［49］周远.精准思政——新时代高校思想政治工作的新理念与新模式［J］.思想理论教育，2020（08）：100-105.

［50］陈露.高校辅导员做好学生引路人的几点思考［J］.改革与开放，2020（14）：105-108.

［51］刘建军.论高校思想政治理论课教育教学的"八个统一"［J］.教学与研究，2019（07）：13-19.

［52］谢春涛.中国共产党为什么"能"［N］.人民日报，2019-05-08（09）.

［53］佘双好.办好思想政治理论课须坚持显性教育与隐性教育相统一［J］.红旗文稿，2019（15）：24-25.

［54］于连锐，田海军.坚定不移做好新时代意识形态工作［N］.内蒙古日报，2019-03-19（08）.

［55］申富强.充分发挥思想政治工作"生命线"作用［N］.光明日报，2018-11-26（06）.

［56］谢兵.加强和改进意识形态工作［N］.学习时报，2018-01-03（07）.

［57］杨瑞，郝清杰."高校思想政治工作和意识形态问题研究"理论研讨会综述［J］.中国高校社会科学，2018（4）：151-152.

［58］佘双好.论新时代思想政治教育发展的新使命［J］.思想理论教育，2018（05）：46-51.

［59］冯刚，曾永平."思想政治工作"与"思想政治教育"概念

辨析 [J]. 思想理论教育，2018（01）：42-46.

[60] 赵义良，金蓉. 公民教育与思想政治教育的内涵界定与辨析 [J]. 思想教育研究，2017（11）：29-33.

[61] 刘建军. 论高校思想政治工作的育人格局 [J]. 思想理论教育，2017（03）：15-20.

[62] 李春华，上官苗苗. 论科学把握思想政治教育内涵的基本原则——以界定思想政治教育内涵为视角 [J]. 中国社会科学院研究生院学报，2017（6）：32-38.

[63] 杨宝忠. 高校思想政治辅导员的角色定位 [N]. 吉林日报，2017-08-11（11）.

[64] 陈敏生，张超. 立德树人——当代大学生思想政治教育工作的价值旨归 [N]. 光明日报，2016-02-04（07）.

[65] 杨国辉. 加强思政教育的网络舆论引导 [N]. 光明日报，2016-12-13（14）.

[66] 郑永廷. 思想政治教育学原理（第二版）[M]. 北京：高等教育出版社，2018.

[67] 刘新跃. 高校辅导员工作案例选编 [M]. 合肥：中国科学技术大学出版社，2016.

[68] 教育部思想政治工作司. 加强和改进大学生思想政治教育重要文献选编（1978—2014）[M]. 北京：知识产权出版社，2015.

[69] 邢鹏飞. 思想政治教育概念界定的马克思恩格斯文本求证 [J]. 思想教育研究，2014（6）：103-107.

[70] 郑永廷. 论思想政治教育的内涵、外延与规范 [J]. 教学与研究，2014（11）：53-59.

[71] 余文模，杨兴坤. 教学方法论 [M]. 北京：新华出版社，2013.

[72] 刘伟. 胡乔木对宣传思想工作的理论贡献及启示 [J]. 思想政治教育研究, 2012 (1): 80-83.

[73] 孙梦云等. 关于思想政治教育与思想政治工作概念的比较研究 [J]. 思想政治教育研究, 2007 (2): 19-22.

[74] 张耀灿等. 现代思想政治教育学 [M]. 北京: 人民出版社, 2006.

[75] 陆庆壬. 思想政治教育学原理 [M]. 上海: 复旦大学出版社, 1986.

后 记

　　《新时代高校辅导员思想政治教育理论与实践探析》一书以习近平新时代中国特色社会主义思想为统领，以辅导员思想政治教育为主线，从理论和实践的视角，探讨了辅导员思想政治教育的相关理论和实践案例。全书分为理论研究篇和实践探索篇，共有十一章的内容。理论研究篇概述了思想政治教育的内涵及特征，分析了辅导员思想政治教育的根本任务，探讨了辅导员思想政治教育的主要内容，研究了辅导员思想政治教育的角色定位，论述了辅导员思想政治教育的基本原则和主要方法，探析了辅导员思想政治教育的创新发展。实践探索篇共有19个案例，分析了以思想政治教育引领学生成长的案例，探讨了把思想政治教育融入学风建设和学生生活的案例，研究了在心理疏导和突发事件处置中彰显思想政治教育的案例，每个案例由案例概述、案例分析、辅导过程、经验启示四个部分组成。

　　辅导员思想政治教育关系学生成长成才的方方面面、点点滴滴，关系为谁培养人、培养什么人、怎样培养人的根本问题，是一门大学问，值得深入研究，本书只是进行了初步探讨，仅仅作为引玉之砖，期盼引起理论研究和实际工作者对辅导员思想政治教育的高度重视和进一步研究。

　　本书是太原师范学院辅导员专项研究重点项目"'三全育人'体系

下辅导员'生涯导航'路径创新研究"的最终研究成果。

　　在本书付梓面世之际，衷心感谢太原师范学院领导对本书写作的支持；在本书写作过程中，家人帮我照顾孩子、料理家务，使自己能够安下心来完成本书的研究，在此一并表示衷心感谢。

　　由于作者的水平有限，书中有不足之处在所难免，欢迎各位同人和广大读者批评指正。

赵艳芳
2022 年 5 月 30 日于太原